编著：马晓力 马小玫

# 孙谏声传

团结出版社
UNITY PRESS

**图书在版编目（CIP）数据**

孙谏声传 / 马晓力，马小玫编著. -- 北京 :
团结出版社，2021.12

ISBN 978-7-5126-9229-9

Ⅰ. ①孙… Ⅱ. ①马… ②马… Ⅲ. ①孙谏声一传记
Ⅳ. ①K827=6

**中国版本图书馆 CIP 数据核字(2021)第 216509 号**

**出 版：** 团结出版社
（北京市东城区东皇城根南街84号 邮编：100006）
**电 话：** （010）65228880 65244790 （出版社）
（010）65238766 85113874 65133603（发行部）
（010）65133603（邮购）
**网 址：** http://www.tjpress.com
**E-mail：** zb65244790@vip.163.com
fx65133603@163.com（发行部邮购）
**经 销：** 全国新华书店
**印 装：** 北京永诚印刷有限公司

**开 本：** 170mm×240mm 16开
**印 张：** 13
**字 数：** 145千字
**版 次：** 2021年12月 第1版
**印 次：** 2021年12月 第1次印刷

**书 号：** 978-7-5126-9229-9
**定 价：** 66.00元

献　给

辛亥革命滦州起义英烈

孙谏声

孙谏声

（1883 — 1912）

（孙 彬 提供）

# 序

雷 颐

上世纪90年代初与马晓力大姐相识，近年来往颇多。辛亥滦州起义英烈孙谏声是她伯外公，她与家人辛勤搜集史料，在辛亥革命110周年的时刻，完成《孙谏声传》一书，值得祝贺。承晓力大姐不弃，嘱为大作写序。辛亥革命研究是我的专业，与晓力大姐交往三十余年，于公于私，无法推辞。

1911年10月10日，武昌起义爆发；1912年1月1日，中华民国宣告成立；1912年2月12日，清帝宣布退位。从武昌起义到清帝退位，只有短短四个月时间。更重要的是，这不是中国历史上屡见不鲜的改朝换代，而是有数千年历史的帝制在中国的终结，几千年的古老帝国一跃成为年轻的共和国。这短短的四个月，确实是天翻地覆。

在这改变中国历史、决定中国命运的四个月中，有两军鏖战，有秘密暗杀，有密室阴谋，有政治谈判，紧锣密鼓，一环紧扣一环，间不容发。在这刀光剑影的环环相扣中，“滦州起义”是不可或缺的重要一环。

1912 年 1 月 2 日爆发的滦州起义，看似偶然，其实却是立宪派、革命派长期进行启蒙与革命工作的结果。早在武昌起义之前，以张绍曾、吴禄贞、蓝天蔚等为代表的一些留日士官生被派到北洋新军担任军职，打破了北洋新军只用北洋武备生不用日本士官生的成规。在日期间，他们受立宪、革命影响殊深，都加入了同盟会。他们将君主立宪，甚至革命的思想悄悄传入北洋新军。他们的启蒙工作深入细致，卓有成效。冯玉祥在自述中，回忆自己思想的转变，颇能说明问题。他当兵后，“自然而然”满脑子爱国忠君、忠君即爱国思想。1908 年秋，光绪、慈禧先后死去，他痛哭几天，而行伍中已有人开始有新思想、不遵守规定，私下不为皇上、太后持丧时，他斥责这些人不忠。有人讽刺他读《曾文正公家书》是想封侯拜相、要当忠臣时，他反驳说当忠臣孝子有什么不好。但有一天，工兵营排长孙谏声悄悄送给他革命党人重新刻印的《嘉定屠城记》和《扬州十日记》两本书，读后如五雷轰顶，思想发生根本性转变。对满汉当年种族上的怨仇，他以前也略知一些，但仅是一种笼统的概念，并不具体、详细。读完这两本书，他才知道清王朝入关时的血腥史，对清王朝简直恨得咬牙切齿，他总结自己思想的转变时说“余之沉溺于旧知识，匪伊朝夕，一旦受大刺激，恍若梦魇惊悸，豁然醒觉，又如身坠万丈深渊，仰首呼号，声嘶力竭，忽有人提而置之危峰之上，清风濯濯，涤我心脾，魂魄复收归吾体壳中也。自是，意恉大变，视满人为寇仇，誓必除之，而革命思想，充满脑海。”

将“君”与“国”分开，将“朝廷”与“国家”分开，国家观念的根本性改变，是近代中国最重要的思想革命。从戊戌维新开始，维新思想领袖们就开始介绍新的国家观。梁启超写道：“地者积人而成，国者积权而立”，强调“人人有自主之权”，“国者积权而立”，可以说开始触摸到契约论国家观的实质。在湖南时务学堂的学生课卷批语中，梁启超更明确就君、臣、民三者关系提出新见解，君、臣都是为民办事者，君主好比店铺总管，臣相则是店铺掌柜，人民则是股东，国家的真正主人其实是人民。谭嗣同写道：“生民之初，本无所谓君臣，则皆民也。民不能相治，亦不暇治，于是共举一民为君。夫曰共举之，则非君择民，而民择君也。”“夫曰共举之，则必可共废之。君也者，为民办事者也；臣也者，助民办事者也。”但在漫长的历史中，君主将国变成自己的私有财产，“国与民已分为二，吾不知除民之外，国果何有？无惑乎君主视天下为其囊橐中之私产，而犬马土芥乎天下之民也”。严复断定“中国自秦以来，无所谓天下也，无所谓国也，皆家而已。一姓之兴，则亿兆为之臣妾。其兴也，此一家之兴也，其亡也，此一家之亡也。”爱国不等于忠君爱朝廷，这种国家观是立宪与革命必要的思想基础。

冯氏头脑中的“旧知识”为“新知识”所取代，显示了启蒙的巨大作用。思想先进的努力与心血，没有白费。

武昌起义爆发后，清廷命已任陆军第二十镇统制的张绍曾率部开到滦州，然后南下镇压武昌起义。张于约集第三镇第五协统领卢永祥、第二混成协统领蓝天蔚等共商对策，10 月 27 日，公开向全体官兵宣布：“武昌革命，名正而言顺，专尚征讨，不合人情……所有军队，均不前进。”拒不执行朝廷南下的命令，而且扣留朝廷运往湖北的军火，以实际行动支持革命。29 日，他又将所拟立宪政纲十二条，联名致电清廷，要求速开国会，定宪法，组织责任内阁，实行君主立宪。张绍曾拒不执行命令，手握重兵、又近在肘腋，他们的立宪奏折使清廷大为震惊，迫于形势，不得不于 11 月 3 日公布《宪法重大信条十九条》，承认“皇帝之权以宪法所规定者为限”。“十九信条”内容固然不错，但来得实在太晚。武昌枪响前，本有许多次“立宪”的机会，但全被清廷自恃强大而拒绝。此时革命爆发已二十多日，多省宣布独立，半壁江山加入革命阵营，君主立宪的窗口期已经错过，很难开启。

而且，就在颁布“十九信条”后，清廷同时加紧对第六镇和第二十镇的革命力量进行分化瓦解：首先派吴禄贞前往滦州“宣慰”，使吴离开第六镇；接着赐予张绍曾为兵部右侍郎兼长江宣抚大臣，削去他的第二十镇统制职。二十镇的部分军官获知张绍曾被解职，义愤填膺，群起挽留，并电请清廷收回成命。吴禄贞也竭力劝说张绍曾与他配合，从滦州和保定两路夹攻北京，以武力推翻清廷。11 月初，吴禄贞在石家庄也扣留了清廷运往湖北的军火，并且电奏朝廷，谴责官军在湖北的行为。吴电的威胁之意甚明，清廷只能“忍让”。但他的这些行动加速了清政府和重新出山、急于掌握兵权的袁世凯对他痛下毒手，11 月 6 号，他在石家庄火车站被暗杀。

虽然张绍曾退隐、吴禄贞被暗杀，但革命已经迫在眉睫，无法阻止。当时天津革命党人组织了以同盟会员为核心的北方共和会，推白雅雨为会长，李大钊等二十余人参加，以策动滦州新军起义作为主要工作。为了准备起义，掀起北方革命高潮，呼应南方革命，还成立了北方暴动总指挥处，统一指挥北方的武装起义。同盟会老会员胡鄂公担任总指挥，下设秘书处，参谋、军事、交通、联络四部，孙谏声任参谋部长，决定在北京、天津、保定、滦州、通州、石家庄、任邱等地成立总司令部，设司令一人，指挥数人，以组织和领导当地武装起义，滦州起义决定以施从云为总司令，孙谏声等五人为指挥。在北方暴动总指挥处的推动下，加速了滦州起义的步伐。王金铭、施从云等几位北洋新军管带开始紧锣密鼓，准备起义。1912 年 1 月 3 日，这几位中级军官发动起义，宣告北方革命军政府在滦州正式成立。王金铭为大都督，施从云为总司令，冯玉祥为总参谋长，白毓昆为参谋长，孙谏声为军务部长兼理财部长。

这时，已经大权在握的袁世凯命令北洋军镇压起义军。两天后，起义军终因寡不敌众被残酷镇压，王金铭、施从云、白毓昆、孙谏声全部牺牲，伤亡士兵更多。滦州起义，最后失败。

辛亥滦州起义虽然失败，但它直接加速了清朝的灭亡。滦州起义“变生肘腋”，迫在京畿，几乎就在天子脚下爆发，使清廷大受震撼。而且，起义军队竟然全部是原来“倚为干城”的北洋新军，更令朝廷感到害怕。一个多月后，清廷终于宣布退位。

孙中山认为：“滦州大计，建不世勋。”所以，民国政府表彰滦州起义英烈时评价说：“辛亥光复，发轫于武昌；而滦州一役，实促其成。”辛亥革命的胜利最后由滦州起义“实促其成”，足见滦州起义的意义之重大。

后来，冯玉祥、李大钊在现代中国的政治中都起了举足轻重甚至至关重要的作用，滦州起义，是他们正式步入政治舞台进门阶。

滦州起义意义如此重大，孙谏声的地位如此重要并且最后牺牲得如此壮烈，然而耐人寻味的是，晓力大姐对滦州起义、对自己的亲伯外公孙谏声竟然长期一无所知。直到古稀之年，一个偶然又偶然的机会才使她知道自己伯外公的经历，大为震憾，追根溯源，才知道这一段重要的历史。本书的编纂出版，也算是对前辈的纪念和告慰。

晓力姐妹的孙谏声研究，搜集大量史料，翔实可靠，对这一段历史研究的深化，大有裨益。而且，她们无意中进入历史学中晚近兴起的“家族史研究”。家族史研究将使历史更加丰富、更加丰满，并克服传统历史话语的单一性与遮蔽性，使复杂历史呈现应有的多面相。

在传统社会中，家族具有普遍、基本的社会功能。在中国从传统向现代的转型过程中，家族的作用依然非常明显。同一个家族中，个人的种种选择会有不同，在历史的演变、发展中，家族成员阶层甚至阶级的演变、分化，彼此的交往，合作或争斗的复杂关系，社会地位、生活状况对比等等，是社会史、政治史、经济史、日常生活史的重要内容。

与晓力姐私交甚笃，斗胆提出不情之请，盼望她在孙谏声研究的基础上更进一步，对孙氏家族自辛亥革命以来百余年历史作详细研究。这一百多年是中国社会大潮迭起、风云巨变，充满惊涛骇浪的一百多年。在这种大时代的变迁中，孙氏家族是如何渡过的？家族成员作出了什么样的选择？最后命运如何？这样一个庞大的家族，成员一定严重分化，命运肯定完全不同。通过家族成员的对比性研究，将中国近代政治、经济乃至日常生活的变化，社会如何分层，政治对个人命运的影响等等，全都生动形象、层次鲜明地展现出来。将孙谏声的“个人史研究”，扩展成孙氏的“家族史研究”，当成家族史研究中的力作。

# 目 录

# 孙谏声传

马晓力、马小玫

中国近代资产阶级革命者，滦州起义烈士孙谏声，是辛亥革命北方运动早期的播火者，北方革命活动的参与者和组织、领导者之一。他曾参与创立铁血会、共和会北方支部等组织，广联声气，密谋反清革命；曾为清军随营军事教席，因遭清廷缉捕，潜入新军第二十镇任队官，在奉天、新民、营口等地广为联络、宣传中下级官佐和士兵，如王金铭、施从云、冯玉祥[1]等，为辽东新军中鼓动革命最力者；1911 年 10 月 10 日武昌起义爆发后，与胡鄂公[2]、白逾桓[3]、

[1] 王金铭、施从云、冯玉祥，1911 年分别为清新军第二十镇第 40 协第 79 标第二营、第一营和第 80 标第三营的营级官佐。（详见附件 1）

[2] 胡鄂公（1884—1951），湖北江陵人，辛亥革命活动家。1910 年组建共和会，在推翻清朝统治，建立民国的革命斗争中，特别是在武昌起义和后来的北方革命中，他的作用是不容忽视的。（详见附件 1）

[3] 白逾桓（1876—1935），湖北天门人，早年东渡日本，入明治法律学校，加入同盟会，被推为干事。1907 年初，与宋教仁、吴昆由日本回东北，设立同盟会辽东支部，并谋起义，事泄被捕，在递解回籍途中逃脱。后易姓名吴操在北京创办《国风日报》，宣传反清革命。

白毓昆[1]、凌钺[2]等革命党人，密谋举事夺取京津。12 月 31 日宣布起义，次年 1 月 3 日在滦州成立北方军政府，被举为军政部长兼理财部长，4 日夜欲长驱直捣幽燕，为总兵王怀庆[3]领清军攻陷州城，率军奋力抵抗，力竭被执，壮烈殉难。我们作为孙谏声烈士的家族后人，在广泛搜集、深入研究有关文献和孙家家史的基础上，谨作此传，作为献给孙谏声烈士的一份特殊而迟至的祭礼。

孙谏声，字鼎臣，清光绪九年（1883）二月生于山东诸城县城关府前街（现为山东省潍坊市诸城市密州街道辖区）。父亲为晚清秀才，业儒，谏声出生时家境小康，早年丧父，家境衰败。自幼与母亲胡氏和胞弟树声相依生活。孙谏声天资聪慧，勤于劳作，性格坚韧，亦乐善好施，以孝顺侍奉母亲而深得邻里好评。

**山东诸城，超然台**

**北宋熙宁八年（1075）苏轼任密州知州时所建**

谏声母亲胡太夫人本是大家闺秀，虽家道中落，然善于持家，勤于管理，家中仍不断烟火且温饱维持。胡太夫人不但识文断字，尚知书达礼，聪明贤惠，勤俭持家，精于家务，家中打理的有条不紊；而且有远见卓识，持家教子奉行“德为先，重教化”，常以礼义廉耻的大道理，民族大义和国家兴亡匹夫之责任教育谏声、树声，使他们从小就树立家国抱负。

---

1 白毓昆（1868—1912），字雅雨，江苏南通人。1899 年 5 月，考入南洋公学师范院学习并任外院教习。离校后，相继任教于上海澄衷学校、北洋女子师范学堂、北洋法政学堂等。1905 年加入中国同盟会，受命在天津成立红十字会、共和会等革命团体。1911 年 12 月 31 日，亲赴滦州组织起义，成立北方革命政府，任参谋长。1912 年 1 月 5 日，起义不幸失败，白毓昆被清军通永镇总兵王怀庆俘获，1 月 7 日，被杀害于通州古冶。1912 年 7 月，白毓昆烈士遗骸被运回家乡，归葬于南通狼山白雅雨墓。

2 凌钺（1882—1945）河南固始人。1905 年加入中国同盟会，辛亥武昌起义后，在天津法租界与胡鄂公、白毓昆等组织北方共和会，参加滦州起义，并任敢死队长。

3 王怀庆（1875—1953），字懋宣，河北宁晋人，时任直隶省通永镇总兵，民国时期北洋军阀。

孙谏声自幼就读私塾，聪明好学，工诗善文，十一二岁已粗通四书五经；后著有诗一卷、《鉴我轩杂记》若干卷。而他负志远大，肯思考钻研，也接触到一些晚清的新学书籍，自学新知识。

诸城县当时隶属青州府，别名东武、密州、龙城，因传说舜帝出生于城北的诸冯村而得名，被誉为“舜帝之都”，是舜文化的发祥地。诸城又地近胶济铁路，近海多山，地理位置特殊，一向较为开化，新思想传播快。故孙谏声自幼耳濡目染，既深受中华文明精粹之熏陶，亦能迎合新潮流，接受新思想。这也不难理解为什么在辛亥革命诸城独立时，仅同盟会党人诸城籍的死难烈士多达 23 人[1]。

山东诸城，舜庙

是年，甲午（1894 年）中日海战，中国惨败；次年（1895），威海卫战役中，北洋舰队全军覆没，山东威海卫被日军占领，标志着洋务运动的彻底失败；《马关条约》签订，清政府把辽东半岛割让给日本……外力压迫，清廷腐败，丧权辱国，国家衰颓，接踵而来的事件，引起全国震动，人民激愤，也隐隐刺痛着孙谏声一颗少年心，使他蓦然感到，只有通过武力才是解救中国危难的出路，因而开始关注兵籍、军器和近代军制，有了习武报国之念。

以后几年中，齐鲁的热血志士“多起救亡之思”，步入青年人之列的孙谏声也渐渐知晓：孙中山海外成立“兴中会”，提出“驱逐鞑虏，恢复中华，创立合众政府”的革命主张，乙未（1895 年）广州第一次反清武装起义失败等等。对孙中山的革命主张，极为向慕，心底暗暗种下立志反清，挽救国家危亡的革命火种。因此潜移默化，也慢慢影响

[1] 《山东近代史资料》第二分册第 407 页。

着他年幼的弟弟孙树声。

1900 年八国联军攻陷北京

庚子年（1900）秋，英、美、德、法等八国联军破北京，大肆烧杀掠夺，孙谏声闻讯，痛心疾首、义愤填膺。恰在此时，山东巡抚张人骏[1]遵旨开办山东武备学堂，经皇帝朱批，已出示招考学生。17 岁的孙谏声毅然决定弃文就武，遂四方奔走，积极报名投考，最终以优异成绩考取，成为山东武备学堂首期学员。不久，收拾行装告别家人，奔赴 250 公里以外的泉城济南，踏上新的人生旅程。

山东武备学堂是省政府培养初级军事人材的学校，以张士珩[2]为武备学堂首任总办。学堂位于济南南营街，这里自明代就是屯兵习武之地，有最早设立的南营武场，又称南关演武厅。相传这里曾经驻扎过“南兵”，故名为“南营”。武备学堂是以这里废旧军营为基础，重加修整翻盖而成的，山东巡抚张人骏：“就省城南关营垒旧址酌添斋舍，俾诸生肄业其中。”培养新式陆军下级军官的武备学堂就设在教场南面的武学厅，那里院落宽敞，房舍众多，一直是驻军首脑机关及讲武训练之地。张人骏认为，将武备学堂放在此处，可以“与

济南城，南门民居

[1] 张人骏（1846—1927），原字健庵，取“人中骏马，驰骋千里”之意，又将字改为千里，号安圃，晚号湛存居士，直隶丰润县（今河北丰润）大齐坨村人。清末政治家，中国近代史上一个有影响的人物。张人骏 1902 年调任河南巡抚，山东巡抚一职由周馥继任，故山东武备学堂后续事宜，移交周馥办理。

[2] 张士珩（约 1857－1918），字楚宝，晚年自号因觉生。安徽合肥人，曾总办北洋军械局兼办北洋武备学堂。是直隶总督、北洋通商大臣李鸿章的外甥。

调省轮操各营相近咫尺，平时布阵传操，可收互相观摩之益。[1]”昔日的武场就变成新式学堂和训练新军的操场。曾几何时，随着许多像孙谏声一样的读书人投入新军，他们的目标和动力，不再是愚昧地效忠皇权，而恰恰是为了反清救国，做终结帝制之勇者。

**光绪二十九年（1903）四月，英租威海卫行政长官骆克哈特应山东省督周馥邀请，访问山东武备学堂。照片为参观时所摄，骆克哈特、总办张士珩等在山东武备学堂教场阅操，背景可见学堂营舍**

武备学堂当时每期定学额：正课 100 名、附课 10 名，三年毕业，送赴陆军部考验受职，分发陆军五镇[2]见习。北洋清军士兵中挑选出的学员称为“正课”，像孙谏声这样从社会考入的子弟为“附课”，入学即为入伍。学员免收学费，学员所需膳宿、衣靴、书籍、文具等用品均由学堂提供，另外发放生活津贴膳银，大多数子弟不仅可以满足自己，还能多少补贴家用。

教学分为内堂和外场。内堂课程有：舆地测绘学、炮学、 军器学、水雷地雷学、枪学、防守学、工程学、 算学和中文（经史子集有关兵事者）及外语等。外场即实地操练，包括：舆地测算、营阵攻守、马步、炮队、工程队、行军测绘等各种操练新法等。除学习内容、科目现代化外，新军

---

[1] 摘自：《春秋》2019 年第 3 期 ，魏敬群《培养将才的山东武备学堂》。
[2] 清末新军番号，驻军济南、潍坊、昌邑。

武备学堂学生，操练中

在编制和训练上，主要是模仿德国和日本，初期教官中也有不少德国人、日本人，一些中国曾赴日留学者也偶在校内现身。

孙谏声懂得“欲革命，须有武力；欲统军，须有学识”的道理，怀着强烈的求知欲，他孜孜不倦，勤奋学习，刻苦操练，成绩优异。先是肄业雷科，后校方褒奖破例安排，令他再学测绘科，前后在堂近五年。这期间，孙谏声不仅增长了军事知识，掌握了军事才能，成为一名合格的新式陆军士官，最大的收获是有机会接触到兴中会和同盟会的一些进步人士，不断受到新思想熏陶、影响。往往倾盖纵谈，深愤时政，披肝沥胆，相约深入联络，立下革命远志。

武备学堂学生，伏案学习

清末武备学堂学员在学习使用仪器

编练新军始于清末新政，北洋新军当时不仅是当时比较现代化的军队，鲜为人知的是，新军自 1905 年开始剪辫。另外，新军待遇优厚，一个士兵的月饷可以养活五口之家。一些武备学堂还规定三年学成后，择优出国。新军也特别愿意招募读过书的人。所以，这期间孙谏声陆续动员不少同学及弟弟孙树声也投考武备学堂，进而参加新军。

1906年（农历丙午年）夏，孙谏声完成学业，从武备学堂毕业，分配至清新式陆军东北驻军属下的营口标[1]学堂（即新军下设的随营学堂），膺任军事教席。而当时胡太夫人身染沉疴，为了能亲自照顾母亲，遂决定举家迁往东北，迎养太夫人于营口。同时说服弟弟树声也从山东武备学堂退学，随他一起到关外从军。

清末，辽河营口港

营口东关，街上的清新军士兵

营口位于辽东半岛，渤海东岸，辽河入海口，距奉天（沈阳）180公里，是东北地区的出海通道。东三省是中国北方的屏障，列强角逐的战场，同时又是清王朝的发祥地，这里一旦爆发战争，势必危及京师，根基动摇。故清廷重视对这里的防范，先后镇守东北的有：新军第三镇（驻吉林、长春、锦州）、第二十三镇（驻吉林）、第一混成协（驻新民，后改扩为第二十镇）和第二混成协（驻沈阳）。1904年日俄黄海海战，波及辽东[2]，爱国青年发起反清救亡运动，所以清廷特别加强对辽东地区的监视，以防范革命运动。孙谏声一家所在营口，正是交通要冲，也在清廷严控之列。

谏声自武备学堂毕业以来，虽倾心革命已久，顾母亲治疗养病，及一家人迁徙生活之安顺，遂加倍小心，谨慎行事，从长谋策。他妥善安置家庭，

[1] 标，中国清末陆军编制的名称，约相当于后来的一个团；镇，相当于师；协，相当于旅。
[2] 指1904年8月的辽阳会战，是日俄战争中的第一次重大战役。

并承母命，在营口娶妻完婚。平日一面在堂训练授课，熟悉军营，结识营内外人士，一面留意考察时政大局、社会潮流，为宣传革命做积极准备。

当时，已值辛亥革命前夜，注重北方革命发动工作的同盟会革命党人宋教仁[1]，1907 年春偕白逾桓、吴昆[2]等赴东三省，设同盟会支部于辽东；廖仲恺、林伯渠等潜入吉林，从事发展革命势力活动[3]。同时重视在东北开展兵运，秘密向新军中输送革命分子；新军中吴禄贞、张绍曾、蓝天蔚[4]即辽东支部主要负责人，被誉为“士官三杰”，这些军内革命党人待命伺机发动起义。军中革命力量蓄积待发，令人鼓舞。引起谏声关注的还有早年从京师大学堂毕业的丁开嶂，当日俄开战于辽东之际，他从老家丰润潜赴关外，创“抗俄铁血会”，发表宣言，传檄国内，要求清朝政府革除弊政，速行宪法。1907 年改名“北振武社”，从直隶至关外，广泛吸收爱国群众参加，声势浩大[5]。孙谏声与弟弟树声私底下常谈起这些革命党人的动态，并让树声在同营士兵中多加留意，协助查找关内外“铁血会”绿林侠士的行踪，以待查访联络。

从胶东到辽东，一海之隔，孙谏声殊感东北地区的教育比关内落后很多，平民子弟读书困难，当地士兵普遍文化较低，粗通文字者寥寥。但军人们愿意接受新知识，喜欢听军事授课，视为新鲜事。个别曾留学日本、倾向维新的清军协统，为改变部队成分，还专门选派各标优秀士

---

[1] 宋教仁（1882—1913），湖南常德人。中国近代革命先驱者之一，被称作为“中国宪政之父”。

[2] 吴昆（1882—1942），湖北黄冈人。中国同盟会早期成员，辛亥革命骨干。1907 年春，与宋教仁等密赴东三省，设同盟会支部于辽东。密谋袭据辽宁，直取北京。事泄，又赴日本，一度主持同盟会总部事务。

[3] 吴育文著《宋教仁与同盟会辽东支部的建立》，引自《东北近代史研究》社会科学文献出版社 2013 年 12 月。

[4] 吴禄贞、张绍曾、蓝天蔚分别任清新军第六镇统制、第二十镇统制和第二混成协协统。张绍曾和吴禄贞是日本士官学校第一期的同学，蓝天蔚是第二期的，他们素称“士官三杰”，交谊甚密。

[5] 吴育文著《奉天辛亥革命述论》，引自《东北近代史研究》社会科学文献出版社 2013 年 12 月。

清末新军的随营学堂

兵做“学兵”，白天到随营学堂集中上课，夜间各回本营。于是，孙谏声从随营学堂入手，倾武备学堂多年所学，教授、普及新式军事知识，因学识扎实、深入浅出、为人真诚，颇得官兵信任好评，在他周围常常集聚着一批向新求知的底层军人，与之互为挚交好友者不在少数。过从最密者有冯玉祥、王金铭、施从云等多人，他们大多是第一混成协底层士官，该协是从山东驻军第五镇合编过来的，王金铭又是山东武城县人，曾在济南驻防，故颇得渊缘谈资。后谏声得知王金铭之弟王金钰，在日本陆军士官学校留学，是同盟会会员，遂深入“国是日非”、“清政不纲”、“救国救民”等话题，冲破当时军营之闭塞，下层官兵中的革命宣传亦始见端倪。孙谏声在营口随营学堂任教两年，“生徒济济”，为反清革命培养了众多人才。

1908 年春，胡太夫人不幸因病辞世。谏声两兄弟在当地为母亲办理了后事，冯玉祥等军中好友特意前来吊唁。晚至，谏声、树声又护送其母棺椁南归山东诸城，与孙老太爷合葬于先祖墓地。

是年冬，随着孙谏声等人在清新军中的革命宣传和影响日渐扩展，丁开嶂“铁血会”的关内外成员闻讯后，遂多方设法与之取得联系，在营口成立“铁血会”分部，以结纳更多成员。然这些活动被清廷密探细作所闻，随营学堂总办得知，拟拘捕孙谏声于营口。幸谏声及时察觉，在军内好友们的帮助下，秘密离开营口潜至沈阳，以军人之身份先后藏身于奉天、新民等地第一混成协的军营内。当时新军正以第一混成协为基础扩编组建第二十镇。第二十镇的先后统制陈宧[1]、张绍曾，也因中意

[1] 陈宧（1870 – 1939），初名仪，字二庵，又作二安。湖北安陆人，北洋军阀首领。世家子弟，曾就读于京师大学堂。1900—1901 年经其叔祖陈学棻推荐，投入荣禄部队当兵。1903—1911 年被

投笔从戎的青年学生，对此采取宽容态度，孙谏声才得以躲过此劫。而他精通军事，训练有素，又有军事教席的经历，身在基层更大有可为，旋又陆续任该镇工兵营排长、队（连）长。清新军下层的官兵普遍倾向革命，第二十镇中山东籍官兵居多，这也使得孙谏声的宣讲鼓动工作更加如鱼得水。

清末，奉天新民府驻军，1902年

清新军下层军官中有不少武备学堂的毕业生，孙谏声在新民府与同营官佐戴纯龄（又称戴锡九）相结识，戴就是保定北洋陆军军事学堂毕业生。他后来赴日本留学，参加同盟会，刚回国不久。两人均决心推翻清朝帝制，创建共和，志同道合。所以，相谈甚欢，相见恨晚。遂相约以军内身份为掩护，努力配合，动员军中反清力量，待机策动革命。

清宣统元年（1909年）秋，孙谏声奉差遣去京师办事。经革命党人秘密串联引荐，在北京入住的旅店中，与共和会创始人胡鄂公相见。胡鄂公是湖北江陵人，虽然当时还只是湖北旅京的学生，但以“推翻清朝专制、建立共和民国、融合种族界限、发展全国实业”为宗旨，南北活动，创立革命团体，实令人钦佩。谏声与胡鄂公一见如故，畅谈甚欢，结为同志，谏声也从此成为共和会北方支部的最早成员。胡鄂公事后记述：“余复携带油印《嘉定屠城记》《扬州十日记》[1]《天讨》[2]诸书若干

四川总督锡良聘用，在大西南和东北从事军事行政工作，官至新军二十镇统制，后改任奉天清乡总办，居高官而清廉。

[1] 《扬州十日记》《嘉定屠城记》记载了清军入关后在扬州、嘉定屠杀当地反抗的军民的史实，清末革命党人翻印两书主要是利用民众对清朝统治的不满进行革命宣传。

[2] 《天讨》，杂志名。清光绪三十三年(1907)三月在日本东京出版，《民报》临时增刊，章炳麟主编。鼓吹反清革命。

册，前赴北京、天津……得与孙谏声、罗明典、蔡德辰、樊少轩、江元吉相识，并将所携《嘉定屠城记》诸书分赠各人。”“余晤孙谏声于北京逆旅[1]，约以铁血、共和两会，彼此默识相通，彻底合作，将来机运成熟时，举两会加入同盟会。”[2]孙谏声从北京返回奉天、新民后，遂立即将胡鄂公所赠十余册《嘉定屠城记》《扬州十日记》反清小册子秘密转赠二十镇统制张绍曾，并分发给营内的冯玉祥、戴锡九等人，播撒反清革命的火种。

被誉为“士官三杰”之一的第二十镇统制张绍曾，本就是君主立宪派，与革命派有一定的共同语言，尤其注重上下合洽，经常“高自期许，大言革命”，所以对孙谏声赠送反清小册子及镇内革命派的活动均采取默许态度，使革命派力量得以发展。此后，张绍曾视孙谏声为革命党的联络人，暗中接触。同盟会对第二十镇的渗透、争取也始终在进行，该镇参谋长刘一清[3]原就是同盟会员，这都是镇内革命气氛较浓的原因。

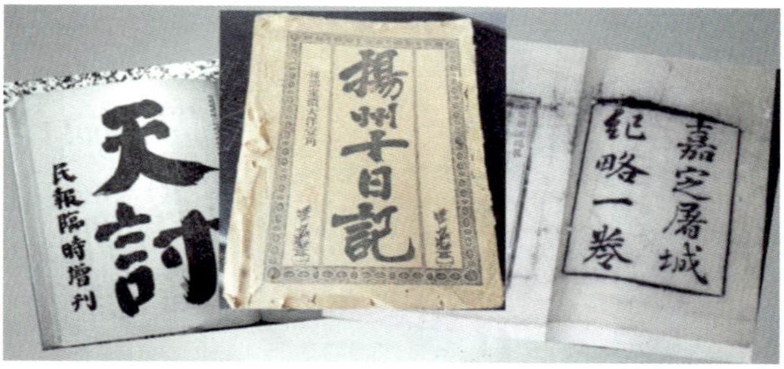

**《民报》临时增刊《天讨》1907 年 3 月，《扬州十日记》民国版，《嘉定屠城纪略》 / 孔夫子旧书网**

随后，冯玉祥、王金铭、施从云、郑金声[4]、王石清[5]、岳瑞洲[6]六人在营中发起“武学研究会”，孙谏声、戴锡九也都参加了该会。他们以读书为名传播革命思想，联系革命同志，密图举事。他们每天清晨聚在一

1 逆旅：客舍，旅店。
2 胡鄂公 1912 年 4 月著《辛亥革命北方实录》，详见中华书局 1948 年印本 P16、P28。
3 刘一清，湖北人。参加中国同盟会 1905 年 8 月 20 日东京成立大会。据冯自由《革命逸史》第二集。
4 郑金声（1879—1927），山东历城人，1900 年入清新建陆军武卫军当兵，历任哨长、排长、队官。1908 年与冯玉祥等一批青年军官秘密进行反清活动。1913 年任陆军骑兵第三团团长。1918 年任绥远陆军混成旅旅长。1924 年参与冯玉祥发动的北京政变。同年 10 月，任国民军暂编第三师师长，并加入中国国民党。北伐中率军进攻山东，被叛军诱捕，被张宗昌下令杀害。
5 王石清，1886 年出生于天津，清末任新军第二十镇第 80 标第一营管带。
6 岳瑞洲，清末新军第二十镇下级军官。

起读书，以读书为掩护，暗中扩大人数，运动军队；或互通报时事新闻，何处起新运动等；为躲避清廷耳目，孙谏声等人还利用野操、假日，不断将士兵带出兵营外，读反清小册子，演说革命道理，成为该镇革命派进行思想发动和组织联络的媒介。不到一年，得同志百余人。树声在这些活动中或担任联络，或协助望风，经常是谏声如影随形般的得力助手。这期间，冯玉祥、施从云、王金铭先后任该镇第八十标第三营和第七十九标第一、二营的管带。

清末新军

清宣统二年（1910）冬，驻守奉天新民府的第二十镇，接奉清廷军机处命令，将派皇族贝子、贝勒到该镇“视察检阅”。期间，校阅官员穷极奢华、凶横霸道，为显示特权排场，要每营管带各摊“供应费”四五百两，最后集资达 7 万元。检阅结束后，各营官佐愤怒无比，镇内同盟会人趁机宣传民族思想及革命主张，官佐们的革命思想因而猛进；遂有王金铭、施从云、冯玉祥、张秉贤[1]四人当即剪掉发辫。足见在王朝末日的强烈刺激下，其革命之决心。孙谏声亦在现场，他看在眼里，意识到：军队如此离心，清廷末日将近也。

宣统三年（1911），农历辛亥年。据清廷秋季阅兵的习惯和新军“间岁会操”制度，清朝政府决定，在当年秋季（公历 10 月 10 日—20 日），举行永平大操。永平府在直隶（河北）距北京 200 公里，包括滦州、卢龙、迁安、昌黎等六县，统称“永属七州县”，属京畿肘腋之地。秋操地点选

[1] 张秉贤，清末新军第二十镇下级军官。

在滦州以西20公里的开阔地，此地唐朝、明朝均作过阅兵场；操演军队将沿北宁铁路（今京山铁路）分东西两军会进，边行进边演习；初拟参加秋操的关内外新军和皇家禁卫军总数达6万余人；清廷拨出秋操经费银圆180万。

直隶永平府北城门（明信片）

此时，中国的南方革命运动正风起云涌。4月间，同盟会的第十次武装起义发动于广州，起义军浴血奋战，终因寡不敌众而失败，革命党人的斗争目标转向长江流域；5月，四川又掀起了轰轰烈烈的“保路运动”……在风雨飘摇的危局下，清廷仍不惜血本大规模“秋操”，意在显示皇族统帅新军之军威，震慑天下，以示“大清江山永固”，并改变“国际观瞻”。

清军秋操 1906年10月彰德（南阳）

9月，新军第二十镇78标、79标受命参加秋操，谏声、树声亦属79标，即随军开拔西进入关，开赴滦州。因沿途设防严密，清陆军部还为秋操官兵办理了军人护照，以备查验。故孙谏声对当下形势也有所思考准备。

10月9日，第二十镇西进部队越过滦河，进入滦州，张绍曾所率司令部到达距滦州仅30公里的昌黎。参加检阅的清皇家禁卫军也已在永平以西，清廷阅操大臣载涛等人业已到达滦州开平行辕。此时，距永平大操开始仅有一天。不料10月10日，平地起惊雷，武昌爆发起义。湖北新军第八镇工兵营士兵攻克总督府，其他各部革命力量纷纷响应，血战通宵，革命军占领武汉。中国资产阶级民主革命的重大胜利，使清廷军咨府惊慌失措，奉旨给在滦州的阅操大臣载涛发来急电：“武昌市面吃紧，速回京。”永平秋操，戛然而止。

武昌起义军攻占后的清湖广总督府 1911 年 10 月

因武昌起义爆发，清军大举南调，第二十镇余部亦由奉天调至关内，全部驻扎滦州、秦皇岛一线。统制张绍曾等"士官三杰"，拒绝南下，电请实行立宪，发起"滦州兵谏"，并扣押清军满载枪弹南下武汉的军列。第二十镇中的孙谏声、王金铭、施从云、戴锡九等革命骨干，也借机在军中积极酝酿举事，秘商响应武昌起义，认为这是"恢复祖国，千载一时之好机遇，万勿错过"，他们联络镇内士兵官佐，"极力鼓动，共图大举"。但数次计划，曲折多舛，张绍曾亦犹豫不定、一再贻误，机会一一消弭。

10 月下旬，同盟会代表、留日直隶同乡会会长王葆真[1]急访滦州，在第二十镇司令部与张绍曾见面，密议三日，力促第二十镇发动起义。此后，张绍曾拟约孙谏声同赴汉口，以资襄助，俾得与革命军通。但"三杰"受君主立宪派的部署影响，一次次错失北方革命的大好机会。"滦州兵谏"引起清廷震惧。不久，吴禄贞由滦州返回石家庄后被暗杀身亡；张绍曾被免去第二十镇统制之职，夺去兵权；蓝天蔚也被迫出走上海。

第二十镇新任统制潘矩楹，效忠清廷。接任后戒备森严，令军中不得聚会和自由出入；又暗布密探，侦查官兵动静。军中虽屡次举事未果，却已被营官侦知，密令防范。诸同志咸受监视，并革除数人。孙谏声得知拟对其秘捕之消息，遂偕树声潜踪隐迹，从秦皇岛乘船返回山东故里。典鬻家中部分田园庐舍，得资后又率弟树声来到天津。时值 11 月初，约立冬前后。

据《滦州起义及北方革命运动简述》一文记载，孙谏声到达天津不久，王葆真约谏声等人同赴滦州，以期接洽第二十镇中若干热心革命的营连长，

[1] 王葆真（1880—1977），河北省深泽县人，早年赴日本早稻田大学留学，1905 年加入中国同盟会，矢志革命。1911 年辛亥革命爆发后，回国组织领导滦州起义。

联络起义。不料入住滦州车站附近旅店后，同行者之一何任之[1]接洽某营部时竟遭逮捕，他们在侦缉队追缉下，夺路而逃，才侥幸脱险返津。

武昌起义后，胡鄂公被派为湖北军政府代表来到天津，筹设北方革命军总指挥部。按《辛丑条约》规定，天津二十里以内禁中国驻兵，使这里一度成为真空地带。部分南北方革命者陆续麇集天津，英、法租界小白楼等处，成为推动辛亥革命北方运动秘商之地。

天津法租界，远眺西开教堂，吉祥里、小白楼等革命党活动之所也在这一带

11 月下旬，孙谏声在天津法租界的一家客栈见到胡鄂公，距两人京师邂逅已近三年。故友重逢，促膝长谈。“滦州兵谏”和驻滦新军第二十镇内的革命策动，令国内各种政治势力关注。胡鄂公遂召集陈之骥[2]、华朗轩、胡伯寅[3]、李孝通、白毓昆、凌钺等革命党人，请孙谏声详述滦州驻军的情况：“滦州各营士兵，什九均已加入铁血会，而施从云、王金铭、张建功三营长亦个别先后加入革命团体。然以彼此情愫不通相互猜嫉，故各于其部下监视隔别极严，不得协议举事之机”[4]。大家讨论分析后，决定派胡伯寅、李孝通二人秘密至滦州调查 79 标官兵现状，再行筹划。

不日，胡鄂公以鄂军政府代表名义，偕孙谏声到天津近郊杨柳青、马厂、北仓、军粮城、西沽、新农镇等地，慰问散居在那里的共和会、铁血会同志，继而动员京、津、保、滦、通各地之革命。

---

[1] 何任之（？—1912），字尚达，安徽人。在清新军二十镇张绍曾统制部任秘书职，辛亥年 11 月初旬在滦州被捕，孙谏声等在滦州举义时，从监狱将何接出，故死于是役。

[2] 陈之骥（1884—1964），字叔亮，河北省宁河县丰台镇人，中国近代民主革命家。早年毕业于日本陆军士官学校，并加入同盟会，追随孙中山先生投身民主革命。

[3] 胡伯寅，又名胡宪，河南人，留学日本，同盟会员，北洋法政学堂学生，天津共和会副会长。

[4] 胡鄂公 1912 年 4 月著《辛亥革命北方实录》，详见本书 P44。

11 月底，胡鄂公召集天津同志于法租界吉祥里 9 号，拟成立北方革命之津军司令部，到会者有孙谏声、陈之骥、华朗轩、白毓昆、胡伯寅、白逾桓、汪兆铭[1]、陈涛[2]等二十余人。当众议推举胡鄂公时，他却指向孙谏声说：“谏声，北方健者，彼与二十镇将士相习，该镇官兵之倾向革命，什九皆受彼之影响，予意则当属于谏声也。”遂推举孙谏声为津军司令。[3]

12 月初，汪兆铭成立中国同盟会京津保支部于天津，胡鄂公说：“孙先生首创同盟会以教国人革命，盖教国人知革命必先知团结也。故凡革命者，皆得为同盟会会员。”胡鄂公、孙谏声遂代表共和会、铁血会加入同盟会。不久，孙谏声又参加了共和会代表会。为集中革命力量，统一革命指挥， 设京、津、保、滦、通、石家庄总指挥处。其中选定施从云为滦州起义总司令，孙谏声、白毓昆、李孝通、熊朝霖、胡伯寅五人为指挥。

革命党人在天津购得一批手枪、炸弹。因孙谏声携有秋操时清陆军部所发护照，遂派他以此身份为掩护，将这些武器分别运往保定和北京，以备起义使用。

12 月中旬，胡鄂公于天津英租界小白楼开会，成立北方革命协会，再次布置北方各地起义事宜。孙谏声、白毓昆、白逾桓等与会。

12 月 15 日，胡鄂公、孙谏声、胡伯寅等人由天津赴滦州，住城内泰昌酒店。他们与第 79 标第一营营长施从云、第二营营长王金铭见了面，密商起义事宜。后据胡鄂公记载：“予曰：革命军战守时，总司令

[1] 汪精卫（1883—1944），又名汪兆铭，祖籍浙江山阴，1905 年 7 月加入同盟会，参与起草同盟会章程。1910 年 12 月在天津组设同盟会京津保支部，任支部长。

[2] 陈涛，字洪度，河南南阳人，初入伍于陕西新军，复走荆州，投鄂军沙防营充十长。武昌起义后参加革命军，滦州起义任前敌指挥使，城陷，遂及于难。（详见附件 1）

[3] 胡鄂公 1912 年 4 月著《辛亥革命北方实录》，详见本书 P47。

最关重要，不可轻与人者，今以金铭为都督，建功副之，子仍为总司令如何？从云曰：谨如命。”施从云又一再提醒“但以标统岳兆麟[1]监视严，而第三营营长张建功则又阴险反复”。两天后，胡鄂公、孙谏声等人将赴唐山，胡伯寅等三人则在滦协助起义工作。临行前，留下所携带炸弹十二枚，以便滦州起义时作信炮之用；谏声另留一信，让王金铭转交驻扎在海阳镇（秦皇岛）的冯玉祥，以期其举事时呼应。

滦州城墙 老照片

位于滦州北门的直隶第三初级师范学堂，新军第 79 标第一、二营营部曾设在该学堂院内

孙谏声、胡鄂公等从唐山转道，乘马车到南青坨村访晤丁开嶂。决定：动员铁血会二十八路绿林领袖，分途集合振武社关内外有枪会员千人前往滦州、天津，以作为策应、支持力量；举事前，丁开嶂再选四百人亲往滦州。不料，期间行踪消息走漏，被人报官，便霄遁于唐山，再返天津。谏声深感，清廷覆灭前之京畿，已是风声鹤唳。

12 月 30 日，留滦州人员返津，汇报起义准备情况：滦军革命情绪高涨，已非军律所能抑制；王金铭、施从云等人拟通电主张共和，并电请天津同志派人至滦州指导起义，组织政府。于是诸同志推孙谏声、陈涛、刘汉柏[2]、白毓昆、熊朝霖[3]等立即分批前往滦州。

---

[1] 岳兆麟，字瑞周，湖南长沙人，时任驻滦州新军 79 标标统。
[2] 刘汉柏，四川雅安人，共和会成员，辛亥滦州起义烈士。
[3] 熊朝霖（1888—1912），字其贤（齐贤、启贤），贵州贵阳人。早年入湖北陆军中学，著有《军人思想》一书，宣传反清革命。1912 年 1 月参加滦州起义，不幸被俘，英勇就义。

行前，孙谏声、白毓昆、凌钺等与王葆真晤谈，谏声鼓励他同去滦州指导起义。王葆真说："因接上海同志来函，孙中山先生到沪，约我去汇报北方情况，故而此次不能同行。"遂与之辞别：先生快去快回，如果滦州举义发动，可代表同志们再向中山先生报告，速派援军并汇款接济云云。

孙谏声、陈涛等定于 1 月 1 日出发。"临行时，鄂公各赠以手枪二支，同寓鄂公所寓小白楼。慷慨激昂，意气甚盛。赴滦前夕，畅谈歌舞，竟夜未眠。"[1]

12 月 31 日（农历辛亥年十一月十二日），滦州宣布独立，成立北方革命军政府，并致电清廷内阁总理大臣袁世凯："现闻南北议和期迫，势将决裂，万恳迅速主持共和切勿再开战衅，涂炭生灵。本军现已宣布独立，枕戈以待。"同时致电南方革命政府，驻京津各国公使等。

1912 年 1 月 1 日，孙谏声到达滦州。见滦州城内，大街小巷遍贴起义文告，达二十余种。革命军官兵和天津共和会会员，分散到车站、城关四街、北门外市场讲演……公开宣传，人人嚷着光复。旧日州衙摘下龙旗和横幅，挂上军政府大匾，衙内照壁张贴《讨清檄文》。3 日，城北广场搭起彩楼高台，举行了隆重的就职典礼。王金铭任北方军政府大都督，施从云为总司令，白毓昆为外交部长，孙谏声为军政部长兼理财部长……其余军政官员 30 余职。

就在王金铭、施从云、孙谏声等人建立军政府，告示安民，准备誓师西进时，袁世凯对起义的镇压计划也在进行：直隶通永镇总兵王怀庆一面赴滦州"劝解抚慰、察其真相"，一面"收束兵队、密筹抵御"；第三镇统制曹锟奉命从石家庄调兵北上，汪学谦[2]率队已到雷庄，并掘断

---

1 胡鄂公 1912 年 4 月著《辛亥革命北方烈士列传》孙谏声篇，详见本书 P96—P97。

2 汪学谦，时任清北洋新军第三镇协统（旅长）。

站东铁轨，以阻义军西进；天津淮军一部也调归王怀庆指挥。同时，第二十镇秦皇岛驻军正遭清洗，冯玉祥等人或被软禁，或遭关押、遣乡，打乱了原定部署，削弱了起义军的力量。

1 月 4 日下午，当孙谏声等起义军领导人扣留火车，准备率队登车直捣京津时，第三营管带张建功突率所部据城叛变，顿时以猛烈火力向起义军官兵射击。孙谏声与队官葛盛臣统其所部拒战于滦城北门外，以掩护其他起义军继续登车西进。由于寡不敌众，被清军包围数重，葛盛臣中弹倒地，枪弹既尽，士卒死者过半，孙谏声犹大呼前进，手持利刃，杀伤敌军十几名，力竭被执。孙谏声临刑时面不改色，意气自如，敌人因其英勇，对他特别仇恨，枪杀后，又割其头，悬于城门，剖腹取心，抛尸城下。

滦州城城门

是夜，起义军近千人西进 30 里，火车落轨，与清军血战于雷庄。王金铭、施从云、戴锡九、陈涛等人先后壮烈殉难，起义军官兵战死者约百余人。

雷庄车站，位于滦州城西 30 里

1 月 5 日晨，王怀庆电告直隶总督：“……淮陆两军于早八点占领滦州城及车站，事已一律荡平。”

辛亥滦州起义以失败告终。

38 天后，1912 年 2 月 12 日（农历辛亥年十二月二十五日）清帝发布退位诏书。清王朝的灭亡，是中国封建王朝彻底崩溃、封建帝制结束的标志，从此，中国历史翻开崭新的一页。

孙谏声烈士墓 / 山东诸城

弟树声回忆：谏声 1 月 1 日晨登车赴滦州时，已抱必死之心。念及妻子范氏已有身孕，幼女仅四岁，遂执意将他留在了天津。是年春，是他亲往滦州将谏声榇骨运回诸城，归葬故里；途经天津，革命党人组织万人公祭，沿途各站均有隆重祭奠。

孙谏声烈士牺牲时年仅 28 岁，然英雄浩气长存。他少小投笔从戎，以振武救国、民族复兴为己任。为此精学苦练、奔走呼吁，宣传民众，积蓄力量；面对曲折凶险，初心不渝，坚毅勇敢，为埋葬封建王朝抛头颅洒热血，视死如归，尽彰显近代华夏青年之血、壮士之气。

谨用一首歌词[1]做结语。

致敬滦州起义英烈孙谏声！纪念辛亥革命 110 周年！

你看锦绣江河
那些岁月铭记了勇者
风雨之后千万次坚信过的
黎明从此来了

每一寸土都有人奔赴
每一寸天都以生死来守护
每一寸心都将人间正道浇铸
留下一页不朽千古

---

1 歌曲《寸心》（词：安九，曲：张征）。

# 附 1 • 孙谏声传中提到的主要人物

**编者按**：《孙谏声传》中提到姓名的主要人物有 9 位。孙树声生平出自孙氏家史，其他各位生平简历在相关文献资料中可查可考，以传中叙述先后为序附后。

## • 孙树声（1890—1935）

辛亥革命北方运动志士。字书斋，孙谏声胞弟，生于 1890 年，山东诸城人。自幼聪慧，早年丧父，家境转败，少小懂事，帮助母亲家务维持。后跟随其兄孙谏声考入山东武备学堂，入枪械科，善骑射，成绩优异。

1907 年，孙树声来到营口，投入新军，平时在营操练，闲暇时照顾卧病母亲。受其兄孙谏声影响，参加军中武学研究会、山东同乡会活动，并暗中联络铁血会等反清革命组织。1911 年秋，清廷永平秋操，随军入关进驻滦州，时任第二十镇下层官佐。

1911 年 10 月，武昌起义爆发，孙谏声兄弟在营中秘策举事，被营官侦知，拟秘捕，二人遂潜离滦州，乘船返山东故里，典鬻家中田园庐舍，得资后到天津。之后，孙谏声、胡鄂公等在津、京、保、滦筹策各地起义，孙树声乃近其左右协助。

孙树声 / 1932 年 西安

滦州起义失败后，1912 年 1 月 29 日，孙树声参加了革命党组织的天津起义。任第六路司令，并带领敢死队 120 余人与敌拼死血战一夜，一度攻下金钢桥和都督府，皆因势寡力单，兵败而退。[1]

1913 年春，孙树声赴烟台，会同郭鸣周[2]，郭叔蕃[3]等做辛亥北方起义伤亡将士的善后工作。后转道北京，入十六混成旅石敬亭[4]部，随军转战。之后在山西丰镇、陕西三原，事盐业监管。1923 年入胡景翼[5]部，任副官，

---

[1] 胡鄂公 1912 年 4 月著《辛亥革命北方实录》，详见本书 P76—P81。

[2] 郭鸣周，原清军第二十镇官佐。

[3] 郭叔蕃（1893—1985） 山东省青岛人。自幼习武，天资聪颖，勤学刻苦。1909 年，考入山东陆军学堂。辛亥革命参加攻打青州之战，后参加靖国军驻扎北京，曾任 17 路军杨虎城将军的交际处长。新中国成立后，在西安档案馆工作，并担任西安市武术协会副主席。

[4] 石敬亭（1886—1969）字筱山，山东利津人。民国时期国民革命军将领。东北讲武堂毕业，入北洋军第二十镇。辛亥革命时，参加滦州起义，后入冯玉祥部。1926 年在南口同奉、直军作战。1927 年后历任陕西省主席、第二集团军总参谋长、第六方面军总指挥。1928 年冯部击败直鲁联军进入山东，石任山东省主席。后投蒋介石，任陇海路督办、军事参议院参议、冀察政务委员会委员。抗战时曾任第一战区副司令长官。1949 年去台湾。1969 年在台北病故。

[5] 胡景翼（1892—1925），字笠僧，又作励生，陕西富平人，著名爱国将领。1910 年入同盟会，辛亥革命时期在耀县组织起义失败后流亡到日本。1915 年护国战争时期奉派回国。1917 年护法战争期间加入于右任在陕西组织的靖国军，任第四路司令。1920 年直皖战争后被直系收编为陕军第一师。直奉战争期间所部驻在彰德、顺德一线。1924 年 10 月第二次直奉战争期间，又暗与冯玉祥、孙岳联合倒直，发动北京政变。后与冯、孙组织国民军，任副司令兼第二军军长。11 月，任河南军务督办。1925 年 4 月病逝于开封。

参加了冯玉祥、胡景翼、孙岳发动的“北京政变”；又入陕西靖国军[1]，因其才干深得于右任信任，充总司令部副官，参加了 1926 年的西安解围之战。战后，任陕西省督军公署副官长，授准将衔。

困惑于军阀连年征战，孙树声于 1932 年以后弃武从商，在西安经营布、盐、米、药材、木材，并开设银号、车马号等；曾被举为西安商会会长，及直、奉山东同乡会会长。1935 年，在西安病逝，享年 45 岁。

（滦州起义失败后，孙树声只身前往滦州，收殓孙谏声烈士遗体，暂停灵柩于郊外。1912 年 3 月，树声赶往辽东，拜见身怀六甲大嫂范氏，并携谏声幼女同往滦州起灵，扶兄之灵柩，归葬山东故里。途经天津，革命党人组织万人公祭；沿途各站均有隆重祭奠；月余至诸城，全城公祭。）

## • 张绍曾 （1879—1928）

字敬舆，1879 年 10 月 9 日生于直隶大城县（今河北），清末民初政治、军事人物。早年从军，留学日本，回国后被新任东三省总督徐世昌调到奉天军界任职。与士官学校同学吴禄贞、蓝天蔚，志趣相投，过从甚密，由于三人都富有变革思想，又都是日本士官学校毕业生，被称为“士官三杰”。1911 年，张绍曾任新军第二十镇统制。武昌起义后，他发动滦州兵谏，并密谋与吴禄贞等举兵反清。1911

[1] 1917 年，护法战争期间滇军首领唐继尧及四川、湖北、陕西、山东、福建等省军事首领以护法为名陆续组建的军队。1918 年 8 月，于右任回到三原后，联商各路靖国军将领成立了陕西靖国军总司令部，大家公推于右任为总司令，统一了编制，使靖国军在接受统一管理后，一时声势浩大，战果显绩，不论是在教育、军事等各发面都得到了较大的发展，辖区遍及关中大部。各地靖国军的组成，在一定程度上打击了北洋军阀的反动统治。但大多以护法为名，行军阀扩张之实。

年 11 月 7 日吴禄贞被暗杀后，他交出兵权，避居天津。1913 年，张绍曾被大总统袁世凯任命为绥远将军。1916 年任北洋政府陆军训练总监。1922 年任陆军次长，次年 1 月任国务总理，一度主张与孙中山协商南北统一，又主张先制宪再选举大总统，为直系军阀曹锟所忌，于 6 月去职，退居天津。1928 年 3 月 22 日遇刺身亡。

（张绍曾受命继陈宧任陆军第二十镇统制时，孙谏声因反清活动遭清廷缉捕，潜于第二十镇奉天、新民军营，逃过此劫。而后，张绍曾得孙谏声转赠《嘉定屠城记》、《扬州十日记》等反清小册子，视其为革命党联络人，与之暗中接触。1911 年 10 月“滦州兵谏”后，张绍曾拟约孙谏声同赴汉口，俾得与革命军通，后因去职未果。）

## • 丁开嶂　(1870—1945)

直隶省（今河北）丰润县南青坨村人，20 岁左右应遵化州乡试，得中秀才。1902 年入京师大学堂，1906 年毕业，获“奏奖”文科举人，“分发吏部候补主事”，但丁开嶂并未赴任。

早在 1894 年，年轻的丁开嶂听闻甲午战争后清政府割地赔款，就激愤得捶胸顿足，大呼出声：“奇耻大辱，孰过于斯！”性情刚烈的他随即开始谋划组织革命军，进行革命斗争，写成《草泽阴符篇》一书，谋划将来组织革命军，进行革命斗争方略。

1904 年日俄战争爆发后，与友人赴东北，联络仁人志士，创建抗俄铁血会，袭扰俄军。1906 年加入中国同盟会，同年秋，在家乡南青坨发动群众，宣传科学，推倒佛像，改庙堂为学校，兴办新学。他腾出家中一间房屋开办女子学校。1906 年改华北救命军为革命铁血会，会员达十万之众。1907 年，丁开嶂以摆斋戒烟酒为名，在黑龙江、吉林、辽宁、绥远、热河、内蒙古、河北、山西等地发展铁血会组织，并在家乡成立“北振武社”，阐发“强吾民、强吾国”的宗旨。

1911 年 12 月，湖北军政府代表胡鄂公偕孙谏声前往丰润南青坨村，动员丁开嶂集合铁血会人员策应滦州起义。不久，丁开嶂在天津法租界小白楼设铁血会军部。1912 年 1 月初，铁血会各路起义战士抵达滦州，但因官府镇压，起义最后失败。1 月 29 日，铁血会成员又参与了天津起义。2 月 12 日，清宣统帝退位。6 月 1 日，丁开嶂作《北洋铁血会始末宣言书》，宣布组织解散。

辛亥革命后，丁开嶂回归故里，因右臂染丹毒至残。但他壮心不已，以左臂著书。写出了《收复东北大计划》、《天籁余音》、《中国英雄大战史》、《灰烬余翰》等著作。丁开嶂一生曾留有近百万言的著作，有的靠私资出版印刷，有的则是手稿，其中有檄文、政论、诗词、文告及讲义等。可惜在日本侵入华北时，丁开嶂离家与当地革命志士结交，家人担心日军见书引祸，就将他两车多的藏书拉到村西焚烧。丁开嶂回来后，痛惜万分，挥泪疾呼：“毁书胜过毁我！”。

1932 年，丁开嶂被举为国民党政府议员。1945 年 8 月 7 日，丁开嶂因病逝世，终年 75 岁。

（1908 年冬，丁开嶂、孙谏声在辽宁营口成立“铁血会”分部，广为发展会员。1911 年 12 月，孙谏声在天津代表“铁血会”加入同盟会；滦州起义前，胡鄂公、孙谏声等专程到南青坨村访晤丁开嶂，动员铁血会、振武社举事时策应。）

## • 冯玉祥 (1882—1948)

1882 年 11 月 6 日生于直隶青县（今属河北省沧州市），字焕章，原名基善，原籍安徽巢县（今安徽省巢湖市）。中国国民革命军陆军一级上将，西北军阀。

1896 年，冯玉祥刚满 15 岁，正式入保定淮军五营当兵。1902 年离开淮军，改投袁世凯的武卫右军第三营，1905 年武卫右军改为新军第六镇，驻军奉天、新民，冯玉祥任司务长，后升为排长，深得协统陆建章和标统王化东的器重。1910 年，冯玉祥被任命为新式陆军第二十镇（师）第 80 标第三营管带（营长）。

1911 年（宣统三年）武昌起义爆发后，冯玉祥参与发动滦州起义，失败后被革职法办，递解河北保定，得陆建章搭救，幸免于死。袁世凯编练备补军时，陆建章任左路备补军统领，任命冯玉祥为前营营长。1913 年（民国二年）8 月，左路备补军改编为“京卫军”，冯玉祥升任第一团团长。1914 年 7 月，冯玉祥任陆军第 7 师第 14 旅旅长，率部在河南、陕西一带参加镇压白朗起义军。9 月任陆军第 16 混成旅旅长。

1921 年 7 月后任陕西督军。1924 年发动北京政变，推翻直系军阀控制的北京政府，并将所部改称为国民军，任总司令兼第 1 军军长，电请孙中山北上主持大计。1926 年在直奉联军进攻下通电辞职。1926 年 3 月赴苏联考察，同年 5 月加入中国国民党。9 月 17 日在绥远五原誓师，率领西北军出潼关参加北伐战争。1930 年 3 月与阎锡山组成讨蒋联军，中原大战失败后隐居山西汾阳峪道河，后隐居山东泰山。1933 年 5 月，在察哈尔组织民众抗日同盟军，任总司令。1935

年任国民政府军事委员会副委员长。1948 年 1 月 1 日被选为民革常务委员和政治委员会主席。 1948 年 7 月自美国回国参加新政协会议筹备工作，9 月 1 日因轮船失火遇难。

（新军驻奉天新民府时，冯玉祥与孙谏声为同营队官，冯玉祥得到孙谏声密赠的《嘉定屠城记》、《扬州十日记》等反清小册子，遂发起组织“武学研究会”，在士兵中秘密宣传反清革命。武昌起义爆发后，冯玉祥随 80 标入关驻守海阳，孙谏声曾致信冯玉祥，以期滦州起义时相呼应。）

## • 王金铭 （1880—1912)

字子箴，出生于 1880 年 6 月 23 日，山东武城县东屯村人。父王成，母赵氏。兄弟四人，长金镜，金铭行二，三弟金钰，四弟金钫；姊二，妹一。远祖王强，从胶东黄县逃荒到东屯村落户，从事农业劳动。王金铭八岁入本村私塾读书，天资聪颖，刻苦攻读，三几年后，已有阅读能力，向邻居借阅《精忠传》，对岳飞的忠孝英勇，很是钦佩。

1899 年，王金铭只身来到天津小站，参加新军。由于他品行端正、足智多谋，不久即升为正目。1904 年随军至山东，被提升为左哨哨长。1905 年调任北洋军第五镇第 18 标一营前哨哨官，驻扎在济南千佛山下。1907 年任第一混成协第 79 标中下级官佐。由于目睹北洋军阀的倒行逆施，使他对腐朽的满清政府失去信心。1908 年，王金铭接受孙中山先生的民主革命思想，并与冯玉祥、施从云等人组织武学研究会，以读书研究军事为名，秘密从事革命活动。

1911 年，王金铭任第二十镇第 79 标第二营管带，与天津革命党人白毓昆取得联系，并与孙谏声等山东籍的官兵，发起组织了山东同乡会，自任副会长，负责实际工作，联络革命同志，筹集资金，置备枪械，为反清起义做准备。1911 年 10 月 10 日，武昌起义爆发，王金铭所部进驻滦州，遂积极响应，酝酿举事。1912 年 1 月 3 日，王金铭、施从云等人发动滦州起义，成立北方革命军政府，被举为大都督。1 月 4 日，率队进军天津途中，与清军血战于雷庄，战至次日黎明，被俘遇害。“临刑，清廷统带汪学谦责之曰：‘清朝待恩厚汝何故反耶？’金铭曰：‘汝非黄帝之苗耶？胡为出此言也！满人以异族主华夏垂三百年，宰割我土地，鱼肉我人民，凡有血性人人欲得而诛之，何反之有！’”[1] 终年 32 岁。其友连之铎移柩天津，其弟金钰携厝于山东武城。

1924 年北京中山公园内滦州起义烈士王金铭、施从云全身站立铜像 / 原载《申报》增刊 1937 年 6 月 6 日

（1907 年王金铭、施从云等人在奉天新民府第一混成协时，即与时任军事教席的孙谏声相识，共同在新军中秘密从事革命活动。1911 年秋，王金铭、施从云、孙谏声随新军第二十镇参加“永平秋操”，进驻滦州后，积极酝酿举事，以响应武昌起义，数次计划，机会一一消弭。12 月中旬，胡鄂公、孙谏声等人由天津赴滦州，与王金铭、施从云密商起义事宜。1912 年 1 月起义后，王金铭、施从云与孙谏声共战于滦州，同殉于难。）

## • 施从云 (1880—1912)

字夔卿，安徽桐城人，性豪迈，富胆略，幼习阳明学说，言笑不苟。父施志宽，是一个老实厚道的农民，以农为业，兼做豆腐买卖，有七个子

---

[1] 罗正纬编《滦州革命先烈事略》/《中国近代史资料丛刊：辛亥革命（六）》P365.

女。施从云少读私塾，求知若渴，因家境贫困交不起学费而辍学务农。

1900年，施从云与大哥施从滨（后任奉系第二军军长）一起弃农从戎，投入清北洋军队。1904年，施从云进入保定将弁学堂受训，次年毕业，在新军第五镇中任队官。1907年，任第一混成协中下级官佐。1910年，被编入第二十镇，移师奉天新民府，升为第79标第一营管带。与冯玉祥、王金铭等人组织“武学研究会”，以研究军事为名，传播革命思想，密谋推翻清室。“军事之暇，辄与士卒谈明思宗事，口讲指画，目眦欲裂，闻者动容。”[1]

1911年10月，武昌起义爆发后，与二营管带王金铭、共和会代表白毓昆等积极响应，于次年1月3日宣布滦州独立，成立“北方革命军政府”，被推举为总司令，通电檄告全国。1月4日，挥师进攻天津，与清军激战于雷庄。“猛力陷阵，血战数小时，司书瞿胜耻马弁龚某环请易服间行东归，从云曰：‘见危受命，古训昭然。予自从军之日，即思以死报国，死得其所幸也，已矣毋复言！’胜耻泣曰：‘其于大事何？’从云曰：‘此后死者之责也。’督战益力，清军遣使诡称议和，遂与王金铭入清营，同时遇害。卒年三十有二。”[2]遗骸由其兄扶柩归葬于故里。

## • 戴锡九（1888—1912）

[1] 罗正纬编《滦州革命先烈事略》/《中国近代史资料丛刊：辛亥革命（六）》上海人民出版社、上海书店出版社1957年11月，P366。

[2] 同上

原名戴纯龄，字锡九，沈阳市人。保定陆军学校前期毕业，后赴日本留学，参加同盟会。1909 年，戴锡九从日本回国，进入新军第二十镇任下级军官，以身份为掩护，秘密宣传反清共和，鼓动革命。第二十镇自孙谏声推进铁血会组织以来，官兵多倾向革命，戴锡九与同营王金铭、施从云等尤为中坚。1911 年 10 月辛亥革命武昌起义后，王金铭、施从云举义滦州，戴锡九积极参加，充队长。1912 年 1 月 5 日，在雷庄战斗中被俘牺牲，时年 23 岁，后归葬于故里。

（1909 年，戴锡九初到新民府新军，即与同营官佐孙谏声相识，两人志同道合，结为同志，相约密切配合，动员军中反清力量，待机策动革命。1912 年 1 月，戴锡九、孙谏声共同参加滦州起义。）

## • 胡鄂公（1884—1951）

辛亥革命活动家。字新三，号南湖，湖北江陵人。出生于贫苦农民家庭，少失父母，靠亲戚抚养，并读私塾，常得塾师周济。早年曾参加其兄胡荣珪领导的澧州、华容、公安的洪门起义，失败后回乡务农。1906 年入郝穴预备中学堂学习，时逢资产阶级民主革命运动兴起，胡鄂公与同学熊德山等 20 余人结为辅仁社，任社长，宣传革命。1908 年赴北京，入江汉学堂。次年考入保定直隶高等农业学堂，在学生中发起“断发会”，剪掉象征清朝统治的辫子。此后，胡鄂公即开始了共和会的筹组工作。1910 年组建共和会，任干事长。武昌起义后，任鄂军水陆总指挥等职。1911 年 11 月中旬，奉黎元洪之命，以鄂军政府全权代表身份赴京、津，成立津军司令部。12 月 2 日，成立鄂军代表办事处，胡鄂公兼任总指

挥，又成立北方革命协会，被推为会长。曾策划行刺袁世凯，未遂。清帝退位后，任荆州荆旗善后局督办。

1913 年胡鄂公去北京，任国会议员，兼任荆州法政专门学校校长。1921 年，任湖北省政务厅长。1922 年，调任北京政府教育部次长。后与熊得山等组织马克思主义研究会，发行《今日》杂志，秘密加入共产党。1924 年 7 月，联合参众两院议员 150 多人组织反帝大同盟，并创办《反帝运动旬刊》。1932 年，任中共中央情报部长。1938 年，任孔祥熙的政治经济顾问。1943 年，在桂林脱离共产党。1945 年 12 月，任《时事新报》总经理。1949 年 5 月胡鄂公赴台湾，1951 年病逝于台北，终年 68 岁。著有《北方革命实录》、《胡鄂公节略》、《武昌首义三十三日记》等。

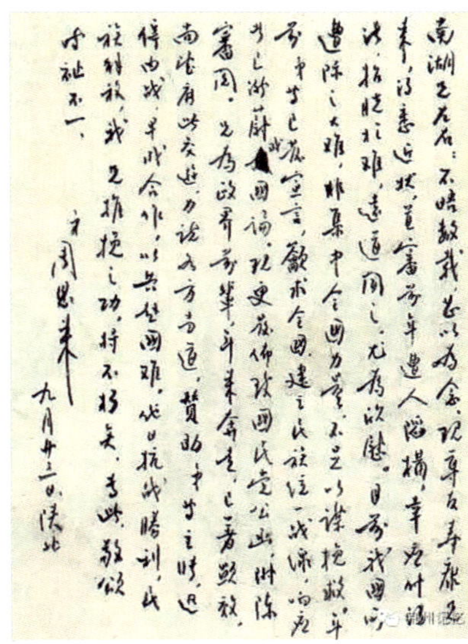

1936 年 9 月 23 日周恩来致胡鄂公的信札，指示促成抗日民族统一战线等事宜

纵观胡鄂公一生，充满了传奇色彩，从最早反清断发，参加辛亥革命推翻帝制，接受资产阶级民主思想，到宣传马克思主义，组建“今日派”共产党。在北洋军政府、国民政府、国民党、共产党以及日本控制下的汪伪政府中穿梭，在政界左右逢源。特别是国难当头，民族存亡之时，胡鄂公以他的资深政治家的身份，为国为民奉献了自己的一生，不失为一个伟大的政治家。

（1909 年秋，孙谏声去京师办事，经革命党人引荐，在北京旅店中与共和会创始人胡鄂公相识。孙谏声从北京返回奉天、新民后，将胡鄂公所赠十余册《嘉定屠城记》、《扬州十日记》反清小册子秘密转赠二十镇统制张绍曾，并分发给营内的冯玉祥、戴锡九等人，播撒反清革命的火种。1911 年 11 月，胡鄂公在天津主持辛亥革命北方运动期间，孙谏声与之共密切合作，共同筹策京、津、保、滦、通各地之起义；并同往滦州、丰润做起义前的组织动员。中国同盟会京津保支部成立于天津时，胡鄂公、孙谏声代表共和会、铁血会加入同盟会。）

## • 陈 涛（1884—1912）

字洪度，河南南阳人。初入伍于陕西新军，复走荆州，投鄂军沙防营充十长。1911 年 10 月，武昌起义后参加革命军。11 月，从武汉到天津，推动辛亥革命北方运动。1912 年 1 月 1 日，陈涛与孙谏声衔命同赴滦州，任起义军前敌指挥使兼军法处长。1 月 4 日，与清军战于雷庄，遂及于难，时年 27 岁。陈涛居荆州久，与荆人相习，故胡鄂公令龚善支护送其遗骸至湖北荆州，葬于马河西岸之梅岭。（另见，本书：文献二、《辛亥革命北方烈士列传》陈涛篇）

（1911 年 11 月，湖北军政府代表胡鄂公在天津推动辛亥革命北方运动期间，陈涛与孙谏声相识于天津，与众同志一起筹策京、津、保、滦、通各地之起义。革命党人购得一批手枪、炸弹，陈涛、孙谏声同往津郊试放，并运往保定和北京，以备起义使用。12 月 30 日，滦军电请天津同志派人至滦州指导起义，陈涛、孙谏声受命同赴滦州。）

# 附 2 • 孙谏声生平编年纪事

| 年度 | 年号 | 农历 | 地点 | 年龄 | 纪事 |
|---|---|---|---|---|---|
| 1883 | 光绪九年 | 癸未 | 山东诸城 | 0 | 生于山东诸城县城关府前街。父亲为晚晴秀才，业儒。 |
| 1894 | 光绪廿年 | 甲午 | 山东诸城 | 11 | 早年丧父，与母亲胡氏和胞弟孙树声相依生活。自幼就读私塾，聪明好学，工诗善文。 |
| 1895 | 光绪廿一年 | 乙未 | 山东诸城 | 12 | 因北洋舰队在威海卫战役中全军覆没，山东威海卫被日军占领，而开始关注兵籍、军器，有了习武报国之念。 |
| 1900 | 光绪廿六年 | 庚子 | 山东诸城 | 17 | 八国联军攻破北京。孙谏声闻讯大愤，毅然决定弃文就武。 |
| 1901 | 光绪廿七年 | 辛丑 | 山东诸城 | 18 | 考入山东武备学堂。 |
| 1902 | 光绪廿八年 | 壬寅 | 山东济南 | 19 | 赴济南，在山东武备学堂就读，先是肄业雷科，后又改学测绘科。这期间，孙谏声陆续动员不少同学及弟弟孙树声投考武备学堂，进而参加新军。 |
| 1906 | 光绪卅二年 | 丙午 | 辽宁营口 | 23 | 夏，孙谏声从武备学堂毕业，分配至清新式陆军东北驻军属下的营口标学堂，膺任军事教席，遂与其母及弟一同前往，并在营口娶妻完婚。 |

| 年度 | 年号 | 农历 | 地点 | 年龄 | 纪事 |
| --- | --- | --- | --- | --- | --- |
| 1907 | 光绪卅三年 | 丁未 | 辽宁营口 | 24 | 以清军随营学堂为掩护，在下层官兵中进行革命宣传，任教两年，“生徒济济”，为反清革命培养了众多人才。 |
| 1908 | 光绪卅四年 | 戊申 | 辽宁营口 | 25 | 春，胡太夫人因病辞世。谏声两兄弟在当地为母亲办理了后事。晚至，护送其母棺椁南归山东诸城。 |
| | | | | | 冬，与丁开嶂等倡立铁血会于营口。其事被营口标学堂总办得知，拟予逮捕惩治。孙谏声事先得知消息，乃避走沈阳。 |
| 1909 | 宣统元年 | 己酉 | 沈阳新民 | 26 | 投入清新军第二十镇统制陈宧麾下，任该镇队官。孙谏声在军中与该镇一部分下级军官秘密联络，鼓吹革命，不到一年时间，团结同志百余人，广联声气，密谋反清革命。 |
| | | | 北京 | | 秋，在北京与共和会创始人胡鄂公相识。 |
| 1910 | 宣统二年 | 庚戌 | 沈阳新民 | 27 | 从北京返回奉天、新民后，孙谏声把胡鄂公所送十余册《嘉定屠城记》、《扬州十日记》等反清小册子秘密转赠二十镇统制张绍曾，并分发给营内的冯玉祥、戴锡九等人，播撒反清革命的火种。 |
| 1911 | 宣统三年 | 辛亥 | 河北滦州 | 28 | 清廷举办永平大操，孙谏声随新军第20镇79协入关，10月9日进驻滦州。10日武昌起义爆发，清军大举南调，第二十镇统制张绍曾等“士官三杰”，拒绝南下，电请实行立宪，发起“滦州兵谏”孙谏声等革命骨干借机在军中酝酿举事。 |
| | | | 山东诸城 | | 军中屡次举事未果，已被营官侦知，密令防范。孙谏声得知拟对其秘捕之消息，遂偕树声潜踪隐迹，返回山东故里。典鬻家中部分田园庐舍，得资后又率弟树声来到天津。 |
| | | | 河北滦州 | | 11月，同盟会代表王葆真约孙谏声等人同赴滦州，以期接洽第二十镇革命官佐，联络起义。在滦遭侦缉队追缉，夺路而逃，侥幸脱险。 |
| | | | 天津 | | 湖北军政府代表胡鄂公来到天津，孙谏声参与筹设北方革命军指挥部，召开共和会代表会，成立北方革命协会等事宜。积极策划京、津、保、滦、通各地之起义。 |
| | | | 河北滦州 | | 12月15日，胡鄂公、孙谏声等人赴滦州，与王金铭、施从云密商起义事宜。并从唐山转道南青坨村访晤丁开嶂，安排铁血会策应、支持滦州起义事宜。 |

| 年度 | 年号 | 农历 | 地点 | 年龄 | 纪事 |
| --- | --- | --- | --- | --- | --- |
| 1911 | 宣统三年 | 辛亥 | 天津 | 28 | 12月31日，滦州宣布独立。受北方革命军指挥部委派，孙谏声等人从天津出发赴滦州，指导起义。 |
| | | | | | 1月1日，孙谏声到达滦州。 |
| | | | | | 1月3日，滦州成立北方革命军政府，推举王金铭为大都督， 施从云为总司令，孙谏声为军务部长兼理财部长。 |
| 1912 | 民国元年 | 辛亥 | 河北滦州 | 28 | 1月4日，第三营管带张建功突率所部据城叛变，孙谏声在军政府都督王金铭统一指挥下，统其所部拒战于滦城北门外，以掩护其他起义军继续登车西进，直取天津。被清军包围数重，寡不敌众，枪弹既尽，士卒死者过半，孙谏声犹大呼前进，手持利刃，杀伤敌军十几名，力竭被执。孙谏声临刑时面不改色，意气自如，敌人因其英勇，对他特别仇恨，枪杀后，又割其头，剖腹取心，遍啖其军士。事后，同志觅其遗骸厝之。是年春，家人将其榇骨移归故里安葬。 |

## 附 3 • 孙谏声后人简表

<table>
<tr><td rowspan="2"></td><td colspan="2">子女</td><td colspan="2">孙子女</td><td colspan="2">重孙子女</td></tr>
<tr><td>姓名</td><td>性别</td><td>姓名</td><td>性别</td><td>姓名</td><td>性别</td></tr>
<tr><td rowspan="7">孙谏声<br>1883—1912</td><td>孙纪严<br>1907—?</td><td>女</td><td>（不详）</td><td></td><td>（不详）</td><td></td></tr>
<tr><td rowspan="6">孙纪滦<br>1912—1961</td><td rowspan="6">男</td><td rowspan="5">孙安国</td><td rowspan="5">男</td><td>孙良玉</td><td>男</td></tr>
<tr><td>孙玉美</td><td>女</td></tr>
<tr><td>孙玉芹</td><td>女</td></tr>
<tr><td>孙良军</td><td>男</td></tr>
<tr><td>孙良宝</td><td>男</td></tr>
<tr><td>孙耀宗</td><td>男</td><td>孙良运</td><td>男</td></tr>
</table>

# 记载滦州起义及孙谏声烈士事迹的部分历史文献

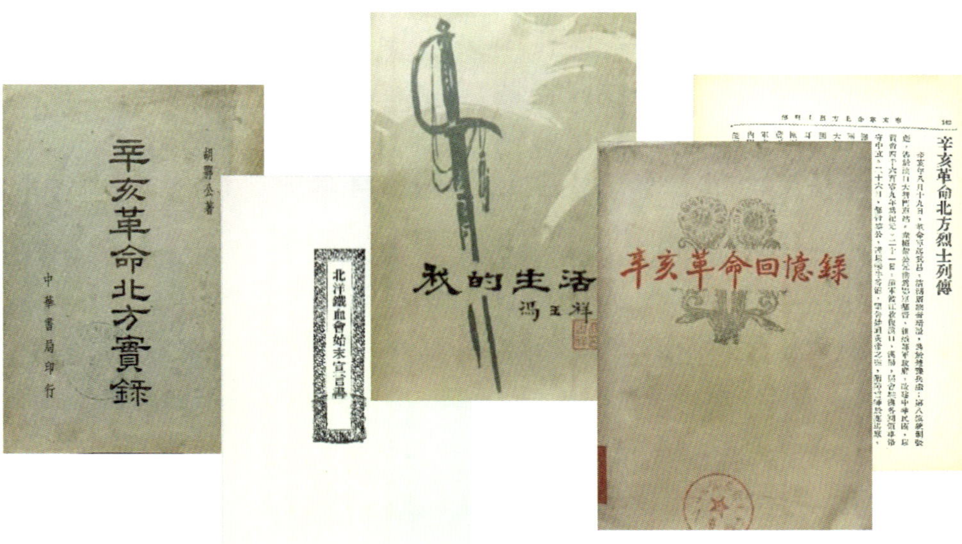

文献一

# 辛亥革命北方实录（节选）

胡鄂公

**编者按**：辛亥革命活动家胡鄂公 1912 年 4 月所著《辛亥革命北方实录》一书，1948 年由中华书局刊印发行。文内翔实记录了 1911 年 11 月至 1912 年 1 月，孙谏声投身辛亥革命北方运动的过程和细节，同时记有孙谏声烈士胞弟孙树声 1912 年 1 月 29 日参加天津起义之始末（见 P76—P81）。本书收入时，采用了《中国近代史丛刊 辛亥革命（六）》（上海出版社、上海书店出版社，1957 年）中刊载的此文节选，故特附《中国近代史丛刊 辛亥革命（六）》此文编者按："辛亥革命北方实录，前半是胡鄂公自述求学经过及在北方组织共和会等事，这里只选录后半关于北方革命部分。其中注释号码原从六十一起，然其中多不必要，兹加删节并另号码。”文章脚注为本书编者所加。

## 叙

中华民国元年四月，予自天津归武昌，谒都督黎公[1]于鄂军都督府，为述北方革命运动经过情形，并呈所著辛亥革命北方实录、辛亥革命北方烈士列传。黎公略事检阅，顾谓予曰：是可以一语赅括二书也。予应之曰唯唯。黎公于是握管为予书北方革命战史六字。有顷，黎公又谓予曰：北方同志中有孙鼎臣[2]陈洪度[3]二烈士者，骁勇杀敌，北洋军人至今谈其名，犹为震慑。予曰唯唯。孙鼎臣者，革命军人之先觉，铁血会创立者之孙谏声；陈洪度，则我军大战清军海陆于两望伤足之陈涛也。黎公又曰：同志汪兆铭[4]者，以屈贾之文，而行荆轲聂政之行，谓非今世之圣贤豪杰而何？予不答，黎公亦不复言。迨黎公阅列传至易宣时，乃喟然叹曰：世凯无论矣，而兆铭之无行，何以至于如此其极。抑所见各有不同耶？虽然，是书之传，必将有待于来日也。盖兆铭今方为世所重，而世凯则专擅嗜杀，此书若出，或将为构祸之媒，是不可不慎者。古人之作，多藏之名山，传诸其人，殆以此欤？予曰：谨受教。越一月，同志曾广福兄弟三人揭露世凯和议阴谋于报端，世凯使人攒杀于光山县途中。又一月，同志吴定安、罗明典摭取世凯帝制自为诸事实，发表告国人书

[1] 黎元洪（1864—1928），湖北黄陂人，1906 年擢升暂编陆二十一军统领。1911 年武昌起义后被革命党人强迫推举为湖北都督。1912 年元月，被选为中华民国临时政府副总统兼领鄂督。

[2] 孙谏声，字鼎臣。辛亥革命滦州起义烈士。

[3] 陈 涛，字洪度。辛亥革命滦州起义烈士。

[4] 汪精卫（1883—1944），又名汪兆铭，祖籍浙江山阴，1905 年 7 月加入同盟会，参与起草同盟会章程。1910 年 12 月在天津组设同盟会京津保支部，任支部长。

于北京，世凯使人暗刺于齐化门外。予至此，始知黎公之言之有征也。予于是重加雠校，储诸行箧，以俟可以问世之日。

中华民国元年八月十九日江陵胡鄂公识于荆州荆旗善后局

……

九月十九日，同盟会同志冷公剑，代表北京同盟会同志【注一】暨京、津、保等处之共和会、铁血会各革命团体，来鄂谒见黎公，拟请派予北上主持革命。黎公以此问于予，予曰：以目前形势论，推动北方革命，实有迫切需要，究竟以何人前往为宜，此则另一问题也。冷以本月初四日由北京起程，乘京汉车至孝感后，步行十日始达武昌。盖自八月十九日武昌起义至九月初四日冷由北京起程到武昌，北方情形已三变矣。当武昌起义之初，清廷君臣闻讯震恐，束手无策，而八旗官民与夫九门军警，尤相互惊扰惶惧，宵夜闻贩卖声，辄遗械而走。当此之时，若得数百人于正阳、宣武、天安诸门间，奋臂狂呼，则不血刃而北京可得也。迨袁世凯起用为湖广总督，近畿军政大权，渐入袁氏腹心之手以后，以此人心稍为安定。然阎锡山独立于太原；山西巡抚兼领第六镇统制吴禄贞陈兵于石家庄；第二十镇统制张绍曾陈兵于滦州。且相与协议三路进攻北京，南下截断汉口清军归路之策。使此议果成，袁氏即可就诛于彰德，而北京亦可犁庭扫穴也。乃不幸吴禄贞为袁世凯所暗杀，致使北方军政大权统一于袁氏一人之手，而北方革命，遂日趋于暗淡。故推动北方革命，实有迫切需要也。黎公亦唯唯称是。是日，广东响应革命，在广州独立，举胡汉民为都督。胡未到广州前，举蒋尊簋为临时都督。同日，广东潮汕，亦宣布独立。又江阴要塞驻军，响应革命，亦于是日宣布独立。九月二十日，清内阁总理大臣袁世凯使蔡廷干、刘承恩二人为代表来汉，拟与革命军谈判和平。此为袁世凯对于鄂军政府第二次之探试。盖第一次为九月初八日之信，即袁世凯使刘承恩二人具名而发者，而此次袁氏所派之代表，则为蔡廷干、刘承恩二人，且有袁氏致黎公一函，语皆谬妄，比拟亦多不伦，故先之以驻汉英领事之介绍。当是时，响应武昌起义而宣告独立者，已有湘、滇、黔、赣、皖、苏、浙、粤、桂、秦、晋诸省，故各省来电，有议设临时政府者。于是黎公召集紧急会议，而于袁氏派来代表是否接见，亦一并讨论之。开议时，到会者甚众。关于组织临时政府事，则一致决议由都督具名通电与各省筹商。至袁世凯代表是否予以接见袁函是否答复一事，予独主张于拒绝接见答复后，由黎公通电各省以揭发袁氏阴谋。卒以赞成孙武、胡瑛接见代表作函答复之议者多，会众遂指定汤化龙为黎公代拟复函。并由孙武、胡瑛会集汤化龙、孙发绪、胡瑞霖等二十余人于都督府，以与蔡廷干、刘承恩辩论共和君主之是非得失。此为袁世凯与革命军议和阴谋初步之成功。同日，战时总司令黄兴，以不得口供而怒杀汉川萧叟夫妇及其子媳幼孙一家五口于汉阳昭忠祠战时总司令部。予争之不得，遂撤销昭忠祠都督府军法科办事处而回都督府。其事详予所著辛亥革命武昌三十五日记。

九月二十一日，战时总司令黄兴，以清军谋攻汉阳日急，因于前线各军有所调整后，复发出防御命令如下：一、综合各方报告，清军主力仍在汉口至孝感附近一带。另有一部军队，似由新沟方面南下。二、本军拟仍在南岸嘴至三眼桥一带防御。三、步队第四协协统张廷辅，率该协仍在原阵地防御，并须利用时间加筑防御工事。四、步队第五协协统熊秉坤，率该协第九标，右翼与步队第四协联络，须于兵工厂至钢药厂之间占领阵地。五、步队第四标标统胡效骞，率该标于钢药厂及黑山西麓占领阵地，须与步队第五协联络。六、湘军第一协协统王隆中，率该协及工程第一营之两队，右翼与步队第四标联络，须于割丝口至琴断口附近占领阵地。七、湘军第二协协统甘兴典，率该协及工程第一营之两队，于美娘山、三眼桥至扁担山附近占领阵地，并与湘军第一协联络。但须派侦探搜索蔡甸方面之敌情。八、炮兵团仍占领原阵地，以能射击汉口新停车场至东亚制粉工厂一带以及三眼桥附近为要。九、步队第六协协统杨载雄率所部在七里铺，步队第十标在归元寺附近为预备队。十、各队给养，仍派员到归元寺粮台领取粮秣。十一、本总司令在昭忠祠。同日，同盟会同志杨时杰代表京、津、保等处各革命团体，继冷公剑之后，由北京来鄂，请予北上主持革命。杨于谒见都督后，晤予陈述来意，予因挽杨居于府中，与冷同住一室。杨以本月十八日，由北京附京汉路车起程，若以平常行车时间论之，仅迟一日到鄂。盖自革命军退守汉阳后，火车可直达汉口也。是日，福建军响应革命，在福州独立，举孙道仁为都督。山东独立，举孙宝琦为都督。奉天独立，举赵尔巽为保安会长。九月二十二日，都督黎公，宴京、津、保各革命团体代表杨时杰、冷公剑等于府。席间相与谈及予北上主持革命事，黎公即以此意征询于予，予以袁世凯自暗杀吴禄贞后，彼已统一近畿军政大权，可与革命军势均力敌。故为革命策安全计，惟有北上运动京、津、保、滦、通军民同志响应革命，推翻清室，动摇袁氏本根，实为目前迫切要图。予于是允以北行。是日，黎公召集军事会，决议二事：一、为派季雨霖为襄郧招讨使；一即派予为鄂军政府全权代表，前赴北京、天津一带，主持北方革命，并由国库项下拨款万元，作为办公之费。到北方后，如有急需，当陆续汇寄。同日，停泊镇江之镜清、保民、联鲸、楚观、江元、江亨、建威、通济、飞鹰、楚同、楚泰、楚谦及张字鱼雷艇共十三艘，宣布独立，听候军政府调用。同日，江苏都督代表雷奋、沈恩孚，浙江都督代表姚桐预、高尔登通电，请各省派代表到沪会议，组织临时政府。盖彼等尚未接到黎公主张成立临时政府通电也。同日，上海都督陈其美转到江苏都督程德全，浙江都督汤寿潜联名电，倡议各省公举代表，集议上海，设立临时会议机关。九月二十三日，都督黎公，以战时总司令黄兴，在步队第一协协统蒋肇鉴调防武昌后，发布防御令，于汉阳防区，有所调整，影响所及，武昌防区，亦有调整必要，因亦发出防御令如下：一、清军汉口兵力，约二镇以上，其第一线，仍在龙王庙至玉带门一带，但有一支队出新沟经蔡甸南下。另一支队则由黄陂向阳逻前进，我汉阳各部队，仍沿襄河一带由南岸嘴至三眼桥附近防御。二、本军拟防御武昌省城。三、步队第二协协统何锡籓，率该协防御武昌城，但派一部须附炮兵一队骑兵一排防御东湖门附近。四、步队第三协协统陈炳荣，率该协仍防御两望至青山一带。五、步队第一协及其余各部队，均在武昌城内待命。六、本都督在都督府。是日，予奉都督令，命以即日起程北上。时愿从予行者，有吴若龙、冷公剑、陈涛、邝摩汉、王振汉等五人。吴定安因与吴若龙识，亦愿同行。时陈涛以脚伤在医院诊治，邝摩汉、王振汉，拟俟陈涛脚愈再行起程，故与予同时起程者，仅吴若龙、吴定安、冷公剑三人。同日，清内阁总理大臣袁世凯，由彰德入北京，就职内阁总理大臣。盖距吴禄贞之被刺身死，仅六日也。予以九月二十四日渡江至汉口，乘怡和公司轮船东下，二十八日至上海。当与宋教仁访晤沪军都督陈其美于沪军都督府，相与商讨革命军进取南京后，分路北伐策应诸事；而陈都督，殷殷以武汉同志对于袁世凯和战之意旨是问。予曰：处今日而言革命，其最可虑者，则为以大总统饵袁世凯而推翻清室。夫自吴禄贞被刺身死后，北方军政大权，已入于袁世凯一人之手，是与革命军争天下者则袁氏也。袁氏果为革命军所败，清室何能独存。武汉同志中，固有一二人尝为是说者，予犹以为图功之心太急所致。今则上海各省之代表亦如是云云，此则大可骇怪者。陈都督闻予言有顷，呼教仁之字而叹曰：嗟乎钝初，此则革命成败之所系，吾所以有是问也。为今日计，惟有会师速取南京而促成早日北伐，使北方同志响应于内，吾等进攻于外，庶几可以击败袁氏而消灭清室，舍此则无他策。教仁曰：以予所见，孙先生若能由海外回国，或易于图功。陈都督曰：此则守株待兔之论耳。若袁氏之势已成，虽有智者，亦无所施。于是相与感慨而别。十月初四日。予抵天津，即与吴若龙、吴定安寓天津法国租界紫竹林之长发栈。冷公剑径赴北京国风报。是晚，孙谏声、华朗轩、陈之骥、胡伯寅、李孝通，白毓昆、凌钺诸同志来会。孙谏声自是晚以后，即留居予寓，与予规划京、津、保、滦、通各地革命进行步骤。十月初五日，孙谏声复集华朗轩、陈之骥、胡伯寅、李孝通、白毓昆、凌钺诸同志于予寓，讨论滦州驻军第二十镇七十九标第一第二第三各营响应革命事。同志中有主张派人联络各营士兵者，谏声曰：滦州各营士兵，什九均已加入铁血会，而施从云、王金铭、张建功三营长亦个别先后加入革命团体。然以彼此情愫不通相互猜嫉，故各于其部下监视隔别极严，不得协议举事之机。九月初十夜之失败，即以此也。今欲策动滦州各营起而响应革命，惟有使施、王、张三营长协力共进，或可有成。予曰：派胡、李二同志秘密至滦调查该标官兵现状后，再行决定如何？谏声曰善。于是决定派胡伯寅、李孝通即赴滦州调查该标官兵情形。次则讨论海阳镇驻军第二十镇八十标第三营营长冯玉祥响应革命事。同志中亦有主张派人前赴海阳镇与之联络者，谏声谓玉祥多谋而无学，多言而无信，非可以共死生者。七十九标第一营营长施从云知彼最深，将来可与从云商之，现勿用派人前往。议未终，而汪兆铭使人由北京来津，索予银圆二千八百元，谓作十月初九日夜北京同志起事进攻清室之用。予当允由吴若龙、吴定安二同志即日携款赴京交兆铭。白毓昆曰：此必袁世凯用以威服爱新觉罗氏族人也。予曰：何以言之？毓昆曰：吾闻黄复生、罗世勋、汪兆铭等之出狱，为袁世凯、张鸣岐所保释。时世凯在彰德，乃电使其子克定告黄复生曰：望君等勿他去，宫保来京时，尚欲一见汝等也。复生、世勋闻之大惊，当促兆铭避之他处，曰：此嫌疑地，不可留也。兆铭不听。于是黄复生兼程往沪，罗世勋则匿居天津，独兆铭留北京以待世凯之来。世凯到京就职内阁总理大臣后，则使兆铭与杨度、汪大燮辈发起国事共济会以搜刮诸亲贵财货。近又欲以责任内阁之名，要挟清帝罢免载沣、奕劻、载洵、载涛等之军政大权。故为清室王公大臣所不喜，世凯则假此以胁服之。革命之费，乌可资敌用也，曷拒之？予曰：此非所以疑于精卫也。是日下午仍使吴若龙、吴定安二人携款入京交兆铭。当是时，革命同志之在天津者，除孙谏声、华朗轩、陈之骥、胡伯寅、李孝通、白毓昆、凌钺诸人外；而男同志尚有江元吉、覃秉清、薛成华、张先培、黄以镛、郑筱兰、张英华、罗世勋、陈国玺、曾正宇、张在田、周予觉等三十余人。女同志则有杜黄、郑雪雁、郑毓秀、孙蔚强、章以保、汪固、李芬、徐修广、陈心、周一、黄石、汪芸、张鸿翰等二十余人。其他散居于天津近郊杨柳青、马厂、北仓、军粮城、西沽、新农镇各地之共和会、铁血会同志亦有五十余人。十月初六日，予以鄂军政府代表名义，偕同孙谏声至各处慰问，并在津分区租定机关住宅十余所，指定同志司理宿膳。约以每星期二五两日，予与负责同志，至各住宅开会讨论革命进行诸事宜。十月初七日上午，予俟吴若龙、吴定安于天津老龙头车站。未几，北京开来火车抵津，若龙、定安下车，而汪兆铭、白逾桓等亦与若龙、定安俱来。予见兆铭而讶曰：汝今来天津，九日北京事，其谁主之？兆铭曰：九日之进攻清室大内，自有运筹指挥之人，吾辈勿用留京冒此危险也。予曰：汝所云运筹指挥者何人？兆铭曰：项城耳。予曰：袁世凯耶？兆铭曰：是也。九日之事，实造意于世凯，世凯资助吾党发动费五千二百元，同志以为不济，闻君到津，故予使人索二千八百元以足之，约以九日晚十时由吾党鸣炮为号。炮响，吾党同志即发难于正阳门、崇文门、宣武门诸处。世凯则命禁卫军第四标由西直门以进攻西华门，并命其长公子克定率兵三千攻东华门以应之。是则吾党仅负发难之责，留京奚为？予因念白毓昆前日之言，亦不与之辩。是日四川军响应革命，在成都独立，举蒲殿俊为都督。同日，下午二时，汉口前线清军，于我汉阳革命军撤退武昌后，完全将汉阳占领。于是京津道路传说，有谓鄂军都督黎元洪于汉阳失守清军占据大别山炮击武昌时自杀者，有谓战时总司令黄兴于汉阳失守后，主张弃守武昌，挟鄂军都督黎元洪，逃入兵舰顺流东下者。一时人心惶惑，真伪莫辨。十月初八日晨，白逾桓送来天津日文报纸，载清军占领汉阳事甚详。适白毓昆、华朗轩、薛成华、张先培、罗世勋、吴若龙、吴定安等在座。孙谏声朗诵讫，乃相与大哭于予寓。予强言以慰之。先是，革命军之退守汉阳也，黄兴设战时总司令部于汉阳昭忠祠，予为兴言：清军枪炮优于我，我当于汉水上游长江下游时出奇兵以扰其后，使无暇攻我汉阳，待其兵疲气衰而击之，攻坚非可致胜也。兴曰：所言良是。但我兵少不足以应敌，拟先乘其不备处而攻之。予以九月二十四日离汉北上，与乃于二十六日下令在汉水上游琴断口，藉东亚制粉公司房厂掩护，用帆船以造作浮桥。桥成。二十七日拂晓，湘军二千鄂军六千悉渡汉水而达北岸。湘军先渡，展右翼；鄂军继进，展左翼。湘军沿汉水而下，抄袭清军右翼后路至罗家店，逮至博学书院附近，清军发觉，始用炮互击。鄂军进至博学书院东方之堤岸，知湘军为清军炮兵压迫，遂亦发炮击清军。清军见鄂军势众，乃集中大炮机关枪火力御鄂军，鄂军不支后退，湘军亦退。总司令黄兴见我军孤悬敌境，联络将断，乃下令湘、鄂两军全退。时湘军已进至韩家店，得令乃与鄂军相继渡汉水而退汉阳。二十八日，清军以革命军悉渡汉水退汉阳，遂赶筑三炮垒于东亚制粉公司后，以御革命军再渡。二十九日拂晓，革命军海琛、海容、海筹、江贞，鱼雷艇湖鹗诸舰奉鄂军都督黎元洪命，由九江驶阳逻，盖所以策应湘鄂两军渡汉水时夹击汉口清军之用也。当战时总司令黄兴下令汉水上游琴断口造作浮桥，湘、鄂两军渡汉时，鄂军都督黎元洪使人告兴曰：俟海军诸舰由九江驶抵阳逻时下令筑桥渡汉。然兴命令已于前一时发出矣。迨九江诸舰至阳逻，而湘、鄂两军已于先一日退回汉阳。诸兵舰于是日上午十一时至下午五时，犹以猛烈炮火轰击江岸一带清军炮兵阵地。清军炮兵，悉为所歼。海容、湖鹗两舰，且载运机关枪大炮卸至黄鹤楼下而返。清军汉口阵地，几全部为之摇动。十月初二日，清军乘我不备，潜渡汉水占领蔡甸。革命军于初三初四初五等日，虽与之血战，然为清军大炮机关枪所扼，迄难制胜，以是汉阳附近诸山隘险要，亦陆续为清军所据。至初六日，清军遂长驱十里铺，革命军亦于是日开始向武昌撤退。然以大别山炮队与清军作殊死战，故革命军得以悉数渡江。初七日下午二时，革命军弃守大别山，于是汉阳乃悉为清军占领。十月初九日，陈涛、邝摩汉、王振汉、易宣等由武昌、沈阳先后至津。陈涛、易宣当留居于天津予寓所，邝摩汉、王振汉信宿即转赴北京。是晚，北京同志践汪兆铭与袁世凯之约，发难于正阳门、崇文门、宣武门，各任一路以进攻天安门、东华门、西华门，而宣武门发难同志之至西华门者则又分三路前进。十时，炮响，而世凯子克定与禁卫军第四标均不应。会军警探谍分途至，捕去同志李汉杰等十余人。高新华、陈雄以此愤而自杀，汉杰亦以此不屈死。十月初十日，天未曙，白毓昆过老西开吉祥里十四号，扣予扉而呼曰：世凯、兆铭果相济为奸，以杀我北京革命同志矣。予与吴若龙、孙谏声、陈涛、易宣等咸惊起以询毓昆，毓昆曰：此则赵秉钧于昨夜京、津长途电话中告杨以德也。以德有文案名周缙陔者，与我居于比邻，故为我言之如此。毓昆言毕，举室为之惘然。下午，天津同志开会于老西开吉祥里之九号，拟成立津军司令部。到会者有孙谏声、陈之骥、华朗轩、易宣、白毓昆、胡伯寅、白逾桓、汪兆铭、黄以镛、吴若龙、陈涛、吴定安、江元吉、覃秉清、薛成华、张先培等二十余人，众议欲以津军司令畀予。兆铭知予将固辞也，乃越座趋予而耳语曰：座中人堪胜此任者，惟我与君耳，君辞其谁继之？予曰：谏声，北方健者，彼与二十镇将士相习，该镇官兵之倾向革命，什九皆受彼之影响，予意则当属于谏声也。兆铭不言而还于座。开会讨论结果，遂举孙谏声为津军司令，陈之骥参谋部长，华朗轩副官部长，易宣理财部长，陈涛交通部长，白毓昆外交部长。会未终，兆铭与在座诸同志以次握手先别去。白毓昆曰：兆铭此去将自为之也。予曰：何以知之？毓昆曰：兆铭尝以吾党之在京、津、保语诸世凯矣。世凯告兆铭曰：汝能持之，则团体之发展，暗杀之组织，恣汝为之可也。兆铭之谒世凯，每谒必以一人，必以暮夜，兆铭偶不去，世凯亦必使人召之。迨至十月初二日，兆铭忽强外交部主事魏宸组同谒世凯，宸组固留学法国时加盟同志，于谒世凯辞出后让兆铭曰：汝欲我助世凯以杀革命同志耶？何与之绸缪为也？兆铭曰：吾将畀汝以炸弹杀世凯于外交部，故使汝先识之。宸组曰：暗杀事则非吾之所素习。兆铭曰：不能暗杀，何言革命？宸组曰：吾不革命，吾亦不助世凯杀革命同志也。

宸组以此遂不再见世凯。予曰：此亦杨以德文案周缙陔之言欤？毓昆曰：非也。盖世凯秘书张一麐以告赵秉钧，秉钧以告华世奎，世奎以告朗轩，吾则闻之于朗轩也。至宸组之与兆铭所言，则为宸组自述于马鸣谦，鸣谦以之告我也。予曰：宸组之于兆铭，兆铭亦曾为我及诸同志言之，但未及于同谒世凯一事。世凯欲用兆铭以杀革命同志，固也，吾不信兆铭果甘为世凯用者。毓昆曰：我亦不欲兆铭甘为世凯用也。姑言之，以俟其后。是日，山东都督孙宝琦，取消独立，仍以巡抚名义维持该省秩序。十月十一日下午九时，汪兆铭拟成立中国同盟会京津保支部于天津意租界寓宅。上午，兆铭乃使黄以镛告予与孙谏声、吴若龙、白毓昆等四人曰：精卫有事约会，届时希为莅止。九时，予偕谏声、若龙、毓昆至兆铭寓所，而白逾桓、黄以镛、李献文、吕超、赵铁桥、彭家珍、曾正宇、邹宪文等亦在座。当由兆铭说明成立中国同盟会京、津、保支部之意义与其组织内容。并由兆铭、逾桓、以镛等互推兆铭为支部部长，白逾桓参谋部长，彭家珍军事部长，李某财政部长，黄以镛交通部长。会罢，予等将归寓，兆铭乃以粤语止若龙勿去，谓有他事待会议【注二】。谏声、毓昆、若龙与予曰：同盟会支部已成立，尚有何事待会议者？毓昆曰：彼或更组织暗杀团体，俾有领袖实行派同志之名，藉有以报于世凯也。未几，若龙返寓，果如毓昆言，兆铭与若龙、献文等七人，组织暗杀队，队员名额以二十人为限，兆铭自为队长。是时，各省代表已由上海集湖北，奉鄂军都督黎元洪为大都督，鄂军政府为中央军政府。清军在汉口江岸龙王庙、汉阳、大别山所筑炮垒用以威胁我武昌者，已为我阳逻海军与大小青山、黄鹤楼、楚望台炮台所控制。是日，大都督黎元洪由卓刀泉回武昌，适驻汉英国领事介绍袁世凯代表蔡廷干、刘承恩至武昌向鄂军政府三次请和。张振武、吴兆麟主拒绝，孙武、胡瑛主谈判。都督黎公曰：现各省代表在汉口，此非湖北所得自专也，可交各省代表议决之。于是，蔡廷干等与各省革命军代表会于汉口。由驻汉英领事保证，自十月十一日起，停战三日，双方均无条件。是为袁世凯代表清廷与革命军谈判和平之始。同日，外蒙古在俄人策动下独立于库伦。十月十二日上午七时，熊得山、李尧衢、钱铁如、邱寿林、罗明典、黄之萌、张先之、林伯衡、王荣九、赵海涛、程芝田、谢炼伯、徐炳文、蔡德辰、王丕承、张雅堂、耿世昌、戴国栋、郑玉成等应予之召，先后由北京、保定、通州、石家庄来天津，开共和会京、津、保、通代表会于老西开吉祥里十四号。而覃秉清、江元吉、薛成华、龚善支、孙炎生、张先培等亦代表天津分会与会。吴若龙因有愤于昨晚同盟会、京、津、保支部开会时汪兆铭独垄断自专，乃主张成立共和会总部于天津，举予为会长以自为号召。到会者咸同意其说。予与熊得山、钱铁如独以为不可。予曰：孙先生首创同盟会以教国人革命，盖教国人知革命必先知团结也。故凡革命者，皆得为同盟会会员，此则非汪兆铭一人所能自私者。当此举国起而革命之时，吾等犹立共和会以别之，是吾等自外于同盟会也。予与孙谏声等昨日之代表共和会、铁血会加入同盟会，此吾等当日在保定成立共和会时已言之矣，诸同志于此其勿自疑。于是到会同志一致议决加入同盟会。下午二时，开京、津、保、滦、通、石家庄各地革命同志代表会于北洋医学堂。除上午开会列席同志全体到会外，而孙谏声、华朗轩、陈之骥、白毓昆、胡伯寅、易宣、吴定安、罗世勋、陈国玺、曾正宇、张在田、孙蔚强、汪固、李芬、黄石、陈心、周一、徐修广、张鸿翰等亦同时参加，到会者计共五十余人。大会为集中革命力量，统一革命指挥，决定设鄂军代表办事处于天津，设京、津、保、滦、通、石家庄总指挥处。总指挥由鄂军代表兼领，下分秘书处，参谋军事交通联络四部，以熊得山为秘书长，孙谏声参谋部长，陈涛军事部长，白毓昆交通部长，吴若龙联络部长。同时，于北京、天津、保定、滦州、通州、石家庄、任邱[1]各地成立总司令部。设总司令一人，指挥数人，以便各地分路负责指挥。当选定钱铁如为北京总司令，邱寿林、李尧衢、罗明典、张先之、李孔支、武子展、张先培、林伯衡、罗定文九人为指挥。

[1] 即任丘。雍正二年（1724 年），为避孔子讳，将“任丘县”改为“任邱县”。

刘仙舟为保定总司令，许润民、王荣九、刘新茹、赵海涛、程芝田、徐炳文、谢炼伯七人为指挥。施从云为滦州总司令，孙谏声、白毓昆、李孝通、熊朝霖、胡伯寅五人为指挥。蔡德辰为通州总司令，王丕承、张雅堂、徐云谷、黄之萌、万谷生五人为指挥。尹渔村为石家庄指挥。耿世昌为任邱指挥。天津总司令，业于初十日开会举定孙谏声，不再议。是日，清北洋巡防大臣张怀芝会同天津奥国租界巡捕房逮捕革命同志王熙普。熙普新由上海来津，为谍者所悉，白逾桓、刘子良、陆金浦、曹恩祥、朱堉、童俊等六人往会，故一同被捕。同日，苏、浙联军将南京城完全占领。清两江总督张人骏、江宁将军铁良，相偕而由汉西门逃逸。

十月十三日，汪兆铭由天津早车遄赴北京。是夜十二时，张怀芝奉袁世凯命枪毙王熙普于其官署前。白逾桓、刘子良、陆金浦、曹恩祥、朱堉、童俊等六人取保释放。说者谓兆铭之赴京，系奉世凯之召，与处决王熙普有关者；又有谓世凯之召兆铭，于议和进行事有所咨询者。诸同志成争相为予言之。予于兆铭，至此不能无所疑也。当兆铭今晨早车赴京前，驰车至予寓而告予曰：清我两军汉口谈判，现已停战议和，吾党同志，在此停战期内，幸勿有所行动，致启背约之责。予曰：信如子言，则世凯已背约矣。兆铭曰：于何征之？予曰：于王熙普、白逾桓等七人之被捕征之。兆铭闻予言犹强辩曰：王钟声耶？此一無行之伶人耳。或因干租界之禁而被逮，奚足以语于革命。言罢大笑而去。叶季高者，为予肄业保定高等农业学堂林科时之同学，娴于英吉利、德意志、俄罗斯三国语言。家北京时，尝往来东交民巷各国使馆中，故各使馆中人，无不知有叶季高。季高喜远谋而不耐琐务。己酉冬，予等成立共和会于保定，季高亦欣然加入。但于各种会议不一至，以此同志多非之，季高不顾也。予此次由鄂到天津后，季高闻之，遍觅予不得，乃徘徊于意、法租界沽河两岸以俟之。十月十四日，予由老西开经天津桥至奥租界某同志处，季高见予，狂呼曰：吾待公于此已五日矣。予曰：何急乃耳！季高曰：吾有两事当言于公者，故不能待也。予问其一，季高曰：汪兆铭也，吾闻之英使馆人云：兆铭已受袁世凯之抚。现世凯正挟清廷以谋我，两奸相济，吾革命党其有幸乎？予曰：此非所语于甘石桥下谋炸载澧之汪精卫也。季高曰：兆铭在狱时，固已投降民政部大臣肃王善耆。善耆又命兆铭劝黄复生、罗世勋，复生、世勋不从，故在狱中受尽囚犯痛苦，而兆铭独得优待。予复问其二，季高曰：需手枪炸弹诸物否？予曰：所需甚急。季高曰：法租界现有五响转轮手枪两百支，盒子炮【注三】百只，钢壳雷管炸弹百五十枚，小型白朗宁二十五只，日、俄浪人用以售于蒙匪者，予值万元即可购得也。予曰：予之资力，仅能及其半，奈何？季高乃出其所怀银行七千元存折与予曰：此家君授我以游学美国用者，不济，则以此款足之。时为上午九点三刻。季高曰：吾兄弟现拟省亲吉林，约以十六日附津奉车出关。闻此批手枪运存津地久，是否受潮，吾等须于事前在天津郊外试放后，以便明晚成交。下午七时，季高送来五响转轮手枪十支，盒子炮白朗宁各两只。夜，季高即宿于吉祥里十四号予之寓宅，与予详谈汪兆铭在狱出狱前后情形。是日，蔡廷干等在汉口与革命军各省代表商定继续停战三日。

十月十五日，天将暑，予偕季高暨孙谏声、陈涛、易宣、薛成华、张先培、孙炎生、覃秉清、江元吉、吴若龙、吴定安、张在田、曾正宇等乘津浦车至杨柳青，而女同志汪固、孙蔚强、张鸿翰三人亦同行。予等至杨柳青时，适清军某镇于十六日在该市招商购马，故市上集有骏马数十，予等赁得十四骑。于是相将策马出郊外，而使女同志汪固等俟于市上。时则晴空一碧，万里无云。予等出市约五六里许，遥望孤堡古树上，寒鸦数点，有老鹰盘桓于古树上空，似欲择肥而噬者。予因命孙谏声、陈涛等十二人分为两队，而以谏声领左翼，陈涛领右翼，季高从予而居于中路。左右翼闻予号枪响，急驰如飞。顷刻间，逼近孤堡两侧，群鸦惊飞四起，老鹰亦逐鸦欲远扬。孙谏声、陈涛、易宣等咸驰马击鹰，鹰中弹落于孤堡前。季高顾予而笑曰：可也。我他日当为公绘射鹰图以纪念之。予等于是联翩由杨柳青而返天津。是日下午，季高设宴利顺德饭店，为予介绍法国驻津领署署员郭林，盖为枪弹由津运京便利计也。席间约以翌日上午齐集利顺德后，相与携同枪弹同车至京。是晚，季高偕同孙谏声、陈涛、易宣等将所有手枪炸弹运存吉祥里十四号，始珍重别去。十月十六日晨，予与孙谏声、陈涛、易宣、吴若龙等随带五响转轮手枪八十支，炸弹五十枚，盒子炮三十只，白朗宁十只，至利顺德会晤郭林后，遂一同赴老车站乘京津车至北京。予至北京，寓于平乐园荆州会馆钱铁如处。当驱车往晤汪兆铭、李煜瀛于镇江胡同煜瀛寓所。予问兆铭曰：此间政情变化如何？天津谣言多，谓清室内阁自相残，得无有利于革命乎？兆铭曰：今晨监国摄政王引咎辞职，大憝已去，此后军政大权应集中内阁，和议谈判当较易进行。停战时期，或可继续延长，此则于革命有利耳。予曰：武昌起义五十余日，而响应独立者十有余省，是不啻我拒绝未独立各省之响应也。此则有利于世凯，于革命何有？兆铭曰：世凯今已倾向共和，世凯之利，亦即革命之利。予不答。兆铭复问予以北方各地同志迩来情趣如何？予曰：终日相与议论停战议和外，他无所事。兆铭色喜曰：吾同志于此，今后或可小休矣。言已，大笑。予归荆州会馆，适蔡德辰、王丕承等由通州至，予当畀以五响转轮手枪三十支，炸弹三十枚，盒子炮十只，白朗宁三只。予顾所余枪弹告钱铁如曰：此则属诸北京也。铁如谓北京炸弹二十枚何能济？予曰：女同志郑毓秀与比国副领事高贝夫人善，明日高贝偕其夫人暨郑毓秀由天津来北京，当更有炸弹三十枚送来也。时邱寿林、李尧衢、罗明典、张先之、李孔支，武子展、张先培、林伯衡、罗定文，毅军代表殷惠臣、杨峻峰、孙汉三、丁子诚，禁卫军代表周敬孚、刘竹坡等已先后集于荆州会馆。闻清军将攻我井陉、娘子关，因相与讨论十九日京、津、通三地同志前赴保定会商举义任邱，俾各处响应藉便牵掣事。会毕，已夜十一时矣。是日，革命军各省代表开会汉口，讨论清内阁总理大臣袁世凯所开停战议和条件。先是，袁世凯拟有停战议和办法四条，于十五日电达蔡廷干等转交革命军各省代表。该条件如下；一、停战三日期满，续停战十五日。二、北京不遣兵向南，南军亦不遣兵向北。三、总理大臣派北方居留各省代表人，前往与南军各代表讨论大局。四、唐绍仪充总理大臣之代表，与黎军门或其代表人，讨论大局。但以上所言南军，秦晋及北方土匪不在内。革命军各省代表接获该条件后，遂一致决议改该四条为两条：即一、停战三日期满，续停战十五日。全国民军清军，均按兵不动，各守其已占领之土地。二、清总理大臣，派唐绍仪为代表，与黎大都督或其代表人，讨论大局。十月十七日，予偕孙諫声、陈涛、易宣由京乘早车返天津，留吴若龙于北京，俾与北京、通州两司令部暨汪兆铭处经常取得联络。予至天津，得日医山本介绍，复购盒子炮四十二只，木鞘五寸刺刀五十柄，电气手套二十副。张英华介绍购白朗宁二十只，予念所携万元之款，行将告罄，因致电鄂军大都督黎公，请汇款三万元来津，以应急需。同志徐秋谷，为天津电报局电员领班。秋谷与烟台局上海局某君善，每晚收发电报停工后，秋谷则与烟台局上海局某君可以私电往返。该电即由烟台局某君转达上海局，上海局抄呈陈沪军都督，陈沪军都督再转达黎公也。十月十八日晨，予与孙谏声、陈涛、易宣、薛成华、熊得山、覃秉清、张先培、孙炎生，女同志汪固、孙蔚强、徐修广、张鸿翰、李芬等于天津老站登车径赴保定前，检得炸弹二十枚，五响转轮手枪四十支，盒子炮四只，白朗宁四只，而以其半数分装于数手提皮包，由孙谏声、陈涛、易宣、张光培等带至保定交尹渔村、耿世昌运往石家庄、任邱。余半数运保定交刘仙舟、许润民者，则或由予与熊得山、覃秉清、孙炎生、女同志汪固、孙蔚强、徐修广、张鸿翰、李芬等分藏身边，或由薛成华以手提皮包随孙谏声等同行。因谏声携有秋操时清陆军部所发护照也。予等抵保定后，分寓城外西关数旅馆中。未几，钱铁如、邱寿林、李尧衢、罗明典、林伯衡、蔡德辰、王丕承等亦至。保定同志刘仙舟、许润民、刘新茹、程芝田等闻讯，咸来予所寓旅馆中，筹商明日上午开会应讨论诸问题。商竟已夜深十二时矣。是日，唐绍仪代表袁世凯乘京汉车赴汉口，邮传部大臣杨士琦同行。而世凯长子克定偕汪兆铭送绍仪、士琦至长辛店后，始附北上车返北京。盖唐绍仪、杨士琦、袁克定、汪兆铭等所乘花车，即挂于钱铁如、邱寿林等所搭京汉南下列车后也。同日，袁世凯背约使曹锟、卢永祥率师万人，乘我不备，分两路进攻我井陉，我军退守驴岭。十月十九日上午九时，京、津、保、滦、通、石家庄、任邱同志开会于保定西关直隶高等农业学堂。到会者有孙谏声、陈涛、易宣、薛成华、熊得山、覃秉清、张先培、孙炎生、钱铁如、邱寿林、李尧衢、罗明典、林伯衡、蔡德辰、王丕承、刘仙舟、许润民、王荣九、赵海涛、刘新茹、程芝田、尹渔村、耿世昌、郑玉成、女同志汪固、孙蔚强、徐修广、张鸿翰、李芬等二十余人。首由予报告汉口停战议和暨袁世凯此次背约进攻山西井陉以及十二日在天津捕杀同志王熙普等情形，次由到会同志一致议决二十八日举义于任邱，京、津、保、滦、通、石家庄各地立起响应，藉以牵掣袁世凯进攻山西之师。再次则由到会同志张先培、薛成华等提议，组织暗杀刺杀袁世凯、张怀芝以除革命障碍而作报复。刺袁暗杀团，由张先培负责组织，刺张暗杀团，由薛成华负责组织。散会，接吴若龙由北京来电，译其隐语，谓汪兆铭嘱彼告予，良弼知予赴保召开革命会，已使谍者踪捕，速他避。诸同志咸促予即日返天津。予念捕革命党人，此民政部赵秉钧事，非良弼之职。且刘仙舟、许润民等不习施放枪弹，约予明晨试演于西关郊外，何能遽去。于是乃先令孙谏声、陈涛、易宣、薛成华、覃秉清、张先培、孙炎生、钱铁如、邱寿林、李尧衢、罗明典、林伯衡、蔡德辰、王丕承、女同志李芬等乘是日汉口北上车回天津、北京。予与熊得山、女同志汪固、孙蔚强、徐修广、张鸿翰等六人仍留保定。下午，予偕熊得山、程芝田步行城内城外东关北关间，所过法政、法律、警察、马医、军需、师范诸学堂，咸阒无一人。盖自武昌起义后，学堂停课，学生均还家四散，或留居北京、天津。故予在保定时，共和会同志逾三千人以上者，今则不满一百，因相与感慨而叹惜之。十月二十日天近晓，刘仙舟、许润民、刘新茹、程芝田等集于予寓。予与熊得山、女同志汪固、孙蔚强、徐修广、张鸿翰遂相偕徒步至保定车站铁道外，伪为上墓祭扫事，乘三骡车以行。时则晨风大作，尘沙弥空，去铁道西南三四里，予等便舍车步行谷道间。所谓谷道者，道路低洼，有若深谷，车马行走其间，道外之人，无由见之，故曰谷道。步行约半小时，计去车已遥，登路傍平地四顾，则茫茫风沙，一无所见。予遂于谷道交会处试演手枪正反平握枪之术，卧立蹲行射击之术，上下反正平瞄准之术，炸弹顺逆高下侧平抛掷之术。予等立于道侧北坡下，距南坡远近约三十余丈，南坡之间，则以程芝田所御风帽以为鹄。予每试一术，必发一枪。予前后计发六枪，而芝田之帽，则穿六穴。予试竟，芝田急起取帽大呼曰：吾帽不堪再御矣。诸同志咸相与大笑。予于是置所携炸弹于南坡间，使诸同志远避，予于北坡下卧发一枪不中，枪再发，而炸弹中枪弹爆发，轰然一声，则弥空尘沙逐北风而去。予与诸同志至此亦遄归西关。十月二十一日下午，予偕熊得山、女同志汪固、孙蔚强、徐修广、张鸿翰等由保定附汉口北上车至北京。盖恐汪兆铭所云谍者要我于津保车上也。予等所乘为三等车，忽一少年逐予侧而坐，予觉，改乘二等车，而少年亦追予踪而至。抵北京车站，呼人力车至平乐园荆州会馆，而少年亦以车随之。车至正阳桥头，予命车改至西河沿金台宾馆，少年亦至金台宾馆，入予所居之室索予革命费，予与少年原非相识，苦无以应也。会有缉予军警至，少年惊，逸去，军警截留少年寓楼下，询以予之姓名，少年则以赵怀慈对。盖予此次在保所用之名为赵怀慈故也。予于是得以化险为夷。盖无少年不足以释军警辑捕之疑；无军警不足以解少年追逐之苦。至此，予始知祸福相依之无端矣。是日，唐绍仪代表清内阁总理大臣袁世凯抵汉口。鄂军大都督黎元洪代表伍廷芳，因兼摄上海外交事宜，不能遽之汉，绍仪允赴上海就廷芳。于是改以上海为议和地。十月二十二日，予与熊得山、女同志汪固、孙蔚强等早车返天津。是日上午，荆州会馆被军警围抄。盖以予至北京，必寓荆州会馆也。予返天津，因念迩来新兴革命团体多，以汪兆铭任中国同盟会京、津、保支部部长故，咸不欲参加同盟会，然又不可不使之以尽其用也。予于是与白逾桓、白毓昆、赵铁桥、孙谏声、易宣、吴若龙、熊得山等会商，拟联络各革命团体以组织北方革命协会。十月二十四日，遂成立北方革命协会于天津英国租界小白楼。届时到会者，同盟会代表，为予与白逾桓、白毓昆、赵铁桥、吴若龙、熊得山。铁血会代表孙谏声、易宣。振武社代表丁开嶂[1]未到，孙谏声代。急进会代表张榕。克复堂代表段亚夫。北方革命总团代表张幼臣。共和革命党代表赵步扬、邓超如。北方共和团代表胡伯寅、凌钺。女子北伐队代表章以保。女子革命同盟汪固、张鸿翰等十八人。于议决简章九条后【注四】，并推举予为北方革命协会会长。同时，又举白逾桓、孙谏声、丁开嶂、张榕、段亚夫、张幼臣、赵步扬、胡伯寅、章以保、汪固等九人为评议。又以任邱已决于二十八日独立，予与孙谏声拟于翌日前赴滦州南青坨两地以与施从云、王金铭、丁开嶂、冯云峰等接洽，俾得立起响应。

十月二十五日，予遂偕同孙谏声、胡伯寅、李孝通、卜宝珩、乐邦彦等由天津起程赴滦。临行时，并携带炸弹十二枚，以便滦州起义时，作为信炮之用。予与谏声、伯寅等抵滦，寓于城内泰昌酒店。是夜，第七十九标第一营营长施从云、第二营营长王金铭来会，予告以二十八日任邱起义滦州响应事。从云曰：滦州北门外师范学堂驻有七十九标一二三三营，自队排长以至士兵，十九皆倾向革命。但以标统岳兆麟监视严，而第三营营长张建功则又阴险反复，二十八日响应任邱之事，我与王营长当尽力为之。然以日期迫促，殊难必也。予遂告以予与谏声明日当赴唐山转道南青坨晤丁开嶂、冯云峰诸情形。伯寅、孝通、宝珩、邦彦留此，望经常与之接洽。从云、金铭唯唯退。十月二十六日，从云于予与谏声赴唐山前后来晤予于泰昌酒店，谓彼拟以滦军司令一席让金铭。予问其故，从云曰：总司令一席，最好属之标统岳兆麟，岳以反对革命，而天津会议则畀之于我，我与金铭建功同为一营长，谁愿出人下者？予

[1] 原文误为丁削嶂，本书编者均改为丁开嶂。

曰：革命军战守时，总司令最关重要，不可轻与人者，今以金铭为都督，建功副之，子仍为总司令如何？从云曰：谨如命。我当持此以与金铭、建功谋也。予曰：此特藉以举其事耳。滦军无开府之力，滦州非开府之地，届时必欲组府分部，则是资敌暇日以自困，是不可不预为注意者。从云曰：谨如命。予于是与从云别。是日，予与谏声抵唐山时，日已暮，乃赁得大车宵行。南青坨为宁河县之一小集，距唐山可半日程，然以车牖四洞，朔风刺骨，而道路又崎岖难行，迨抵开嶂家则天已近晓矣。十月二十七日，予即与孙谏声、丁开嶂、冯云峰、李兰廷、陈熙泰、唐自起、黄际隆、庞希德等十余人，会商于开嶂[1]家，决议由振武社冯云峰、李兰廷、陈熙泰等二十八路领袖分途集合关内外有枪会员千人前来滦州、天津，俾为发动时冲锋进攻之用。盖振武社为开嶂、云峰、兰廷、熙泰等所创办，举凡奉、吉、黑、热、察、绥以及内外蒙古均有分社，意在团结当地绿林豪杰使之尽力于革命也。予问开嶂每人由其集合地至滦州或至天津，而需安家费旅费数若干？开嶂谓百元已足。谏声曰：千人之款，数约十万，武昌携来万元，今已告罄，如何？予曰：可分期为之。每一期以五十人至滦州或天津，如此则缓急可济矣。惟一二两期之人，当先至滦州，此万元之需，一时无备耳。开嶂谓彼可任之。于是集合有枪会员分期前赴滦州、天津之议乃决。是晚，开嶂宴予与谏声、云峰、兰廷、熙泰、自起、际隆、希德等十余人于其家。云峰、兰廷、熙泰豪于饮，斗酒飞拳，声达户外，开嶂家酿无多，一瓮之物，顷刻立尽。开嶂使使者求之于肆，肆主人问使者曰：举人家所宴者得勿贵客耶？何以所需咸珍物也？使者答曰贵客。曰：来自何方？曰远方。于是市人转相传语，咸谓丁举人家有远方贵客，适为开嶂仇者所闻，曰：何来远方贵客？此必革命党，吾当诉之官耳。仇者遂走报于宁河县。开嶂知之，问策于在座诸客，云峰、兰廷曰：是又何虑？宁河县官来，吾辈即为汝手刃之。予曰：不可，此所以祸开嶂也。是夜，予与谏声又宵遁于唐山。

[1] 原文误为削嶂，本书编者均改为开嶂，即丁开嶂。

十月二十八日，予偕孙谏声由唐山返天津。是日，直隶义师五百余人独立于任邱，耿世昌任指挥，分其部为六大队，而以冯杰、戴国栋、李启明、郑玉成、罗子云、刘长雄等六人为队长。拂晓，以三路进攻，该地驻军响应，遂将任邱城占领。先是，予等之议商任邱起义于保定也，事为汪兆铭所悉，迨予与谏声至滦州南青坨，兆铭遂使人四出阻止。并语于诸同志曰：背约寒盟，自我实为不祥。以此之故，任邱起义，京、津、保、通、石家庄无一响应。同日，唐绍仪代表清内阁总理大臣袁世凯，伍廷芳代表鄂军大都督黎元洪，换验文凭，开第一次会议于上海。伍代表之参赞为温宗尧、王宠惠、钮永建、胡瑛、王正廷。唐代表之参赞为杨士琦。此外世凯并派旧属官僚冒称北方居留之各省代表亦与绍仪、士琦同至上海。因革命军代表拒绝，故未列席。十月二十九日，予闻得任邱独立讯，当召集孙谏声、陈涛、易宣、白毓昆等会商，拟即晚奇袭总督衙署，以为策应。毓昆曰：敌已有备，此失败之道也，遂亦不果。是日，我任邱革命军出城进攻淮军于城郊。指挥耿世昌，队长冯杰、戴国栋、李启明、郑玉成、罗子云、刘长雄等身先士卒，斩首数十，敌军后退，我军截获军需粮秣无算。会总督陈夔龙赶调重兵至，与淮军前后夹击我军，我军不支，遂退守雄县。十一月初一日下午一时，开天津暗杀团成立会于天津英国租界小白楼。到会者有孙谏声、白毓昆、熊得山、陈涛、易宣、薛成华，尹渔村、樊少轩、周希文、张在田等十人，而张先培亦于北京暗杀团成立后来津参与。盖以保定大会开会时，北京、天津两暗杀团体，由先培、成华分途负责进行也。当议定薛成华、尹渔村、樊少轩、周希文、张在田五人为天津暗杀团团员，又由团员互推薛成华为团长。至此，天津暗杀团始正式成立。会毕，予宴请全体团员及到会者于小白楼上，酒至半酣，希文取夷筝声之，毓昆歌荆轲易水之歌，其声郁抑苍凉，听者皆涕泣相向。陈涛、易宣起立拔剑而语众曰：此何时，尚能作儿女子耶？遂对舞梅花落一阕，舞罢，则夜深十一时矣。是日，清军围攻我雄县革命军，我革命军守御严，清军屡攻不得入。迨下午，清军复以大炮猛轰城陷，我军遂失败。耿世昌、冯杰、戴国栋、李启明、郑玉成、罗子云、刘长雄及士兵诸同志，一时死难者百余人。同日，唐绍仪、伍廷芳等复开第二次会议于上海。先是，伍廷芳代表革命军提议，自十九日议定停战以后，凡湖北、山西、陕西、山东、安徽、江苏、奉天等省革命军所在之地，均应一律停战，不得进攻，宜电袁内阁有确实回电承诺后，始能开议。至此，唐绍仪以袁内阁已饬各军队遵守信约，停止进攻之回电至。故于是日下午三时继续开第二次会议，当议决二事：一、议停战展期七日，自十一月初五日早八时起，至十一月十二日早八时止。二、伍代表提议，必须清内阁承认共和，方有开议之余地。十一月初二日，予偕张先培由津赴京。盖北京暗杀团拟于初三日宣誓龙泉寺也。予抵北京车站，吴若龙来迓，为言汪兆铭在镇江胡同，俟予晤谈，予遂偕若龙至兆铭处，兆铭曰：现当停战议和之时，吾党京、津、保一带同志，自宜遵守诺言，不可有所行动。惟于暗杀一事，在必要时仍须执行耳。予曰：请闻其说。兆铭曰：吾等京、津、保各处同志，亦犹各省之革命军，现各省革命军既已停战，吾京、津、保同志自宜停止行动。但有阻挠和议于此停战议和时者，是即破坏革命之人，故于必要时，暗杀仍须执行也。予曰：破坏革命之人，应与以暗杀者是也。然和议非革命，不能谓阻挠和议即为破坏革命之人。且伍、唐所议停战范围仅及于湖北、山西、陕西、山东、安徽、江苏、奉天诸省，而无京、津、保等地，我虽停止行动，彼仍逮捕枪杀奈何？兆铭曰：此过虑也，望为我转告诸同志曰：项城期望于和议者甚殷，且治军严，当无如此轨外行动。予姑应之曰：予即持此以转告诸同志也。十一月初三日，天将晓，大雪弥空，予起身盥洗时，地下之雪，已盈寸矣。是日，到龙泉寺者，为予与张先培、林伯衡、罗明典、张先之、邱寿林、黄永清、黄之萌、陶鸿源、李献文、李怀莲、覃秉清、曾正宇、许同华、杨禹昌、傅思训、萧声、薛荣、吴若龙等十九人，以雪故，至前门东车站后分乘五骡车往。首则予与先培、伯衡为一车，次则明典、先之、寿林、永清为一车。之萌、鸿源、献文、怀莲为一车，秉清、正宇、同华、禹昌为一车，最后一车，则为思训、萧声、薛荣、若龙。予与先培、伯衡所乘者为张姓之车，以其骡黑，故人呼之曰黑骡张。先培家世行伍，喜与骡马近，故于予等上车之时，而于诸车之骡，有所优劣。黑骡张曰：是皆驽材者，焉能以与吾骡拟。及就道，所谓黑骡张之车，则蹒跚迟不前进，过正阳桥，而明典、之萌等之车，已驰越于予与先培伯衡乘车之前。迨予等所乘之车至骡马市大街，明典等之车已折入煤市桥之南，而向南横街驰去矣。黑骡张于此似未之见，惟惜其骡在风雪中而相依与之绸缪。先培不能耐，呼黑骡张曰：曷鞭策之使前，如何？黑骡张曰：吾骡当壮盛时，尝与我役于肃王爷之门，年致千金，今老矣，吾犹食其力，尚忍鞭策耶？先培闻黑骡张言，曰：吾过矣。吾以凡马视此骡矣，恣汝为之可也。及抵龙泉寺，而方丈印心已与明典、先之诸人设黄帝位于后殿之东厢，位前立坛，坛下燔燎火，坛上供以清水素食。盖印心初亦同盟会同志也。宣誓时，予与印心坛左右立南向，先培北向跪燔燎前，明典等以次跪先培后。先培读誓词，读毕，投烧燔燎中，礼成。印心复为予等备有素食两桌。当予等入席进食时，黑骡张遽入以告先培曰：民政部所属此间地方官，竟以党人视公等矣。先培曰：胡云此？黑骡张曰：顷有二谍者问予公等何自来，予告以自王府来；谍者问来此何事，予告以为王祈福耳。今谍者去，故敢来告。先培以语诸同志，诸同志欲散去。印心曰：毕食。黑骡张以善御尝为肃王所重，黑骡张所言，谍者不疑也。予等遂于毕食后散去。是日，安庆军政同志，复举孙毓筠为安徽都督。十一月初四日，予召集北京军队代表同志会于永光寺湖北旅京中学堂。到会者有钱铁如、邱寿林、李尧衢、罗明典、张先之、李孔支、武子展、张先培、林伯衡、罗定文、殷惠臣、郭永学、尚玉台、余岐山、师訔宾、杨峻峯、周翼卿、马逊斋、王永清、吴墨如、孙汉三、栗振鲁、杨敬仙、王子和、姚瑞卿、石敬齐、楚见龙、刘少泉、丁子诚、李昆山、马登云、钱墨林、李清选、刘竹坡等三十余人。十一月初五日，召集通州军队代表同志会于通州张家湾王丕承宅。到会者有蔡德辰、王丕承、张雅堂、徐云谷、黄之萌、万谷生、陈东阁、李肃斋、陈金堂、卢竹村、谢魁武、马鼎轩、刘皋甫、姜干一、刘学丝、王得胜、潘孝初、沈寿山、沈桂臣、杨寿臣、杨素臣、袁广振、孙寅昶、朱登瀛等二十余人，意在加紧各军联络，准备于武昌汇款到津时，京、津、保、滦、通同时举义也。兹将北京、通州各军番号及担任联络人及其驻在地列表如下：

一、北京

| 被联络军营 | 任联络者姓名 | 驻在地 |
|---|---|---|
| 毅军许营 | 右哨官殷惠臣、前哨官郭永学、左哨官尚玉台 | 驻北京外城善果寺 |
| 毅军方营 | 中哨官余岐山、前哨官师誉宾、左哨官杨峻峰 | 驻北京给孤寺 |
| 毅军田营 | 后哨官周翼卿、帮带马逊斋 | 驻北京永定门外 |
| 毅军张营 | 左哨官王永清、教练官吴墨如 | 驻北京十八半截胡同 |
| 毅军郑营 | 后哨官孙汉三 | 驻北京齐化门外 |
| 毅军王营 | 帮带栗振鲁、排长杨敬仙 | 驻北京阜城门外 |
| 毅军李营 | 中哨官王子和 | 驻北京宝泉局 |
| 毅军姚营 | 管带姚瑞卿、帮带石敬斋、前哨官楚见龙、司书生刘少泉 | 驻北京黑寺 |
| 毅军段营 | 右哨官丁子诚、后哨官李昆山 | 驻南苑万字地 |
| 毅军崔营炮兵 | 后前哨官马登云、左哨官钱墨林 | 驻南苑 |
| 毅军张营 | 中哨官李青选 | 驻南苑 |
| 禁卫军第四标 | 周敬孚、刘竹坡 | 驻北京西直门外 |

二、通州

| 被联络军营 | 任联络者姓名 | 驻在地 |
|---|---|---|
| 毅军马普 | 管带陈东阁、后哨官李肃斋、蓝旗陈金堂、教习张雅堂、医官卢竹村 | 驻通州南关外 |
| 毅军刘营 | 中哨官谢魁武、左哨官马鼎轩、教练官刘皋甫 | 驻通州西仓 |
| 毅军姜营炮兵 | 营官姜干一 | 驻通州西仓 |
| 毅军米营 | 排尾刘学丝 | 驻通州西仓 |
| 毅军王营 | 前哨官王得胜、右哨官潘孝初、后哨官沈寿山 | 驻通州西仓 |
| 毅军李营 | 左哨官沈桂臣 | 驻通州西仓 |
| 毅军尤营 | 帮带杨寿臣 | 通州大操场 |
| 毅军杨营马兵 | 哨官杨素臣 | 驻通州东关 |
| 毅军袁营 | 营官杨广振 | 通州大操场 |
| 毅军卫营 | 后哨孙寅昶 | 驻通州北关内 |
| 毅军殷营马兵 | 前哨官朱登瀛 | 驻通州北关 |

十月初六日，予由通州经北京回天津，而冯云峰，程芝田亦由滦州保定来。所言第一期集合关内外豪杰五十人，业于初四日抵滦州。第二期五十余人于初七初八两日，亦可完全到达；而保定驻军之加入革命者亦有一营三排。此后所期望者，则集合关内外振武社会员三四五期到天津耳。是各处准备同时起义之举，已大致就绪，今所急需者，则为发动费。但武昌汇款久不至，是否前电未能达到，亦无由而知。故予于通州、北京返津后，复拟就致鄂军大都督黎公一电，促其即日汇寄，该电仍交由天津电报局同志徐秋谷拍发。同日中国革命领袖孙先生文，由美经欧洲归国抵上海。十一月初七日下午五时，清内阁总理大臣袁世凯见汪兆铭于内阁总理官署，使兆铭之沪，以革命党人立场，斡旋于伍、唐两代表间，以免和议之局，因孙先生归国而中变。于是授兆铭以议和代表参赞之名，俾得尽力协助绍仪，但对外秘不发表。同日下午七时，世凯复见兆铭，其子克定亦相偕至。世凯遂命其子克定与兆铭约为兄弟。先是，袁世凯之见兆铭，每见必以一人，必以暮夜。盖是时世凯所资以利用兆铭者，则为京、津、保革命党人之控制与听取南方革命党人内部之情势，藉以操纵捭阖耳。及闻孙先生归国，则知非绍仪之外交所能胜任，遂使兆铭南下以周旋于内。当兆铭、克定相偕见世凯之夕，室中预设盛筵以俟之。兆铭、克定见世凯，四叩首。世凯南面坐，兆铭克定北向立。世凯顾兆铭、克定曰：汝二人今而后异姓兄弟也。克定长，当以弟视兆铭；兆铭幼，则以兄视克定。吾老矣，吾望汝二人以异姓兄弟之亲，逾于骨肉。兆铭、克定二人则合辞以进曰：谨如老人命。于是又北向四叩首。叩首毕，兆铭、克定伴世凯食，食罢而退。十一月初八日，汪兆铭遂由北京经天津乘津浦车至上海。是晚予方解衣卧，吴若龙、罗明典来自北京，告以兆铭谄附世凯、克定之情形。予问以何日事？若龙、明典答以昨日。予曰：何知之速？若龙、明典曰：此程克闻之于赵秉钧者。有顷，白毓昆来，亦谓兆铭奉袁世凯命，业于今日乘津浦车南下。予曰：何去之速？毓昆问以故，予遂举若龙、明典之言以告。当是时，北方革命同志，固主张贯彻全国革命，反对中途与袁世凯议和者。比闻孙先生到沪，以领袖有人，故主张贯彻全国革命反对与袁世凯中途议和之意尤为积极。十一月初九日，北方革命协会，召开各革命团体代表会于天津英租界小白楼，一致议决吁请孙先生文制止各省代表与袁世凯中途议和，领导各省军民同志，扫平伪满，前清官僚，建立真正共和政体，以贯彻全国彻底革命初旨。电文交由徐秋谷同志拍发。十一月初十日，丁开嶂、李孝通等由滦州来天津，为言李兰廷、陈熙泰所集合关内外同志一二两期百人已完全到達滦州，并携有王金铭、张建功、施从云等致予与天津各革命团体快电，拟请天津革命同志至滦，指导革命，组织滦军政府。盖于初九日晚，从云方取得金铭、建功同意，允于滦州独立时，出任滦军都督副都督也。是日，滦州驻军官兵全体通电主张共和。同日，各省代表齐集南京，开临时大总统选举会。到奉天代表吴景濂，直隶代表谷钟秀，河南代表李鎜，山东代表谢鸿焘，山西代表景耀月、李素、刘懋赏，陕西代表张蔚森、马步云，江苏代表袁希洛、陈陶逸，安徽代表许冠尧、王竹怀、赵斌，江西代表林子超、赵士北、王有兰、俞应麓、汤漪，浙江代表汤尔和、黄群、陈时夏、陈毅、屈映光，福建代表潘祖彝，广东代表王宠惠、邓宪甫，广西代表马君武、章勤士，湖南代表谭人凤、邹代藩、廖名搢，湖北代表马伯援、王正廷、杨时杰、胡瑛、居正，四川代表萧湘、周代本，云南代表吕志伊、张一鹏、段宇清等。代表投票权，每省以一票为限。到会代表十七省，孙先生文得十六票，当选为中华民国临时大总统。同日，唐绍仪代表袁世凯，伍廷芳代表革命军，开第三次会议于上海，协议条款有三：一、开国民会议，解决国体问题，从多数取决，决定之后，两方均须依从。二、国民会议未解决国体以前，清政府不得提取已经借定之洋款，亦不得再新借洋款。三、自十一月十二日早八时起，所有山西、陕西、湖北、安徽、江苏等处之清兵，五日以内，一律退出原驻地百里以外，只留巡警保卫地方，民军不得进占，以免冲突，俟于五日之内，商妥罢兵条款后，按照所订条款办理。其山东、河南等处民军已经占领之地方，清军不得来攻，民军亦不得进取他处。十一月十一日上午，北方革命协会，复召集各革命团体代表会于天津法租界生昌酒店楼上，告以王金铭、张建功、施从云等，电请天津同志赴滦，指导革命组织政府诸情形。当决定由白毓昆、熊朝霖、孙谏声、陈涛等十余人分批前往。下午，施从云派李兰廷、陈熙泰二人由滦持函来告：谓滦州驻军官兵，决拟于十四日独立。予念武昌汇款未至，发动费无着，届时欲举京、津、保、通与滦州同时独立，殊难办到。因与熊得山、孙谏声、陈涛、易宣、孙炎生、李国靖、孔璧如、吴若龙、程芝田等会商于起发马店，欲于滦州独立时，使天津、北京、通州、保定驻军起而牵制。于是决定天津由李国靖、孔璧如二人率领该军所部响应，而以孙炎生任联络。盖国靖、璧如为良王庄淮军营长队官，炎生为韩柳墅营副故也。北京、通州、保定，则由吴若龙、程芝田、钱铁如、蔡德辰、刘仙舟等担任。若龙、芝田于散会后，当分途遄赴北京、通州、保定，俾得往就铁如、德辰、仙舟等协商办理。是日，唐绍仪、伍廷芳复开第四次会议于上海，协议条款有四：一、国民会议，由各处代表组织，每一省为一处；内外蒙古为一处，前后藏为一处。二、每处各选派代表三人，每人一票，若有某处到会代表，不及三人者，仍有投三票之权。三、开会日期，如各处到会之数，有四分之三即可开议。四、各处代表，江苏、安徽、湖北、江西、湖南、山西、陕西、浙江、福建、广东、广西、四川、云南、贵州，由中华民国临时政府发电召集，直隶、山东、河南、东三省、甘肃、新疆，由清政府发电召集。并由国民政府电知该省咨议局。内外蒙古及西藏由两政府分电召集。黄帝纪元四千六百零九年十一月十二日，即满清入主中国最后之一日，白毓昆于晨光未曦登车赴滦州，问予以滦州革命战守之策于小白楼。予曰：此难言者也。滦州南邻京、奉铁路，无山河关隘以自固，京、津、辽、沈之敌，朝发而夕至，届时言战，则无可战之地；言守，又无可守之资，此可虑者一也。施、王、张三营，可战之士，不逾千人，况建功以比肩之势，而存犹豫观望之心；

一旦敌人来攻于外，建功或起而叛滦于内，必至战守两失，此可虑者二也。敌人知滦州驻军之倾向革命，盖自世凯奏罢第二十镇统制张绍曾协统蓝天蔚，刺杀第六镇统制吴禄贞时已可见之，非必有待于滦军独立而后知也。其所以迟迟未予讨伐者，以协标分离不相联属，且领袖无人，又有岳兆麟辈可为牵掣，是敌人谋我，早已尽其包围攻取之计，尚何有待于我独立时而策战守哉？此可虑者三也。有此三虑，予故曰此难言者也。毓昆曰：然则将奈何？予曰：是惟有避实以就虚耳。毓昆曰：公试为我言之。予曰：滦州不可战，我惟有于独立前，掘昌黎、雷庄之路轨，毁滦河之桥，以阻敌军前进。滦州不可守，我惟有于独立后，则引军而北以至长城，择其可以休息之地而休息之，使敌无力远攻，我于此则俟京、津、保、通之变以为策应。此则予所谓避实就虚耳。毓昆笑曰：如公所言，诚为革命战守策谋之上者。然公言之可也，若言之自我，则人将叱其不勇矣。言至此，毓昆遂与予别。是日，唐绍仪、伍廷芳继开第五次会议于上海，协议条款有五：一、山西、陕西由两政府派员会同前往，申明和约。二、张勋屡次违约，且纵兵烧杀奸掳，大悖人道；唐代表允电袁内阁查办。三、皖、鄂、苏、山、陕等处，清军五日之内，退出原驻地百里以外，只留巡警保卫地方，民军亦不得进袭，须由两方军队签字遵守。四、伍代表提议国民会议，在上海开会，日期定十一月二十日；唐代表允达袁内阁，请其从速覆电。五、上海通商银行，日前收存南京解来银约一百万元，现两代表拟定将此款拨出二十万元，交与华洋义赈会，为各处灾区义赈之用。黄帝纪元四千六百〇九年十一月十三日，我中国革命领袖孙先生文，就中华民国临时大总统职于南京，以是日为建元之日，改用阳历，称中华民国元年正月一日，以红黄蓝白黑五色为国旗【注五】。

是日晨，孙谏声、陈涛将由天津赴滦州。前夕，熊得山劳以只鸡斗酒，席间各自道生平，感慨嘘唏，咸涕泣不能自已。夜半，予被酒假寐，谏声濡毫申纸拟为壮士之歌七解。稿成，陈涛起舞双剑于室中，谏声和而歌之，歌音如出剑吷。予偕得山起视，则谏声与陈涛，已载歌载舞矣。其初也，若新月之腾海，远山之雨霁，若春花之乍放，晓莺之婉啼。其继也，若游龙之行空，长虹之逶迤，若嫠妇之夜哭，寒虫之鸣壁。迨至歌声磅礴，舞剑划鸣，则若虎啸狮吼，雷电震霹。又若风雨骤至，山崩海立。于是得山叹曰：大哉，壮士之歌也，吾于此观止矣。时天已报曙，谏声、陈涛拟起行，予赠以夷铳各二。当举予昨日言于白毓昆者以告谏声、陈涛，谏声、陈涛曰：大局如斯，滦州之战守，固无关于革命之得失也。于是谏声、陈涛遂行。正月二日【注六】，孙炎生自良王庄来告，李国靖、孔璧如等所部一营，业于今晨五时奉命调防马厂。予问以故，炎生曰：靖国于昨晚七时奉到调防令，限以十小时内全营开跋，由王怀庆监视。马厂友军多，牵掣亦多，国靖、璧如无术发难矣。予闻炎生言，知京、津、保、通策应滦州之事，已徒托空言，遂与熊得山、孙炎生、丁开嶂、吴定安、易宣等筹商，拟召开各团体代表会后，予前赴南京，面谒大总统，请指拨北方革命经费，再事来津，以图大举。得山、炎生、开嶂等咸谓大沽口现被积冰封锁，各公司轮船，均已停驶，此去上海，惟有由天津乘津奉车至秦皇岛乘搭运煤轮船，始可达到。但袁世凯耳目多，李国靖、孔璧如之事，决定于十一日，而十三日即被调马厂，此去宜秘密，开会讨论，殊有未是。予于是决于翌日晨秘密起行。是日，滦州驻军三营，宣布独立，举第二营营长王金铭为滦军都督，第三营营长张建功为副都督，第一营营长施从云为滦军总司令，白毓昆为参谋部长兼外交部长，孙谏声军务部长兼理财部长，朱幼葆民政部长，陈涛前敌指挥使，刘汉柏城防卫戍司令，熊朝霖滦军总司令参谋长。又组织都督府，以穆奎赖为秘书长，李振廷为侦探长，凌钺为敢死队长。

正月三日予偕女同志孙蔚强、徐修广由天津乘津奉军至秦皇岛。念滦州非可守之地，又无可守之兵，而白毓昆、孙谏声、陈涛诸同志，必欲与清军一战，此危道也。故拟于火车经过滦州时，留滦一日，以与施从云、王金铭、张建功、白毓昆、孙谏声、陈涛、熊朝霖等再度商讨，俾得全师向长城撤退，而免为敌所乘。意既定，因嘱孙蔚强、徐修广两同志曰：车至滦州，当呼我一同下车落站。盖予于此数日间，宵旰鲜暇，上车后即入睡乡也。惟予等此次所乘之三等车，车列次于最后，皆南向坐。孙、徐两同志，以第一次乘坐津奉车，而昧于滦州之远近，当火车抵站时，予尚在酣睡中，及开车为汽笛惊醒，则车已鼓轮离站矣。意者秦皇岛与滦州相距甚迩，翌晨乘搭早车来滦未为不可，于是予等仍至秦皇岛下车。是日，临时大总统孙先生文，莅代表会，交议中央行政各部组织及其权限案，议决后，即依法提出国务员九人，请同意，陆军总长黄兴，海军总长黄钟英，外交总长王宠惠，司法总长伍廷芳，财政总长陈锦涛，内务总长宋教仁，教育总长汤寿潜，实业总长张謇，交通总长程德全。经代表会先开会审议，宋教仁以主张修改临时政府组织大纲故，多数反对之。代表会又示意程德全宜长内务，汤寿潜宜长交通，教育总长缺，宜别提相当之人，余如原案。大总统遂提出蔡元培长教育，内务交通两总长如代表会意，遂定议。同日，各省代表开临时副总统选举会，选举黎元洪为副总统。

正月四日上午，予至秦皇岛车站购买滦州票。据站中人告予，现以运兵繁忙，全路已停止售卖客票。询之沿路各站交通电报电话，则谓照常通行。予以是知滦军于铁桥铁轨，并无损毁，清军向我进攻之势甚易也。是日下午，予等遂于秦皇岛登运煤轮船南下。同日，清内阁总理大臣袁世凯致电革命军代表伍廷芳，谓嗣后关于和议应商事件，请贵代表直接往反与本大臣电商云云。盖是时汪兆铭已到上海，唐绍仪已引咎辞职也。先是，绍仪与廷芳谈判，会议已达五次，所商各款，进行亦颇顺利。当各省代表选举大总统时，适汪兆铭到沪，而局势乃为之一变。兆铭见有机可乘，遂一面致电世凯，以绍仪交涉失败为言；复一面嘲世凯于绍仪，谓世凯非可与图国事者。于是世凯来电斥绍仪，谓绍仪交涉失败，其所谈各款，已越出职权范围，绍仪遂愤而电世凯引咎辞职。此则兆铭与世凯相因以为奸，而世人不察，犹以绍仪辞职后，和议中辍，岂不大可悲乎！当兆铭之由北京来沪也，寓廷芳所寓之观渡庐，日周旋于廷芳绍仪间，廷芳身任革命军议和代表，其于各省革命之情伪以及与绍仪所折冲者，无不告兆铭，以兆铭甘石桥一役为世所重也。绍仪身任世凯议和代表，其于世凯之情伪与夫所以折冲于廷芳者，亦无不告兆铭，以兆铭为世凯所使也。故兆铭于绍仪辞职后，乃得以革命党人地位代表世凯与廷芳继续进行议和，世人不察，犹以和议中辍，遂使世凯得以借口进攻山、陕，耀兵颖亳，岂不大可悲乎！

正月五日，予所乘之运煤轮船已航行一宵，然以是轮无舱房之设备，乘客栖息寝处于甲板上，藉幕篷以避风雪，海风彻骨，夜不能寐；晓起，则衣被之上，皆蒙坚冰，同舟人咸咨嗟怨叹。予以北方革命事，萦于脑际而不能释，故虽处此风寒浪卷中，亦竟不知所苦。是日，开平镇总兵王怀庆，指挥淮军，沿铁道两面向我滦州革命军夹攻，我滦军前敌指挥使陈涛因地作战，屡挫清军。会怀庆以大队铁甲火车来袭，我指挥使陈涛在汤河发炮轰击，我滦军城防卫戍司令刘汉柏，率领别动队相与策应，清军中炮车覆死伤枕藉，我滦军城防卫戍司令刘汉柏复截击之，清军遂大败，获大炮辎重无算。先是，怀庆领兵数十营驻开平。当滦军独立之翌日，世凯乃命怀庆前往视察。王金铭、白毓昆等遂挟怀庆赞助共和，而金铭并以都督让怀庆，怀庆佯为许诺，以使金铭等不疑。但未几，则从数骑假口踏看滦郊险阻遁去。

正月七日，怀庆复倾开平镇淮军沿铁道南北夹攻，我滦军总司令施从云，我滦军政府军务部长孙谏声，我指挥使陈涛力战击溃之。

正月八日，怀庆合曹锟军于拂晓大举围攻，而七十九标标统岳兆麟、第三营营长张建功复叛变于内。我滦军都督王金铭，我滦军总司令施从云，我滦军政府军务部长孙谏声，我滦军前敌指挥使陈涛，我滦军城防卫戍司令刘汉柏，与敌血战一昼夜，革命军死伤惨重，不得已，遂向昌黎退却。

正月九日，怀庆、曹锟复以大军进逼昌黎。当是时，革命战斗之士，扶伤裹创，仅二百余人，然一呼杀敌，从者四应。卒以敌军所来愈众，我滦军都督王金铭，滦军总司令施从云至此亦先后战死，遂失败。我滦军政府军务部长孙谏声，我滦军前敌指挥使陈涛，见大势已去，乃单骑驰入敌阵，横枪四射，见者披靡，及至弹尽力竭，创伤遍体，始殉于难。清军嫉二人之勇，竟于死后剖其腹，裂其肢体，其残酷有如是者。

正月十日，予由秦皇岛抵上海，寓于平江旅馆。

正月十一日，晤沪军都督陈其美于沪军都督府。陈都督当告以王金铭、施从云退守昌黎事，予始知滦州已为清军攻陷矣。予复叩以唐绍仪、伍廷芳上海议和事，陈都督曰：我大总统现在积极规划北伐，谁复谈此，顾不识北方革命有能继滦州而起者否？予曰：京、津、保、通所联络之军队官佐士兵，其数且多于滦州十倍，然以无发动费，无力举事耳。陈都督因问所需发动费几何？予曰：二十万足矣。陈都督曰：此戋戋者非难事也，可至南京呈请大总统指拨之。月前武昌黎都督曾为君汇款三万元到沪，我因不识君天津住址，当寄由汪兆铭转交矣。

正月十二日，予至伍廷芳之观渡庐，兆铭见予面曰：滦州独立失败矣。予曰：滦州不守，昨已闻之于陈都督，但未识退守昌黎后如何？兆铭曰：天津同志，鲜有由昌黎生还者。孙鼎臣、陈洪庆死时尤惨。但未详当时情形如何耳。予复询以陈都督所言武昌汇款事，兆铭曰：有之，君返天津时，可至李石曾处取用。石曾，李煜瀛字，故云。是日，庞希德率死士数十人，攻开平镇署以营救唐自起、黄际隆，失败，希德、自起、际隆同殉于难。先是，自起、际隆、希德于滦州失败后，愤王怀庆之无状，乃相与集合死士数十人，拟潜入开平，于刺杀怀庆时，即乘机以攻开平镇署。事泄，自起、际隆被捕；希德闻讯，当率领所部攻入署，卒遭淮军围击，遂同及于难。

正月十三日，予至南京，偕陆军总长黄兴，谒大总统于总统府，为言南来请款事。大总统接阅予所具节略曰：沪军都督陈其美，昨晚来电，亦谓北方革命，现在极宜推动，不可有所瞻顾，所言甚是。旋顾予与兴曰：此二十万元，即由陆军部拨付，他日若有急需，可再来电汇寄。北方革命运动，固重于目前一切也。兴与予唯唯称是而退。

正月十四日，予循兴约至陆军部取款，适汪兆铭在座，相与谈及予携款遵海北上事，兆铭力主由陆军部代为汇寄，以免予中途危险。于是商定由兴代寄天津小白楼日人川本代收。盖予等所居之小白楼，即由川本洋行租得也。

正月十五日，予与孙、徐两同志遂由上海买轮而北。是日，有通州余临江之变，清军围攻张家湾王丕承住宅，此为北方革命史上空前之不幸事件。当滦州独立之前三日，吴若龙、程芝田，由津衔命前赴北京、通州、保定，以与钱铁如、蔡德辰、刘仙舟等协议策动各该地驻军响应事。若龙、芝田至京，铁如、德辰以为一部军队之起义牵制，不若联合北京、通州、保定以图大举。于是议以正月十二日在通州发难。届时，拟以吴若龙、蔡德辰、黄之萌、武子展、王丕承、张雅堂、徐云谷、万谷生、谢炼伯等率领通州西仓南关东关北关大操场等地毅军，与毅军退伍士兵三百余人所组之敢死队，于午夜自通州向北京进攻，以与李尧衢、罗明典、邝摩汉、王振汉、张先之、林伯衡等所督率之南苑毅军，按时到京会合于永定门，直趋东城外交部以包围内阁官署。邱寿林、杨禹昌、周敬孚、刘竹坡等指挥西直门外禁卫军第四标攻入西直门，以进攻西华门。钱铁如、覃秉清、张先培、罗定文、李孔支发动内外城毅军与珠巢寺车夫千人与之会合后以环攻禁城大内，而刘仙舟、许润民、王荣九、刘新茹、赵海涛、程芝田等则联合西关路警东关驻军千人，以遥应于保定，此其布置大略也。迨得予南下讯，以发动费无着，且闻滦州已失败，遂又改期再议。时通州司令部密设张家湾王丕承宅。有余临江者，初本共和会同志，及至共和会改组为同盟会后，尝为汪兆铭奔走于京、津、保、通间。正月十四日，余临江忽至张家湾访晤蔡德辰，称奉同盟会京、津、保支部汪部长命，调查革命机关，传谕停战议和时，不得妄动；德辰与之抗论，两不相协而散。十五日晨，余临江遂指挥毅军十二营管带马松图统领毅军马队两百余骑，包围张家湾，鸣枪示警，捕去蔡德辰、王丕承、杨兆林、王治增、雷竹村、张雅堂、王斌等七人。袁世凯得报，当急电上海，告汪兆铭以通州机关破获经过。是日晚，钱铁如、张先培、吴若龙等知蔡德辰被捕，拟召集同志讨论办法；适罗明典、张先之闻得袁世凯翌日早朝讯，遂开紧急会于荆州会馆。到钱铁如、张先培、傅思训、许同华、黄永清、陶鸿源、黄之萌、李怀莲、李献文、萧声、薛荣、曾正宇、杨禹昌、覃秉清、邱寿林、吴若龙、罗明典及女同志郑毓秀等十余人。讨论结果，决于翌晨分为四组出发。

正月十六日，为袁世凯早朝之期。第一组张先培、傅思训、许同华、黄永清、陶鸿源等隐匿于三义茶叶店楼上。第二组黄之萌、李怀莲、李献文、萧声、薛荣等则为祥宜坊酒楼。第三组钱铁如、曾正宇、杨禹昌、覃秉清、邱寿林等则在东安市场之前。第四组吴若龙、罗明典、郑毓秀等三人各驶马车游弋于东华门、王府井两大街之间。当是时，东华门、王府井军警夹道林立。至上午十一时三刻顷，世凯乘双马车，拥大队骑兵于前后，出东华门以过东华门大街。先培自三义茶叶店楼上掷下一弹，弹发，而世凯车已至祥宜坊酒楼前。之萌、献文复各掷一弹，弹中世凯车，弹发车覆，死世凯驶车马一，护卫管带袁金镖一，护卫排长一，亲兵二，马巡二，路人二，又骑兵马三。第三组钱铁如第四组吴若龙、罗明典、郑毓秀等闻得先培所掷炸弹声，咸以手枪炸弹威胁沿街夹立军警，以故军警不敢赴援。世凯出覆车后，卫弁共舁世凯策马行，世凯遂于马上下令还击搜捕。适先培追袭至，世凯卫弁枪击先培头，先培踣地，之萌往扶先培，先培、之萌与世凯卫队战。先培、之萌遂与杨禹昌、陶鸿源、许同华、傅思训、黄永清，李怀莲、萧声、薛荣等八人，一同被捕。是日晚，世凯接得汪兆铭覆电，称北方同志，在此议和时，所有-切行动，咸已停止，通州机关，当为匪类之结合，请依法办理云云。

先是，兆铭曾允世凯停止北方各地革命行动，故自通州事变发生，世凯即持以询兆铭，是以先兆铭有覆电。然世凯自得此覆电，关于此后革命事变之发生，亦不复再事电询兆铭矣。正月十七日，世凯遂下令营务处总理陆建章毅军第十二营管带马松图斩决张先培、黄之萌、杨禹昌等三同志于北京；蔡德辰、王丕承、杨兆林、王治增、雷竹村、张雅堂、王斌等七同志于通州。陶鸿源、许同华、傅思训、黄永清、李怀莲、萧声、薛荣等七人，以事败时，枪弹已弃掷道左无据，故于张先培等行刑日，当为某西报主笔保释。

正月十九日【注七】，予由上海抵大沽口，只以坚冰未融，轮船不能前进，乃上岸附津奉车以行。到天津时，已日暮矣。是晚适熊得山、吴若龙、丁开嶂、李孝通、易宣、薛成华、尹渔村、吴定安、孙炎生、阮琴风，女同志汪固、张鸿翰等为北京、任邱、滦州、开平、通州、北京东华门殉难诸烈士致祭。若龙、开嶂、孝通等述诸烈士惨烈之状于予，痛哭失声。时京、津、保、通各军同志，以通州机关破获，名册被抄，咸欲即日举事以图自救。熊得山、丁开嶂等于予南下后，所定购之步枪五十只，五响转轮手枪一百支，炸弹一百五十枚，因无的款，迄未成交，而李煜瀛又在北京，武昌所汇之三万元，亦无由取得。于是诸同志遂决定由吴若龙到京促煜瀛来津时再议。

正月二十日晚，得北京传来消息，谓民国司法总长伍廷芳代表政府忽拟具清皇室优待条件，满、蒙、回、藏人优待条件各五条，电交清内阁总理大臣袁世凯。于是自唐绍仪辞职，谈判停顿已久之国民会议诸问题，至此忽以清帝退位为和平解决之快捷方式。予是以知汪兆铭在观渡庐用力之专，沪宁道上奔走之勤，各省代表因循苟且者之多，所谓杰出之士欲厕身其间，藉以为窃取高位之手段者，则大有人在也。予等闻悉世凯接到廷芳提议后，因集北方革命协会各团体代表开会讨论，佥以为惟有于我大总统前，揭破兆铭、世凯阴谋，使彼相缘为奸辈，无由窃发。四日之间，电凡三上【注八】。终以阻于宵人而未能上达。盖其朋比之势已成，即达亦无所获施也。

正月二十二日，我大总统始提出最后协议五条，交由民国政府伍廷芳转告清内阁总理大臣袁世凯：一、清帝退位由袁同时知照驻京各国公使，请转知民国政府，现在清帝已经退位，或转饬旅沪领事转达亦可。二、同时，袁须宣布政见，绝对赞同共和主义。三、文接到外交团或领事团通知清帝退位布告后，即行辞职。四、由参议院举袁为临时总统。五、袁被举为临时总统后，誓守参议院所定之宪法，乃能授受事权。

正月二十四日，予等开会慰唁王勉直【注九】。讨论四次具电大总统时，天津保卫警察队长同志刘应福来告，谓营务处统领张怀芝，将于二十六日上午快车由京返津。适薛成华、尹渔村等在座，于是刺杀张怀芝之议乃决。

正月二十六日上午，薛成华、尹渔村、樊少轩、周希文、张在田五人俟张怀芝于天津新车站。成华谓渔村、少轩等曰：迩来官家所乘车，讫无定处，或列货车之前，或列车首之后，吾等五人，与其散处全站，临时难于奔赴，不若追随衙署接车者之后，或可易于张罗。有顷，接车者到站，成华等即侍立其侧。怀芝下车，成华当投以一弹。弹爆发于两车接联间，知不中。成华复于烟雾迷惘中再投一弹，而渔村、少轩、希文、在田等闻得炸弹声，亦开枪以助成华势。车厢受弹倾仄、伤戈什哈一人，怀芝受震昏扑于地，军警开枪还击，渔村、少轩等弃枪而逸。成华知不免，与军警战，遂被捕，押解营务处，当晚即处以凌迟死刑。同日，彭家珍假得崇恭名刺谒良弼于北京红罗厂。适良弼由外归，甫下车，家珍投以弹。弹发，爆下马石，良弼应声腾空而起，断一足。家珍当被碎石裂脑以殉，良弼亦以重伤继家珍而死。

正月二十七日上午九时，李煜瀛已由北京来天津，予遂召开北方革命协会各团体代表紧急会议于西开织布局之中国同盟京、津、保支部办事处。到白逾桓、赵铁桥、黄以镛、李煜瀛、吕超、熊得山、吴若龙、钱铁如、丁开嶂、易宣、张榕、段亚夫、张幼臣、赵步杨、邓超如、胡伯寅、姜赐卿、刘竹坡、孙茂春、刘皋甫、吴墨如、杨峻峰、殷惠臣、孙汉三、孙炎生、李昆三、冯云峰、李兰廷、陈熙泰、程芝田、张在田、沈桂臣、王勉直、尹渔村、刘应福、邱寿林、李尧衢、林伯衡、覃秉清、崔文藻、石国材、罗明典、张先之、李孔支，女同志杜黄、章以保、郑毓秀、孙蔚强、汪固、张鸿翰、徐修广、陈心、周一等五十余人。盖自予由沪宁返津后，各地革命同志代表该团体咸以时相集于此，拟开会讨论同时大举也。开会次第，分报告讨论二种，其属于报告者：一、为予报告到宁谒见大总统经过。二、为各团体代表报告该团体现有同志人数与现存款项枪弹等数量及其所联络军警之驻地番号名目。其属于讨论者：一、为讨论北方革命军总司令部组织大纲。二、为选举北方总司令。三、为讨论天津举义及京、保、通各地响应日期。于此有足述者，女同志杜黄，于同盟会支部，职掌库藏，乃四川名进士杜德舆若洲之夫人【注十】，书法小爨，文宗六朝；其言多有类于滑稽突梯。伊登台报告曰：本支部部长汪兆铭，固主张以政治手段推翻清帝者，彼于同志之活动，军警之联络，枪弹之购置，向不措意。现所存手枪九支，钢壳炸弹数枚，直隶都督铜质关防一颗，多为同志黄复生预刺载澧之用者，以为时久，故手枪子弹之大小，多不合于口径，本支部军务部长同志吕超亦尝与彼抗争之。吕同志之言曰：革命者，所以争取被革者军政大权而代之之谓也。今乃欲于推翻清帝后，而清帝所遗之军政大权，仍为当日役于清帝之臣仆所代有，此与父死子传兄终弟继者何异？吾未见其为革命也。吕同志又尝拟为近畿革命计划，具保状于本支部，谓当竭一月之力，使近畿各军，起而倾覆袁世凯，不济，则向支部同志负责以自刑。盖近畿各军下级官佐，多吕同志陆军同学。吕同志与若辈相习久，固非空言所自欺者。但本支部部长汪兆铭卒不听，而吕同志与支部同志亦无可如何也。杜黄及团体代表以次报告毕，继则讨论起草北方革命军总司令部组织大纲。当由主席指定白逾桓、丁开嶂、熊得山、黄以镛、易宣等五人拟为大纲五条，于大会通过后，予遂被选为北方革命军总司令。该大纲如下：一、北方革命军总司令得领有顺天、直隶、奉天、吉林、黑龙江、热河、察哈尔、绥远以及内外蒙古等区域革命军之指挥全权，俾得协助以上各区域都督或总司令之革命军起事独立。但为统一以上各区域革命军起见，北方革命军总司令得兼摄各该区域军政府参谋部长陆务部长，或由北方革命军总司令就各该区军人同志中选任。二、北方革命军总司令得于以上各区域中选择一地为总司令部驻在之所。总司令部得设秘书处、参谋、军务、政务、财政、交通、联络各部。秘书长、参谋、军务、政务、财政、交通、联络各部部长及副部长均由总司令委任之。三、北方总司令部所辖各区域之财政，划为国家收入、地方收入二种：其属于国家收入者划归总司令部，属于地方收入者划归各该区军政府。四、北方总司令为集中北方革命力量起见，所有加入北方革命协会之各革命团体枪弹军械经济存款等物，一概缴存于北方总司令部。各革命团体于必要时，得申请北方总司令部核发。五、北方革命军总司令及其总司令部，至协助以上各区域完全独立或清军势力完全消灭时，始行撤废。最后，讨论天津举义及京、保、通各地响应日期。讨论结果，佥以为事关军事秘密，应由北方总司令决定。会议毕，煜瀛遂遵守大会决议当场交出武昌鄂军都督汇款三万元所余之一万九千五百元于北方总司令，其不足之一万零五百元，据云：已移作其他革命之用矣。当散会后，黄以镛、赵铁桥与予偕行于途，以镛谓予曰：京、保、通各地，既不能与天津同时举事，则天津发难，吾未见其能响应也。予曰：天津地位重要，其影响与北京同。天津举事，京、保、通自易响应。铁桥曰：然则滦州独立时，其影响何以不及于天津、北京、保定、通州也？予曰：当此滦州、开平、通州、北京、东华门、红罗厂、天津车站事变之余，人心偾张，为北方从前所未有。且京、津、保、通军警同志，知通州之变，机关名册，已为清廷官吏抄去，其心皆惊惶不安。此正所谓一夫夜呼，乱者四应之时，矧天津举义独立以为倡耶？以镛、铁桥遂唯唯不复再言。是日下午一时，予复与白逾桓、熊得山、吴若龙、钱铁如、丁开嶂、易宣、姜赐卿、刘竹坡、孙茂春、孙汉三、王勉直、尹渔村、程芝田、张在田、刘应福、邱寿林、李尧衢、覃秉清、罗明典、张先之、李孔支等会商于吉祥里十四号，讨论天津举义，北京、保定、通州响应步骤。予当告以以镛、铁桥途中所以语予者，刘竹坡曰：此盖未知夫京、津、保、通一带毅军淮军所受之教育与其出身也。夫武昌新军滦州新军之与毅军淮军，虽同为招募而来，然武昌新军，强半来自书房。盖当科举停废之日，而未青一衿者，又无缘得以考入官学，故少年学子，咸藉入伍以为出身之地。而总督张之洞，又选拔各营士兵优异者留其饷额以为陆军特别小学【注十一】，或设讲武堂，或将弁学堂，或武备学堂，或资遣留学外国，以故革命思想，易于输入。滦州士兵之倾向革命，始于陈宧任二十镇统制蓝天蔚任协统之时。陈固起家于湖北自强学堂，蓝则由湖北武备留学日本士官毕业者。当陈、蓝在二十镇时，设讲武堂，设随营学堂，由官长自为教授，使下级官佐士兵学术与操术并重。然武昌起义，必得吴兆麟占有楚望台军械库，乃能指挥号召，树先声于全国。滦州独立，必得王金铭、施从云以本营长官而指挥本营兵士，始得以与清军抗战七日。今之毅军淮军，官长既未受完全军事教育，士兵更不解之无，名虽出身行伍，实则无业游民，此辈入营则兵出营则匪者，不患不能响应，而患响应后无中心力量控制指挥之也。予曰：竹坡之言是也。蔡德辰、王丕承、杨兆林、张雅堂、孙树声[1]、崔文藻、林少甫、何南屏、韩佐治等之分组每日训练北京、通州、天津敢死队，即以此故。惜德辰、丕承、兆林、雅堂已逝，北京、通州敢死队，无适当指挥人耳。于是决定二十九日夜十二时在天津举事，北京、保定、通州，仍于天津发动后，以次响应。会商毕，适熊得山、丁开嶂前所定购步枪五十枝，五响转轮手枪一百枝，炸弹一百五十枚，亦已付款取到。吴若龙、钱铁如及各军代表十余人，晚车由津返京，因检付五响转轮手枪五十枝，炸弹四十枚，偕同法领署署员郭林

[1] 孙树声，山东诸城人，滦州起义孙谏声烈士之胞弟。

一同运京。其余步枪五十枝，以无处藏匿，暂存女同志郑毓秀余庆里住宅地板下。是日晚，遂组织北方革命军总司令部，组织津军都督府。北方革命军总司令部，以熊得山为秘书长，陈之骥为参谋部长，丁开嶂为军务部长，易宣为政务部长，邱寿林为财政部长，白逾桓为交通部长，吴若龙为联络部长。津军都督府举汪兆铭为都督，陈之骥为副都督，赵铁桥为秘书长，白逾桓为参谋部长，黄以镛为外交部长，吴定安为财政部长，覃秉清为政务部长，李尧衢为交通部长，军务部长则由北方革命军总司令兼摄。至津军都督一席，汪兆铭赴沪，应由津军副都督陈之骥代理。又以副都督陈之骥现回丰润故里，暂由津军参谋部长白逾桓兼代。通州总司令蔡德辰，指挥王丕承、张雅堂、黄之萌，或死通州之变，或殉东华门之役，蔡德辰所遗通州总司令一职，暂由吴若龙兼代；王丕承、张雅堂、黄之萌所遗指挥各职，即由王勉直、邝摩汉、王振汉接充。布署既定，予于是晚即以北方革命军总司令名义发出天津举义命令如下：

一、武昌起义，旨在推翻清室，建设共和，扫除中国三千余年以来专制余毒。故月余之间，而湖南、陕西、江西、山西、云南、江苏、浙江、贵州、安徽、广西、广东、奉天、福建、山东诸省，以次响应。此虽我大总统孙公二十年来倡导之殷之所致，而吾民之欲脱离专制桎梏以求自新之切亦有以完成之也。乃伪清内阁总理大臣袁逆世凯，于我革命军振师北伐，北方各省相与共谋独立之时，忽遣使向我乞和，此则世凯篡取清室攘窃革命之计，我各省代表不悟，尚欲于清帝退位之时而畀世凯以临时大总统，此非革命之自杀而何？夫革命者，所以扫除官僚，涤荡专制余毒者也。今清帝退位而代以袁氏，此与父死子传兄终弟继者何以异哉！我北方同志有鉴于此，用是屡举义旗，前仆后继，誓必讨灭袁氏，不使专制余毒永留于中国也。本总司令为实现我北方诸同志此种主张，爰决于本月二十九日夜十二时在天津起义，一举而将天津全镇占领。我北京、保定、通州各总司令，于闻得天津独立时，当即举兵响应。然后再举我京、津、保、通革命军全力，以次规复我奉、吉、黑、热、察、绥及我内外蒙古、新疆、甘肃诸地，俾全中国得以统一于革命之下，建设共和政体。凡我同志，其各忠于自己之任务，则革命有厚望焉。二、津军都督天津各路司令，在二十九日下午五时以前，应将是夜十二时所有发难一应事宜准备清楚。二十九日下午十时以前各部武装同志集中于各部所指定地点，至十二时闻到号炮响声，各路司令即率领所部按照预定路线前进。三、第一路司令姜赐卿，于十二时闻到号炮响声时，即率领所部敢死队三大队以进攻总督署。第二路司令兼水师总指挥孙茂春，则于督署前所统炮船鸣炮以为响应后，当率领其陆师与第一路司令姜赐卿会攻总督署，并将其占领。四、第三路司令史玉生率领敢死队一大队进攻巡警道署。石国材率部下巡警响应后，即与第三路司令史玉生分路猛攻营务署，并将其占领。五、第四路司令刘应福率领所部保卫警察占领保卫警署；第五路司令崔文藻率领敢死队一大队与之会合后，即向督练公所进攻，并将其占领。六、第六路司令孙树声率敢死队两大队占领金钢桥，以与水师总指挥孙茂春所部水师相策应，阻止敌军偷渡及其破坏桥梁等事。七、第七路司令林少甫，第八路司令何南屏，第九路司令韩佐治，分率敢死队十余小队，占领各重要交通机关电报电话及其桥梁道路。八、冀、鲁招讨使孙炎生，京奉、津浦交通总司令龚善支率领韩柳墅陆军三营，于占领京津、津浦、津奉铁路道口防御敌军来援外，并以一部兵力肃清津郊残余军警。九、第一路司令姜赐卿，第二路司令孙茂春，于占领督署肃清残敌后，即以一部兵力迎护兼代都督白逾桓到署成立都督府，发布安民告示。津军都督白逾桓，应将组府视事启用印信等情由呈报于本总司令。十、北京总司令钱铁如，保定总司令刘仙舟，通州总司令吴若龙等，于闻得天津独立时，应督率该各路指挥，迅筹响应。十一、是夜口号为完成革命四字。十二、北方革命军总司令胡鄂公，正月二十七日夜十一时发于天津老西开吉祥里十四号。是夜，北方总司令部监印津军都督监印女同志徐修广、汪固等，督率各女工监制铁血旗帜，印写襟章，翦裁缠臂白布。津军交通部副部长章以保偕同张鸿翰、黄石、扃一、李芬、陈心等缮写文告。北方总司令部军械处长孙蔚强分配各路司令枪械炸弹。津军外交部副部长郑毓秀译写通告天津各国领署起义之照会，分工赶制，达旦不休。

正月二十八日，予与津军都督白逾桓，会议于小白楼。北方革命军总司令部秘书长熊得山，军务部长丁开嶂，政务部长易宣，财政部长邱寿林，津军都督府秘书长赵铁桥，外交部长黄以镛，财政部长吴定安，政务部长覃秉清，交通部长李尧衢，均以次参加。当议决于天津占领后应执行之事有七：一、逮捕帝制余孽；二、发布安民告示；三、豁免一切苛捐杂税及本年下忙丁漕；四、优礼市乡父老，问民疾苦；五、礼求当地逸材，俾为国用；六、通电全国，详述袁世凯攘窃革命篡夺清室帝制自为之阴谋；七、正式通告各国驻津使领。会商毕，因相与谈及二十九日夜日本同志谷村燃放信炮事。予曰：谷村不谙吾国语言，若得能言日语同志往襄其事，则于途中较为便利。逾桓曰：国风报翻译同志王一民习日语，且与谷村善，使之同往，必能胜任。予曰：此事于全局关系甚大，非沉着详慎者不能语此，予不识一民，未知能当此否？逾桓曰：我知一民稔，可勿虑。于是决定使日人谷村及国风报翻译王一民二人燃放信炮。是日，临时参议院在南京开会正式成立。

正月二十九日，为北方同志预定占领天津革命军起义之日。时则云密低空，天似欲雪，未几风起云散，惨寒无温。王一民与日本同志谷村，于出发燃放信炮前，竟酩酊大醉于松乃家。彼二人痛饮毕，遂携炸弹二枚相偕而至燃放地，时仅入夜八时许。迨十时，总部同志闻到炸弹声二响，予曰：事败矣。此信号误发也。于是遂尽起传令兵催促各路司令迅速发动。时宵禁严，市民不得夜行，故传令兵所传命令亦无由完全达到。各路司令于闻到信炮后，仍集合部下依原定计划出发，多者三十余人，少者才十余人，然亦有以联络中断而自动集合者。金钢桥为天津交通咽喉，乃战守之所必争，故革命军之视金钢桥其重要与督署同。当信号误发之时，各路司令如姜赐卿、史玉生、崔文藻、孙树声，何南屏、韩佐治、林少甫等，明知事已失败，乃犹奉令集合少数同志各向其目的地出发，此其忠勇为何如者。赐卿率领所部进攻督署时，遇孙树声于途，赐卿谓树声曰：今日事，金钢桥与督署执当先？树声曰：金钢桥扼天津交通之枢纽，督署为敌人号令之所从出，同一不可后也。赐卿曰：子所言者乃战守之形势，吾则谓今曰之急务耳。吾人革命，与其人少力分而无所得，不若将各路集中较有效力。树声曰：善。于是赐卿乃尽并树声之军而得八十余人。会林少甫、何南屏、韩佐治等率领四十余人从他道来，总计赐卿、树声所领者得百二十余人。赐卿乃编分为五队，而以树声领前队，林少甫、韩佐治领左右翼，何南屏领后队，赐卿则自率中队以指挥全军。赐卿率领所部进至督署时，督署卫兵与革命军战于辕门外，一时枪弹炸弹飑飑如雨下，赐卿当挥令前队向督署东辕门进攻，而以左右翼掩护之。敌军卫兵以炸弹猛烈无可防御，遂不支向东辕门内溃退。赐卿遂指挥左右翼掩护前队攻入东辕门。战方酣，敌军卫队忽以一部由督署后以绕袭革命军之背，革命军受击，不得已，遂从东辕门退出。适孙茂春率领所部水师二十余人赶至，以与敌军战于督署后。赐卿知后路之危已解，乃复指挥左右翼掩护前队第二次向东辕门进攻。迨进至督署大门时，而孙茂春所部已为敌军击散，林少甫、韩佐治又相继战死。赐卿知不可复战，始下令冲围退却。是时，何南屏军殿后，南屏于掩护诸同志退却时，率所部后队左右射，以此敌军不敢进逼。南屏甫出重围，即以重伤继林少甫、韩佐治而逝。但同时，有进攻金钢桥而死者则高士俊也。有在中途与敌遭遇而战死者，则钱秀峰、管国贤、江润生、郭牧之等是也。亦有在途中为敌所捕者，则崔文藻、刘应福、李景伯、赵正叔、冯泉廉、周守玉、黄敬斋等是也。当国风报同志王一民，日本同志谷村燃放信号之前，以深宵稽查严，乃于松乃家罢飲后，即预伏于督署近邻一木厂中。其所携炸弹，一为十二磅，一为六磅，均系钢壳引线者，约以十二点钟同时着火。时朔风惨厉，月晕无光，二人偃卧木架下，以待时之将至。其萧瑟愁苦之境，诚有为人所不堪者。俟之久，至十点钟时，闻得隔院钟声误报十二点，一民呼谷村曰：时已至矣。谷村取其夜光表视之，亦应之曰：时已至矣。盖谷村则亦误识长短针所指时间也。谷村、一民于是着火引线，而一民之弹，适当谷村之股。一民弹发，谷村应声腾起半空间，甫及地，而谷村之弹亦发，以此，谷村之肢体四飞，谷村死，而此二十九日之天津起义亦因之失败矣。

正月三十日，予偕熊得山、丁开嶂、易宣等至各机关抚慰进攻督署诸同志。诸同志为述林少甫、韩佐治、何南屏、高士俊、钱秀峰、管国贤、江润生、郭牧之诸烈士战死时壮烈诸情形，咸相对而泣。时受伤者有姜赐卿、孙茂春、史玉生等八九人，而赐卿所受之伤较重，以其弹片在肋，非入医院诊治则无由痊可，遂于是晚舁入天津医院。至林少甫、韩佐治诸烈士遗骸，则于善堂掩埋时嘱其暗为封识。

正月三十一日，予召开各团体代表会议于小白楼，讨论天津之再举计划。当开会时，白逾桓呼王一民到会，命其报告燃放信炮之经过与谷村之惨死情形。一民详述毕，逾桓愤而以手批其颊曰；汝竟以诸同志性命为儿戏耶？何悖谬如此也。一民哭，逾桓亦哭。盖一民尝受业于逾桓，及逾桓主办国风日报，遂任一民为翻译以与日人往来。但一民初非革命者，故有此失，比亦逾桓事前未教之之过也。予于劝逾桓、一民退席后，乃与熊得山、丁开嶂、易宣、冯云峰、李兰廷、陈熙泰、王荣九、李尧衢、吴经武、李世英等讨论天津再度举义计划。然以当时北方情形而论，不在响应之无人，而在发难时主力之不充实。会商结果，遂派李尧衢、冯云峰、吴经武、李世英等至遵化、玉田、丰润，王荣九、李兰廷、陈熙泰等至宁远城。以丁开嶂、冯云峰于遵化、玉田、丰润尚集有振武社员百人；李兰廷、陈熙泰、宋志强、张光耀、古应风、杨玉等在宁远城宋庄、青石岭、甘耳屯一带集有铁血会会员五百余人，每人均有盒子炮一只；俟其到津后，稍加训练，即可作为发动主力也。会商毕，复以各革命团体名义，拟就致南京临时参议院一电，主张彻底革命，反对和平解决。

二月一日，李尧衢、冯云峰等将由天津前赴宁远、遵化等地；予念武昌所汇之款，行将用罄，而我大总统孙先生所指拨之二十万元，陆军部以和平行将实现之故，或已停止汇寄，不得已，勉为宁远筹得百人来津之款，交付王荣九、李兰廷、陈熙泰等即日至宁，以与宋志强、张先耀、古应风、杨玉等协商办理。至遵化、玉田、丰润方面，则使吴经武、李世英先至该地集合准备，一俟筹有的款，然后命冯云峰、李尧衢前往。是日晨，吴经武、李世英遂偕同王荣九、李兰廷、陈熙泰等一同由天津附津奉车起程。

二月二日，吴经武、李世英至唐山，甫下车，即为谍者所悉，竟以不屈死。天津同志闻讯之余，皆怨愤飲泣，咸以为历次革命之失败与同志之牺牲，强半皆因经济支绌所致，于是又有以抢劫天津官银号为说者。先是，予未南下请款时，北京、通州军队中同志，主张抢劫庆王府财物以充革命经费，予当时已力辟其非。而此次提议枪却官银号之人，亦为军队中同志；而白逾桓、吴定安等且谓可以藉此乘机发难。予曰；以劫抢财物为事者，财物到手即鸟兽散，谁为发难者。况汪兆铭尝指北京、通州同志张先培、蔡德辰等为土匪；今若此，兆铭之言不诬也。至此，逾桓、定安等遂不再言。

二月三日，韩柳墅清军营副同志孙炎生、军需同志龚善支晤予于小白楼，适吴定安在座。炎生、善支为言革命经费无可筹措，现以年关近，营中发双饷，善支可领得一个月军饷六千元，以之移作革命经费如何？定安固与炎生、善支为湖北同乡，闻炎生、善支言，遂于予前极力怂恿之。予曰；可。此亦防止敌军增加革命力量之一道，惟宜出之以周详审慎；否则反以速祸也。于是定安与炎生、善支相偕去。

二月六日，王荣九、李兰廷偕同铁血会会员宋志强等八十五人由宁远城抵天津。予于是与熊得山、丁开嶂、易宣等为之备宿舍，具酒食，劳跋涉。据李兰廷云：朱志强、张先耀、古应风、杨玉等在宋莊、青石岭、甘耳屯三地已集中有枪同志五百人。此次以旅费不足故，仅来八十五人，余俟款到，当可与陈熙泰俱来也。予与宋志强等酬酢毕，返小白楼，则见卧室间置有现银一箱三千元，大惊，询之，则知孙炎生、龚善支所送来者。时已晚钟十二时有半，拟往利顺德饭店问炎生、善支在官银号领款经过，以夜深不便遂寝。

二月七日晨，予晤炎生、善支于利顺德饭店，问小白楼现银三千元何以至者？炎生、善支曰；以马车载自官银号也。予曰：何为不将钞票来？炎生、善支曰：此吴定安主之，官银号原付以钞票，定安坚不可，故付银元六千也。予曰：其余三千元何在？炎生、善支曰：已为定安马车载之余庆里矣。予曰：定安铸此大错，若不即徙小白楼、余庆里两机关，祸且被及全体同志也。予于是命炎生、善支谨匿利顺德饭店勿出，急归小白楼与熊得山等商议迁徙机关事。讵运徙家什之人夫未至，而英捕总巡已排予寓楼而入予卧室矣。是为二月七日上午十一时，英捕当将机关内所有人员监视后，并搜去北方革命军总司令印一口，京、津、保、通、奉、吉、黑、热、察、绥、内外蒙古都督印各一口，铁血大纛旗一百面，铁血小旗五百面，襟章一箱，手枪五支，鄂军政府全权代表委任状一件，其他公文书十余件，现洋一箱三千元。予被捕已押解下楼矣，熊得山忽攘臂呼曰：此间事我主也，彼客也，今何为舍主而逮客？于是英捕遂捕熊得山以去。同时余庆里郑小岚亦被捕【注十二】，并搜去吴定安所置现银三千元。当是时，英捕缉孙炎生，龚善支甚急且有熊得山、郑小岚行将引渡之说，同志惶惑，一似大祸之将至者。

二月八日下午三时，予访晤英国驻津领事于英领事署。驱双马夷车，前后从匹骑，仪容甚盛。至领事署，投以中华民国军政府鄂军水陆总指挥，鄂军政府主持北方革命全权代表名刺，英领事接见甚恭。予当责以不守中立，予谓革命军起义武昌后，英、法、德、俄、日原已承认革命军为交战团体，是革命军于清军军需军械，有权可以没收。今贵捕不仅搜去革命军所没收之饷银，且逮捕革命军同志，此非所以守中立者。予此次北来，其于贵租界之治安，尝予以深切注意。现贵捕所逮捕之革命同志，所搜捕之文书饷银，若不立予发还，则贵租界今后之安全，予亦不能负责云云。于是英领事谓饷银六千元，当已移交天津巡警道，熊得山、郑小岚二人允以翌晨恢复自由。二月九日，女同志张鸿翰、汪固、徐修广等遂以马车到英捕房欢迎熊得山、郑小岚出狱。所有印旗手枪文书诸物，一并索还。是日，褚炳堃、潘竞物、王安国等举义于沈阳，以众寡不敌，遂失败。先是，吴景濂等组织保安会于沈阳，举总督赵尔巽为会长。炳堃曰：肉食者何可与言革命也。遂与陈熙泰等由沈阳先后来天津，举凡任邱、滦州诸役，炳堃等靡不参加。迨一月二十九日北方同志举义于天津，炳堃遂偕潘竞物、王安国等由天津返沈阳，集中铁血会、振武社同志得二百余人，发难沈阳，攻督署。时清军势盛，炳堃、竞物、安国等被围数重，遂同及于难。同晚，吴若龙于北京以长途电话告予，谓清内阁总理大臣袁世凯语人，清军优待条件各方业已商妥，清帝决于二月十二日下诏退位，民国临时参议员拟举袁世凯继任临时总统。届时，汪兆铭等当以专使名义由宁来京欢迎袁世凯南下云云。予接电话时，易宣、阮琴风、熊得山、罗明典等在侧，闻若龙言，咸为之默然。宣从容请施予曰：宣自今始，当与诸同志诀矣。宣将前赴锦州，招集铁血会同志，于此数日内，以图一逞。明知此去必死，盖宣欲一死使天下后世知袁世凯之盗国，汪兆铭之出卖革命也。予与诸同志强止之，不可。予哭，宣亦哭，而阮琴风、熊得山、罗明典等均哭。

二月十日，易宣遂偕阮琴风由天津赴锦州。

二月十二日，易宣、阮琴风同死锦州之难。同日，清帝溥仪下退位诏，词曰：朕钦奉隆裕皇太后懿旨，前因民军起事，各省响应，九夏沸腾，生灵涂炭。持命袁世凯遴选员与民军讨论大局，议开国会，公决政体。两月以来，尚无确当办法。南北睽隔，彼此相持，商辍于途，士露于野，以国体一日不决，故民生一日不安。今全国人民心理，多倾向共和，南中各省，既倡议于前，北方诸将，亦主张于后，人心所向，天命可知，予亦何忍因一姓之尊荣，拂万民之好恶。是用外观大势，内审舆情，特率皇帝将统治权公诸全国，定为共和立宪国体，近慰海内餍乱望治之心，远协古圣天下为公之义。袁世凯前经资政院选举为总理大臣，当兹新旧代谢之际，宜有南北统一之方，既由袁世凯以全权组织临时共和政府，与民军协商统一办法。总期人民得所，海内乂安。仍合满、汉、蒙、回、藏五族完全领土，为一大中华民国。予与皇帝得以退处宽闲，优游岁月，长受国民之优礼，亲见郅治之告成，岂不懿欤！

二月十三日，我中华民国临时大总统孙先生文，遂提出辞职书于临时参议院。

二月十五日，临时参议院依据伍廷芳与清内阁总理大臣袁世凯之谈判，及汪兆铭斡旋运用之结果，选举袁世凯为临时大总统。先是，我大总统孙先生文，送达辞职书于临时参议院时，附有选举新总统办法三条：一、临时政府地点，设于南京，为各省代表所议定，不能更改。二、辞职后，俟参议院举定新总统，亲到南京就任之时，大总统及国务员乃行解职。三、临时政府约法，为参议院所议定，新总统必须遵守颁布之。一切法律章程，非经参议院改订，仍继续有效。盖我大总统非不知世凯之奸，徒以国人耳目为兆铭一手所掩蔽，故于辞职去任之际，犹殷殷以此数事为虑。其于违法殃民窃权盗国之所以防范者亦深矣。

二月十七日，予念大总统孙先生辞职后，临时参议院已选袁世凯为中华民国临时大总统，遂召集北方各革命团体会议于吉祥里十四号，当议决五事：一、所有各团体革命行动，自本日起一律停止或解散。二、北方革命协会总部，北方革命军总司令部及北方革命军总司令所属建司令部、总指挥部与其他各种革命机关，自本日起，一律宣布解散。三、资助铁血会、振武社同志暨远地同志二百五十一人回籍旅费。四、滦军同志及其他军队中脱离队伍同志一百九十四人，资送烟台鲁军政府，按照原有等级位置。五、本日到会同志，为纪念北方死难诸烈士起见，在袁世凯当国期内，不受其任何官职及其荣典勋章等物【注十三】。是时津、鄂电报业已畅通，会议毕，当电请鄂军都督黎公继续汇款两万元，以作结束之资。惟念死难同志之不可掩没，革命事实之不可无记载也，乃拟撰为辛亥革命北方实录、辛亥革命北方烈士列传二书。因与诸同志发刊大中华日报于天津法租界紫竹林七十号，藉便材料之搜集与史事之采访。

二月二十日，参议院开临时副总统选举会，选举黎元洪为副总统。先是，临时大总统孙先生辞职后，临时副总统黎元洪亦电达参议院辞职。故参议院于是日开临时副总统选举会再选云。二月二十一日，予接到武昌电汇结束费两万元。于是吴若龙决于二十三日偕同军队同志一百九十四人由天津附轮至烟台；冯云峰、李兰廷、宋志强等偕同铁血会、振武社同志一百七十五人至唐山宁远城等地。远地同志七十六人，亦同于是日起程回籍。予与丁开嶂、熊得山、吴若龙、钱铁如、邱寿林、覃秉清、李尧衢、罗明典、孙炎生、张先之、程芝田等十二人，则于诸同志离津之先一日，分别具酒食以为慰饯。盖此四百四十五人，于北京、任邱、滦州、通州、开平、天津、沈阳、锦州诸役，均曾先后参加。今共和虽幸告成，而国柄乃为巨奸所窃，此所以仁人志士莫不叹惋而切齿者也。席间，吴若龙等乃与此四百余同志立为誓约，由予主盟。盟曰：袁世凯有帝制自为或变更国体时，与盟同人，无论在何时何地，均当起兵讨灭之。盟成，遂与欢而散。二月二十六日，蔡元培、汪兆铭、魏宸组、钮永建、曾昭文、刘揆一等七人果以专使名义代表民国政府由宁至京。是即所谓欢迎袁世凯南下就职之七专使。予语熊得山曰：兆铭到北京，世凯将借故不南下矣。得山遂论于大中华日报，痛诋袁世凯将借故不南下。同时予与熊得山、罗明典、钱铁如、邱寿林、覃秉清、李尧衢等公开通电南京参议院、北京汪兆铭等，请其坚决拥护孙大总统辞职时所附之三条件。由罗明典起草，文长一千余言。二月二十八日，予复由津至京，以与汪兆铭、宋教仁等晤谈，谆嘱彼等速促袁世凯南下就职。二月二十九日，予返天津。是夜，即有北京兵变之事。在世凯之意，不过暗示曹锟部下士兵一二排哗变以为借口而已。但影响所及，而北京、保定、天津、通州之兵亦尤而效之。是即所谓一夫夜呼，乱者四应。据此，则知予前所语于黄以镛、赵铁桥之言，信而有征矣。然世凯以此终不南下，履霜坚冰，其渐以此。三月九日，予以所撰辛亥革命北方实录、辛亥革命北方烈士列传二书将脱稿，于是将北方革命运动经过情形以及用款支出清单，具电以告鄂军政府。旋奉中华民国副总统兼领湖北都督黎复电，文曰：青电悉，足下勇逾贲育，志比聂荆，色角风云，声摧山岳，共和告成，所赖实多。所余枪械炸弹，或留津地，或沉海水，勿用运鄂，特覆。元洪叩筱云云。予于是将所余步枪五十枝，各色手枪一百三十六支，炸弹一百二十枚，北方革命军总司令印一口，京、津、保、通、奉、吉、黑、热、察、绥、内外蒙古都督印各一口，备函移交北京内务部。是时，各地死难烈士遗榇，或已由其家属运回原籍，或已由同志度地葬埋。予以滦军前敌指挥使陈烈士涛居荆州久，与荆人相习，故予于由天津返湖北之前一日，当令龚善支护送荆州，葬于马河西岸之梅岭，爰一并记其大略于此。

中华民国元年四月二十日江陵胡鄂公识于天津法国租界紫竹林之大中华日报

【注一】时同盟会同志在北京者有吴友石、杨时杰、冷公剑等数人，以吴所办之国风报为中心。吴本姓白，名逾桓，友石者盖化名也。

【注二】吴若龙，湖北大冶县人，以其父宦于粤，在粤居住久，故能粤语。

【注三】又名自来得。

【注四】北方革命协会附章：第一条，本协会由北方各革命团体联合组织而成，以协助革命军北伐崇奉孙先生之三民主义，定名曰北方革命协会。第二条，本协会由团体中公举会长一人，总理本协会对内对外一切事宜，以期行动统一。第三条，本协会每一团体得推举评议一人，协助会长处理本协会一切事宜。第四条，本协会暂不设部，但得分设秘书、军务、外交、调查、会计各科。其科长科员概由本协会会长任用之。第五条，本协会对于参加协会之各团体，得协助其存在，以期增进革命力量。第六条，本协会一切经费，概由鄂军政府或其他军政府接济。各团体所需之款，本协会有接济之义务，但各团体应通其有无。第七条，关于举义时，各团体所需军械，概由本协会发给。但无故不得携带。第八条，本协会会址，以本协会长所住之地址为地址。第九条，本简章有未完善处，有三团体以上提议，得随时修改。

【注五】武昌起义，揭铁血旗。滇黔粤桂独立，用同盟会青天白日。然铁血旗义病于狭，青天白日旗则为党旗。兹届大局略定，届时大总统选出，于是江苏都督程德全及宋教仁等创为红黄蓝白黑五色旗。盖根据中国文化五数之习惯，以表暴五族共和之至德也。

【注六】即中华民国元年正月二日，亦即辛亥年十一月十四日也。按阴历称一月为正月，自民元改用阳历以后，则少有称之者。惟是时初改阳历，故仍以正月称之，据事实书也。

【注七】即辛亥年十二月初一日。

【注八】予等前后所上大总统电，咸由天津电局同志徐秋谷经烟台、上海交陆军总长黄兴转呈者，以予与兴原有密电之约也。

【注九】通州殉难王烈士丕承之子，王烈士斌之兄，北京译学馆学生。善篆刻，北方革命协会印、北方总司令印，京、津、保、滦、通各都督印，均为其一手所刻。

【注十】德舆于入民国后，隐居不仕，更名杜关，字柴扉。

【注十一】湖北陆军特别小学堂原名湖北陆军大学堂，后以部议改陆军特别小学堂。

【注十二】按郑小岚同志，系女同志郑毓秀之胞兄。

【注十三】按副总统黎公，在民国元年十二月十三日，于策勋单内，已将予名列入，并令秘书处将该电交予备览。予以在天津时，曾与诸同志约：为纪念北方死难诸烈士，在袁氏当国期内，不受其任何官职及共荣典勋章等物，当电请黎公致电北京将予名予以注销。兹将黎公策勋电与予请注销电，一并录此。一、黎公策勋电云：北京大总统钧鉴：民国肇造，党人効忠，策勋行赏，迭奉大总统分别奖励，薄海同钦。惟革命成功之速，实由赞助人才之多。此次奖励所未及者，当共事搜罗，除已开効忠民国党人姓名交刘承恩转呈大总统核奖外；兹查汪兆铭、张继、吴敬恒、章炳麟、于右任、熊克武、胡汉民、田桐、白逾桓、景定成、孙毓筠、居正、宋教仁、蔡元培、冯自由、吴昆、胡鄂公、陈陶怡等，当鼓吹革命之际，或秘密运动，或暗中保全，或艰难辛苦，历百折而不回；或学问才猷，为举世所共佩。凡此扶持民族之勋，元洪既得之于所见，亦得之于所闻，弗膺懋赏，奚劝有功？敬祈酌核劳绩，给以勋位，为大彰公道之举，即收拾人心之助。区区愚诚，统候酌裁。元洪叩元。二、予请黎公注销电云：武昌副总统钧鉴：顷秘书处交来钧座致北京策勋元电，蒙将贱名列入，披览之余，无任惶悚。念鄂公自追随钧座起义武昌，深愧驽材，谬蒙驱策。及至汉阳之战，乃得奉命北上，倾覆清廷，主持京、津、保、滦、通一带革命。当此之时，适袁氏总理清廷军政，帝制自为，假革命威力以劫持清廷；挟清军暴戾以挫抑革命。于是杀豪杰，除异己，数月之间，我北方同志，被其明杀暗戳者看不知凡几。今幸共和成立，而袁氏于我同志之杀戳，迄未休止。今年五月，使人攒杀曾广福兄弟三同志于河南光山县途中；六月，复使人暗刺吴定安、罗明典二同志于北京齐化门外，而袁氏先后所杀戳诸同志，又皆与鄂公在北方同革命共生死者。若鄂公遽膺袁氏殊荣，其将何以慰诸先烈于地下呼？且当共和告成北方各革命团体解散之时，鄂公曾与诸同志约：为纪念北方死难诸烈士起见，在袁氏当国期内，不受共任何官职及荣典勋章等物。是鄂公亦不能自食其言。伏恳钧座迅电北京将鄂公姓名予以注销，实为德便。临电神驰，不胜企祷！胡鄂公叩删。

附：胡鄂公《辛亥革命北方实录》(局部) 影印件

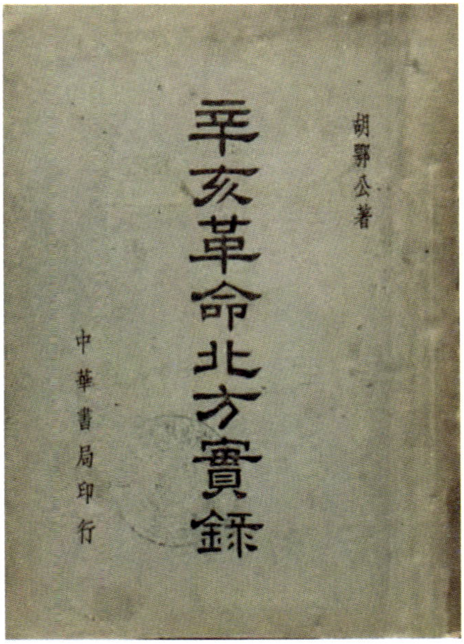


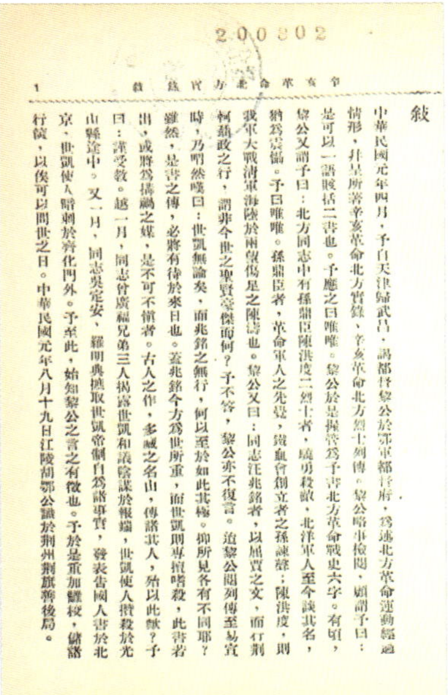

200302

辛亥革命北方實錄　敍　1

敍

中華民國元年四月，予自天津歸武昌，謁都督黎公於鄂軍都督府，為述北方革命運動經過情形，并呈所著辛亥革命北方實錄、辛亥革命北方烈士列傳。黎公略事檢閱，顧謂予曰：是可以一語賅括二書也。予應之曰唯唯。黎公於是援管為予書北方革命戰史六字。有頃，黎公又謂予曰：北方同志中有孫鼎臣陳洪度二烈士者，驍勇殺敵，北洋軍人至今談其名，猶為震慴。予曰唯唯。孫鼎臣者，革命軍人之先覺，鐵血會創立者之孫諫聲；陳洪度，則我軍大戰清軍海陸於兩湖偽是之陳濤也。黎公又曰：同志汪兆銘者，以屈賈之文，而行荊軻聶政之行，謂非今世之聖賢豪傑而何？予不答，黎公亦不復言。迨黎公閱列傳至易宜時，乃喟然嘆曰：世凱無論矣，而兆銘之無行，何以至於如此其極。抑所見各有不同耶？雖然，是書之傳，必將有待於來日也。蓋兆銘今方為世所重，而世凱則專擅嗜殺，此書若出，或將為構禍之媒，是不可不慎者。古人之作，多藏之名山，傳諸其人，殆以此歟？予曰：謹受教。越一月，同志曾廣福兄弟三人揭露世凱和議陰謀於報端，世凱使人謀殺於光山縣途中。又一月，同志吳定安、羅明典摘取世凱帝制自為諸事實，發表告國人書於北京，世凱使人暗刺於齊化門外。予至此，始知黎公之言之有徵也。予於是重加讎校，儲諸行篋，以俟可以問世之日。中華民國元年八月十九日江陵胡鄂公識於荊州荊旗齊後局。

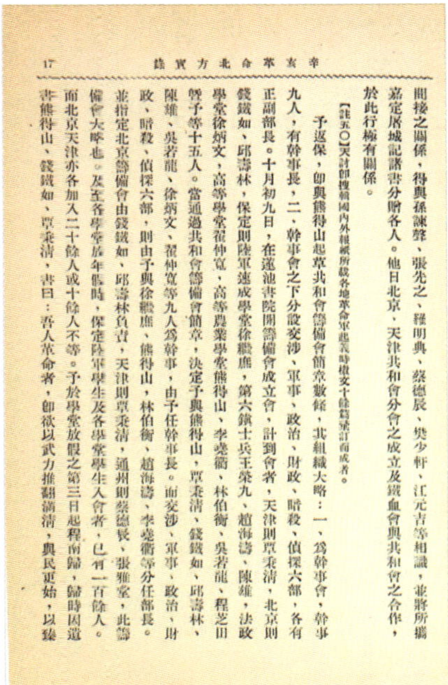

17　辛亥革命北方實錄

間接之關係，得與孫諫聲、張先之、羅明典、蔡德辰、樊少軒、江元吉等相識，並將所攜嘉定屠城記諸書分贈各人。他日北京、天津共和會分會之成立及鐵血會與共和會之合作，於此行極有關係。

【註五〇】天討即搜輯國內外報紙所載各地革命軍起義時檄文十餘篇彙訂而成者。

予返保，即與熊得山起草共和會籌備會簡章數條，其組織大略：一、為幹事會，幹事九人，有幹事長，二、幹事會之下分設交涉、軍事、政治、財政、暗殺、偵探六部，各有正副部長。十月初九日，在蓮池書院開籌備會成立會，計到會者，天津則覃秉清，北京則錢鐵如、邱壽林，保定則陸軍速成學堂徐繼鹿，第六鎮士兵王榮九、趙海濤、陳雄，法政學堂徐炳文，高等學堂翟仲寬，高等農業學堂熊得山、李堯衢、林伯衡、吳若龍、程芝田暨予等十五人。當通過共和會籌備會簡章，決定予與熊得山、覃秉清、錢鐵如、邱壽林、陳雄、吳若龍、徐炳文、翟仲寬等九人為幹事，由予任幹事長。而交涉、軍事、政治、財政、暗殺、偵探六部，則由予與徐繼鹿、熊得山，林伯衡、趙海濤、李堯衢等分任部長。並指定北京籌備會由錢鐵如、邱壽林負責，天津則覃秉清，通州則蔡德辰、張雅堂，此籌備會大略也。及至各學堂放年假時，保定陸軍學生及各學堂學生入會者，已有一百餘人。而北京天津亦各加入二十餘人或十餘人不等。予於學堂放假之第三日起程南歸，歸時因遺書熊得山、錢鐵如、覃秉清，書曰：吾人革命者，即欲以武力推翻滿清，與民更始，以臻

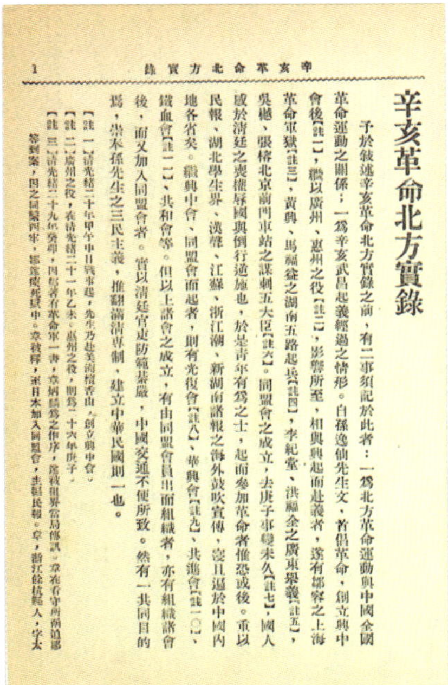

1　辛亥革命北方實錄

辛亥革命北方實錄

予於敍述辛亥革命北方實錄之前，有二事須記於此者：一為北方革命運動與中國全國革命運動之關係；一為辛亥武昌起義經過之情形。自孫逸仙先生文，首倡革命，創立興中會後【註一】，繼以廣州、惠州之役【註二】，影響所至，相與興起而赴義者，遂有鄒容之上海革命軍獄【註三】，黃興、馬福益之湖南五路起兵【註四】，李紀堂、洪福全之廣東舉義【註五】，吳樾、張榕北京前門車站之謀刺五大臣【註六】。同盟會之成立，去庚子事變未久【註七】，國人感於清廷之喪權辱國與倒行逆施也，於是青年有為之士，起而參加革命者惟恐或後。重以民報、湖北學生界、漢聲、江蘇、浙江潮、新湖南諸報之海外鼓吹宣傳，寖且遍於中國內地各省矣。繼興中會、同盟會而起者，則有光復會【註八】、華興會【註九】、共進會【註一〇】、鐵血會【註一一】、共和會等。但以上諸會之成立，有由同盟會員出而組織者，亦有組織諸會後，而又加入同盟會者。實以清廷官吏防範甚嚴，中國交通不便所致。然有一共同目的焉，崇奉孫先生之三民主義，推翻滿清專制，建立中華民國則一也。

【註一】清光緒二十年甲午中日戰事起，先生乃赴美洲檀香山，創立興中會。

【註二】廣州之役，在清光緒二十一年乙未。惠州之役，則為二十六年庚子。

【註三】清光緒二十九年癸卯，四川鄒容著有革命軍一書，章炳麟為之作序，經租界當局傳訊。章在看守所函邀鄒等到案，囚之同繫西牢，鄒旋瘐死獄中。章被釋，赴日本加入同盟會，主編民報。章，浙江餘杭縣人，字太

胡鄂公《辛亥革命北方实录》/ 中华书局印行 (1948 年) P1、P17

三日。

【註六三】又名自來得。

十月十五日，天將曙，予偕季高暨孫諫聲、陳濤、易宣、薛成華、張先培、孫炎生、覃秉清、江元吉、吳若龍、吳定安、張在田、曾正宇等乘津浦車至楊柳青，而女同志汪固、孫蔚強、張鴻翰三人亦同行。予等至楊柳青時，適清軍某鎮於十六日在該市招商購馬，故市上集有駿馬數十，予等賃得十四騎。於是相將策馬出郊外，而使女同志汪固等俟於市上。時則晴空一碧，萬里無雲。予等出市約五六里許，遙望孤堡古樹上，寒鴉數點，有老鷹盤桓於古樹上空，似欲擇肥而噬者。予因命孫諫聲、陳濤等十二人分爲兩隊，而以諫聲領左翼，陳濤領右翼，季高從予而居於中路。左右翼聞予號槍響，急馳如飛。頃刻間，逼近孤堡兩側，羣鴉驚飛四起，老鷹亦逐鴉欲遠揚。孫諫聲、陳濤、易宣等咸馳馬擊鷹，鷹中彈落於孤堡前。季高顧予而笑曰：可也。我他日當爲公繪射鷹圖以紀念之。予等於是聯翩由楊柳青而返天津。是日下午，季高設宴利順德飯店，爲予介紹法國駐津領署署員郭林，蓋爲槍彈由津運京便利計也。席間約以翌日上午齊集利順德後，相與攜同槍彈同車至京。是晚，季高偕同孫諫聲、陳濤、易宣等將所有手槍炸彈運存吉祥里十四號，始珍重別去。十月十六日晨，予與孫諫聲、陳濤、易宣、吳若龍等隨帶五響轉輪手槍八十隻，炸彈五十枚，盒子砲三十隻，白朗寧十隻，至利順德會晤郭林後，遂一同赴老車站乘京津

胡鄂公《辛亥革命北方实录》/ 中华书局印行 1948 年， P88

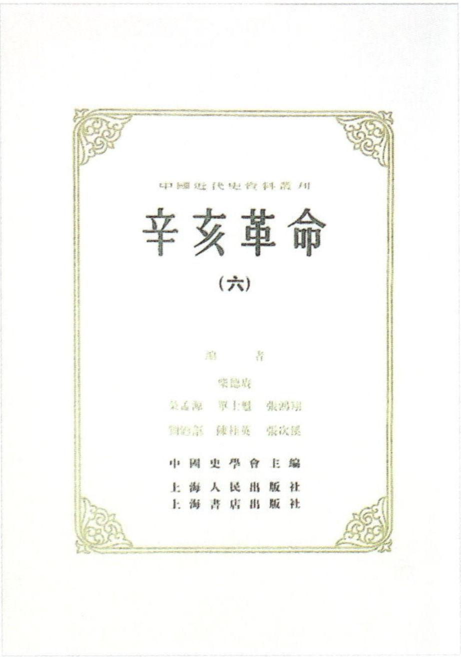


**文章另载于《中国近代史资料丛刊 辛亥革命（六）》/ 上海人民出版社、上海书店出版社 1957 年**

文献二

# 辛亥革命北方烈士列传（节选）

胡鄂公

**编者按**：民国元年（1912）四月二十日胡鄂公所著《辛亥革命北方烈士列传》，民国三十七年（1948）由中华书局刊印发行。原文撰写辛亥革命北方烈士列传共80篇，本书谨节选《序》和其中包括孙谏声在内的滦州起义烈士列传31篇，沿用原文的叙述顺序和注释，脚注为本书编者所加。

辛亥年八月十九日，革命军起武昌，清湖广总督瑞瀓，逃于楚豫兵舰；第八镇统制张彪，逃于汉口大智门事站。众推黎公元洪为鄂军都督，组织鄂军政府，改建中华民国，以黄帝四千六百零九年为纪元。二十一日，遣军渡江收复汉口、汉阳，照会驻汉各国领事恪守中立。二十六日，都督黎公，谨以牺牛醇酒，昭告始祖黄帝之灵，临阵誓师于阅马厂，吁请中国革命首领孙先生文，回国指导革命，建立共和政府。二十八日，予指挥鄂军水陆两师与清军海陆军战，楚豫舰受创逃逸【注一】，楚有等五舰降【注二】，清军大败，而刘家庙、大智门一带遂为我军占领。影响所及，至九月十五日，相继而影响独立者，有湖南、陕西、江西、山西、云南、安徽、江苏、贵州、浙江九省。盖自起义之日至此，才二十五日耳。呜呼！可谓盛矣。九月十四日，同志王孝真衔清第六镇统制吴君禄贞命，由石家庄间关至鄂晤予；予当导谒黎公，具言吴君躬亲驰抵滦州、娘子关与二十镇统制协统张绍曾、蓝天蔚、山西都督阎锡山约定，将由三路进兵北京，另以一军由京汉路南下，直捣汉口清军之背。予闻王同志言，不胜欣喜。盖以犁庭扫穴，直指顾间事也。时清廷已授袁世凯为内阁总理大臣，且有世凯于南下视师后，入京就职之说【注三】。论者以世凯出，吴君恐不能行其志矣。以吴君坦怀，世凯阴贼也。当此之时，汉口已失，都督黎公已拜黄兴公为战时总司令。予以都督府总务科长是兼领大别山要塞监督事，常往来武昌、汉阳间。九月十九日，同盟会同志冷公剑，代表北方各革命团体到鄂，面请黎公派员前莅北京、天津，主持革命，黎公即以予往。予以汉口已失，清军正欲窥袭汉阳，军事倥偬，未之应也。九月二十一日，同盟会同志杨时杰，复代表北方各革命团体由北京来鄂，为言北方同志请予前往。黎公以是时吴君已不幸被刺，而世凯复为内阁总理大臣，今后北方革命情势，正未可料，因坚命予往，并畀予以鄂军全权代表名义。予至此，始偕同志吴若龙等由汉口起行。予以九月二十八日至上海，十月初四日抵天津。予于抵天津后，遂与诸同志成立鄂军代表辨事处，成立京、津、保、滦、通、石家庄指挥处，成立北方革命协会总会，成立北方革命军总司令部。于是，十月初九日，有北京之役；十月二十八日，有任邱之役。其间虽阨于汪兆铭、袁世凯相因为奸而无所成就，然亦可以震骇虏廷树革命之声威于朔方也。中华民国元年一月一日，孙先生文就任临时大总统于南京，建立中央政府，改元中华民国。北方同志，以为革命大业完成可期，乃众志奋发，即于大总统就职之翌日，在滦州宣告独立。继此以往，则有唐自起、黄际隆、庞希德诸烈士开平之刺王怀庆；张先培、黄之萌、杨禹昌诸烈士北京东华门之刺袁世凯；彭家珍烈士北京红罗厂之刺良弼；薛成华烈士天津车站之刺张怀芝。一月十五日，则有通州之役；一月二十九日，则有天津之役；二月九日，则有沈阳之役；二月十二日，则锦州之役。卒至清帝退位，汪兆铭等任政府专使至北京欢迎世凯之时，北方同志，始衔痛分赴各同志殉难之地，归葬各烈士遗骨。虽然，诸烈士之志，予志也，予岂能一日忘哉？爰摭取其世家言行，作辛亥革命北方烈士列传。

【注一】时清总督瑞澂匿楚豫舰。

【注二】楚有等五舰降后复叛。

【注三】清廷以八月二十三日起用世凯为湖广总督，九月十一日授世凯为内阁总理大臣。是日，世凯即由彰德南下视师。

……

### 王金铭

字子箴，山东武城县人。清季，以管带治军北洋第二十镇七十九标第二营。凝厚庄重，守正不阿。所部纪律森严，罔敢逾越。二十镇自孙谏声推进铁血会组织以来，官兵多倾向革命，而金铭与施从云、戴锡九、郭鸣周等尤为中坚。其间虽屡谋无成，进而行之志迄未少衰。辛亥十一月初，滦军同志谋独立，挺推金铭为都督。金铭以滦军势孤，不欲操切偾事，众乃相议以待机。迨闻清军攻武昌急，始决于是月初十日，致电天津胡鄂公，请其派员到滦，会商独立计划。同日，通电袁世凯、伍廷芳主张共和，并致电直隶咨议局，请其派人到滦协商。越三日，均未得报【注六】。中华民国元年一月一日，大总统孙先生就职于南京。二日，滦军即据滦州宣布独立，当举金铭为滦军都督，旋改为北军大都督【注七】，举施从云为滦军总司令，白毓昆参谋部长是兼外交部长，孙谏声军务部长兼理财部长，朱幼葆民政部长，陈涛前敌指挥使，刘汉柏城防卫戍司令，穆奎赖秘书长，李振廷侦探队长，凌钺敢死队长，声势浩大，京畿震撼。世凯令总兵王怀庆往视，金铭等要其赞助革命，并以都督相让。怀庆佯为允诺，旋借口视察滦郊形势遁去【注八】。迨金铭等追，已不及矣。五日怀庆率军乘火车由天津开平两面夹攻，革命军力战却之，七日怀庆益军复沿铁道夹攻，革命军又却之。当滦州未独立之先，该镇八十三标[1]驻海阳镇三营管带冯王祥，约以滦州独立时即响应。及至八日拂晓，怀庆合曹锟军大举围攻，而二十镇标统岳兆麟，三营管带张建功复叛变于内，而冯玉祥又按兵不动，血战一昼夜，革命军死伤殆尽。九日，退守昌黎，仅余三十余人，金铭遂及于难。与金铭先后殉难者，有施从云、孙谏声、陈涛、刘汉柏、孟浩、黄子明、冷云起，石绍先、姜丕烈、陈子才、卜宝珩、乐邦彦、白毓昆、何絮、熊朝霖、姜启夏、李元华、陈绍武、张振甲、刘瀛、董锡纯、王踽臣、戴锡九、吕一善、黄云水、牟惠来诸同志。

【注六】致世凯、廷芳电，文曰：现在停战期迫，尚无解决之兆，大局危甚。窃念今日人民希望共和，直如枯苗之待甘霖，我公决不可行一人之私见，拂万民顷向。盖非共和，不足以免目前之惨祸；非共和，不足以免列强之干涉；非共和，不足以免第二次之革命。某等军人，何敢与议国政，但前颁十九信条中，有军人参与政事之条，为此不揣冒昧，披肝沥胆，尚乞见覆是幸云云。致直隶咨议局电文曰：请贵局派代表来滦州共议国事盼云云。

【注七】中华民国元年一月二日，即辛亥年十一月十四日，金铭就都督后，乃誓师于都督府之前，其词曰，中华民国军政府北军大都督王金铭，于十一月十四日，宣布直隶省独立于滦州，谨具数言，以告我同胞暨军士曰：此次举义，纯为恢复民权起见，宜极力遵行人道主义，军行之地，秋毫无犯，无论何地何时，遇有清兵，彼不极端反抗，我军不得擅行攻击。良以革命军清军概系同胞，共抱教国思想，谅有同情，当不忍同种相残，贻笑外人。我军弟兄有不愿为国捐驱者，仆愿资助旅费，令其归养。至仆则本国民天职，必达共和目的而后己云云。因在改元之第二日独立，故文中仍袭用旧历年号。

【注八】怀庆逃遁后，当通电全国，其文曰：天津、北京各公使领事各报馆各省督抚各统制公鉴：为驻滦州兵伪造照会，冒名通告，仅此辩白。查驻扎滦州军队，系七十九标步兵，分十营，本是二十镇旧部。前因该营不靖，故将该标归怀庆节制。怀庆于上月杪接总兵权，曾亲往犒劳军士，见士兵等均甚忠义可嘉。讵料一二两营管带忽生异志，煽惑军心。其三营管带张建功亦中立观望，居心叵测。迨至本月初十日夜，该标统岳兆麟维持不下，潜来开平，而禀该管带等运动乖

[1] 原文如此。应为八十标。

谬，不服命令。怀庆闻信后，即派马队二十统带褚恩荣前往劝谕，仍无效验。时因协统萧广传在海阳防务吃紧，未能分身，怀庆即于十四日亲率从骑二三人赴该营劝谕，以冀和平解散。不意到滦之后，百方开导，而该营有心为叛，冒名通电，宣告独立，困怀庆于楼上，兵将擎枪环立，满装子弹，其强迫状态，不可胜述。怀庆睹其情形，断难理喻。是日午，坚请入城，而两营全队，环绕左右，明则卫护，实则监视。怀庆乘骑言欲与将士试马，遂冲围而出偃城。该管带等驰马追之不及，复敢令兵士在后施放排枪。怀庆由弹雨中穿出，行至雷庄车站，电阻东西火车一律停开。继至赵各庄矿局发电，当晚即安抵开平镇署。似此悖逆举动，无论施之何国，当亦罪不容诛云云。

**施从云**

安徽桐城人。任二十镇七十九标一营管带。豁达大度，能与士卒共甘苦，士卒亦乐为之用。秋操成绩辄冠各营上。滦州之役，与王金铭等共谋独立，任滦军总司令。及事败，与金铭等同及于难。

**孙谏声**

字鼎臣，山东诸城县人。少孤家贫，事母以孝闻。母胡太夫人明达有卓识，时以大义相勗勉。庚子之役，北京为联军攻陷，时谏声方读书私塾，闻之大愤，弃文就武，入山东武备学堂，肄业雷电科，又改测绘科，前后在堂凡六年。丙午夏，膺营口标学堂讲席，遂迎养太夫人于营口。谏声在堂广联声气，奖掖后进，革命始基，即植于是矣。戊申春，胡太夫人以病殁于营口。谏声自肄业武备学堂以来，倾心革命已久，顾以母在未果。是年冬，乃与丁开嶂[1]【注九】等成立铁血会于营口，结纳关内外同志，事闻于该堂总办某，拟予逮捕。谏声乃遁走沈阳，客二十镇统制张绍曾处。旋任该镇排长。己酉赴北京，遇胡鄂公于逆旅，鄂公以嘉定屠城记、扬州十日记各十余册赠谏声。翌岁，谏声即以该二书转赠张绍曾、戴锡九、李孝通、冯玉祥等，此谏声、鄂公相与策动革命之始也。时玉祥在该镇任八十标三营管带【注十】。谏声在军中与该镇官佐戴锡九、李孝通、王金铭、郭鸣周等密为联络，鼓吹革命，不一年，得同志百余人。八月，该镇七十九标一二两营均以秋操开滦州。及武昌起义，清军大举南调，第二十镇亦由奉天调至关内，师次滦州，统制张绍曾等电请

[1] 原文误为丁削嶂，本书编著者均修改为丁开嶂。

实行立宪，清廷震惧，颁布宪法信条十九条。并与绍曾侍郎衔，授宣抚大臣，赴长江一带宣抚。绍曾拟约谏声同赴汉口，以资襄助；谏声亦欲南下，俾得与革命军通。时军中同志壮怀激切，欲即日响应武昌，事泄，谏声等十余人逃亡。及闻汉口为清军攻陷，遂潜行赴滦，与军中同志议以九月十日夜大举，并约枪声三响为信号。谏声潜伏军营近处。及时，枪三响，无应者，谏声续发三枪，仍不应。谏声乃就营房近处草堆间，解其所衣棉衣，以火柴燃之。火起，营官下令扑救，而应者寂然。盖事前被营官侦知，密令防范，诸同志咸受监视，无人响应也。翌日，军中捕谏声急，并革除李孝通等数人。谏声乃由滦赴秦皇岛，买舟返里，典鬻田园庐舍，得资率弟树声复来天津，与胡鄂公共策进行。及津军司令部成立，谏声被推举为总司令。十月下旬，谏声偕同鄂公前至宁河县之南青坨访晤丁开嶂。时开嶂任铁血会会长。鄂公、谏声至，正密集附近诸干部协议间，宁河县军警掩至，谏声乃偕鄂公、开嶂由间道先后返津。当此之时，滦军革命情绪高涨，已非军律所能抑制。十一月初十日，滦州通电重主张共和，并电请天津同志派人至滦指导。于是诸同志推谏声、陈汉柏、白毓昆、熊朝霖等前往。临行时，鄂公各赠以手枪二支，同寓鄂公所寓小白楼。慷慨激昂，意气甚盛。赴滦前夕，畅谈歌舞，竟夜未眠。谏声等以十一月十三日至滦州，次日即中华民国元年一月二日，滦军遂宣布独立，当举谏声为军务部长，兼理财部长，并领永遵各属司令官事。及清军大举来攻，革命军退守昌黎，苦战不屈，最后仅余二三十人，而王金铭、施从云皆战死，谏声犹与前敌指挥使陈涛，奋勇力战。其所携两枪，均鄂公所赠者，极锋利。谏声、陈涛左右射，格杀清军甚多，及至弹尽力竭，创伤遍体，始殉于难。清军嫉其勇，竟于死后剖谏声及陈涛之腹遍啖军士，而肢体亦为之分裂，其残酷有如是者。谏声工诗善文，著有诗一卷，鉴我轩杂记【注十一】若干卷。弟一，即树声。妻范氏，女一，无子[1]。死时年二十有八。

[1] 孙谏声有一遗腹子，其妻范氏所生，取名孙纪滦。

【注九】一名小川，直隶宁河县入。京师大学堂师范毕业。无意仕途，矢志革命，与谏声为莫逆交。

【注十】滦州独立时，玉祥所部驻海阳县，未及响应。及失散，王怀庆等在金铭营中检出玉祥信函，以玉祥亦预谋独立，遂禁玉祥于海阳镇。寻撤职放归保定。

【注十一】原名身外我杂记，后改署鉴我轩杂记。

## 陈 涛

字洪度，河南南阳人。年弱冠，应童子试，不第。尝与南郑何絜，结庐华岳，精研阳明之学，已而曰：此儒名而释实者也，遂弃之。偶读法国革命史，对于革命运动，辄不胜其向往，遂绝室家，浪迹南北。初入伍于陕西新军，未几，复走荆州，投沙市沙防营充十长。旋纠合军营同志，在沙市三府街设立商肆，用以掩护革命之宣传，署其市招曰爱国军。荆州福音堂有胡谨猷者，为共和会会员，与涛颇有交往。适胡鄂公、吴若龙至荆州，涛遂因谨猷得与鄂公、若龙晤，会谈极洽，涛于是加入共和会为会员。时凤山任荆州将军，涛与同志梁鹏谋，欲刺凤山于荆州，不中；又刺端方于沙市，亦不中。事泄，偕梁鹏走汉口。武昌起义，鄂公任鄂军水陆总指挥，涛任参谋长。二十八日，革命军与清军海陆军大战，涛与鄂公指挥攻军舰，伤足。鄂公北上，涛留武昌治疗，创愈，乃至天津。迨于十一月十三日，涛与孙谏声衔命同赴滦州。中华民国元年一月二日，滦军独立，涛任前敌指挥使，兼军事参谋长，五日，清军沿铁道东西夹攻，涛指挥革命军，依山作战，屡挫清军。会清军乘铁甲火车大队来袭，涛由汤河发炮轰击，车覆，清军大败，死伤枕藉，获大炮辎重无算。七日，清军复沿铁道夹攻，又大败。迨八日清军大举围攻，革命军与之血战，卒以势孤无援，死伤殆尽。翌日，乃退守昌黎。当此之时，亦敌忾奋发，格战弥厉，清军死者不可胜纪，迄弹尽援绝，始与谏声同殉于难。时年二十有七。事详谏声传中。涛容貌伟岸，意气轩昂，且刚直果毅，与人谈，辄尽情倾吐，无所留蕴。善属文，尤工花鸟山水，著有洪度楼诗文钞数卷，均散失无存。

## 刘汉柏

字明操，四川雅州人。少孤，贫不能自赡，就养成都舅氏家。汉柏聪慧，其舅氏钟爱之，使就学。汉柏舍味经籍之余，而于历代兴亡递嬗之迹独有所悟，其革命思想亦肇基于是。甲辰秋，与同志缔结公德社于成都，以保障人权，铲除强暴为社旨。汉柏被举为社长，粤西汤某副之。社务甫具端倪，会有仇者告密，社员多遭逮捕，汉柏独免。丙午，走重庆，因循江而下，道江陵，遇胡鄂公、熊得山等于郝穴，倾谈如故，遂订交焉。未几，复渡江南下，涉沅湘，越五岭，由粤中而至桂林。在桂林藉讲学以物色同志，一时从之游者，有湘人黄子明、粤人何南屏、韩佐治，以及江润生、管国贤、郭牧之、孟浩、杜少甫诸人。己酉冬，胡鄂公等创共和会于保定，函汉柏在粤西成立分会。及武昌起义，汉柏谋响应于粤不成，乃偕黄子明、林少甫等至武昌。九月杪，复偕子明等至北京，因二十镇伍长冷云起之关说，乃与子明更易名氏，入伍该镇充当士兵。滦州独立，汉柏任城防卫戍司令，遂与孟浩、黄子明、冷起云、石绍先等收编滦州警察准兵二百余人，与清军战，屡摧其锋，城陷，援绝，遂及于难。年三十有四。

## 孟 浩

字友梅，安徽滁州人。少失怙恃，家贫，其长姊适里中富贾，悯浩孤苦，给资使入学堂肆业。浩容貌静秀，而膂力兼人，适与当地游侠子往还，交游日广。时滁州剧盗聚众数十人，横行乡里，日杀无辜，浩率健儿数辈，乘昏夜抵盗窟，盗魁仓皇无备，竟为浩所擒，群盗乃慑伏潜匿。嗣以州牧贪酷，谋手刃之。事泄，亡命走粤西，与刘汉柏晤于桂林，相与成立共和分会，浩任联络军队事。武昌起义，浩从汉柏至鄂，已而只身走上海，充沪军都督府军务部部员。十一月复北至天津。适滦州独立，浩与汉柏等遂同于难。时年二十有八。

**黄子明**

湖南人，里居家世均不详。在桂林从刘汉柏游，后随汉柏北上。滦州独立，遂与汉柏同及于难。

**冷云起**

关东人，里居家世不详。任第二十镇某营伍长，与刘汉柏善。滦州之役，同及于难。

**石绍先**

关东人，亦不详其里居家世。与冷云起同任二十镇某营伍长。滦州之役，与云起同及于难。

**姜丕烈**

字显臣，奉天大侠也。其祖若父均游宦关内，称贤吏。丕烈喜交游，重然诺，而不事家人生产。年十八，以为友复仇，杀人涉讼，罪论死。狱卒素耳丕烈名，且知膂力过人，乃重加缧绁以縶其肢体。丕烈交好二十余人，藏短枪利刃，深夜集狱门，斩关而入，挟丕烈亡走长白，啸聚当地豪杰，一以摧抑贪暴扶助贫弱为事。丕烈与马荣华交最善，荣华等之成立吉林共和会分会，丕烈奔走之力为多。迨荣华死难石家庄，丕烈无任悲悼，遂率所部十余人星夜入关。抵津之夕，即请胡鄂公聚事于北京。言时奋拳击案瞋目裂眦，怒发上冲，鄂公深壮其人，力加慰勉，且告以未能急切举事之故。适孙谏声等谋独立于滦州，丕烈又请往，鄂公以其勇而操切，恐致偾事，未之许，丕烈乃自引所部而去。会清军大举围攻革命军甚急，丕烈挟枪仗剑率所部决重围而入，斩杀甚重，当者披靡，卒以众寡悬殊，竟为乱兵所歼。所部亦同殉于难，闻者悼之。时年未三十也。

**陈子才**

直隶人，隶姜丕烈部下，与丕烈同殉滦州之役。其年岁亦与丕烈相若。从丕烈、子才死者十余人，均不详其姓字里居。

**卜宝珩**

字玉白，江西广昌县人。幼肄业白鹿书院，每试辄冠侪辈。年二十四，以邑庠食廪膳，屡不得志于秋闱，遂自费留学日本，毕业高师返国，就聘开封师范学堂教员。时与硕学名儒臧否执政人物，鲜所许可，而于一般俗吏，亦鄙视之。潘兢物倡孟子民贵君轻之说于汴梁，宝珩极为激赏，并于青年学子中广扬其说。辛亥八月，胡鄂公由北京返鄂，道开封，与之论列时事，辄扼腕拊髀，慷慨呜咽，深致倾倒之意。宝珩遂与程洛、施牧群等成立共和会河南分会。迨武昌起义，王天纵崛起草莽间，宝珩欲往从之，以故不果。未几，宝珩闻鄂公已至天津，遂由开封北上，尝奔走于热河、通州间。十月二十五日偕乐邦彦从胡鄂公、孙谏声由津运送手枪炸弹至滦州。未几，滦军独立，宝珩掌秘书事，一切文告，咸出其手。革命失败，宝珩、邦彦遂同及于难。时年三十有六。

**乐邦彦**

里居家世均不详，尝与卜宝珩奔走革命于热河、通州间，殉于滦州之役。事详宝珩传中。年二十有五。

**白毓昆**

字雅雨，直隶通州人[1]，世业儒。其大父称一方耆宿，所交多通儒硕学，喜毓昆聪慧，应对辩给，甚钟爱之。其父则督责严，期以大器。及长，入南菁书院，精研典籍，文名冠一院。目短视，能作径尺榜书。学成主讲南洋公学，复就聘澄衷学堂。毓昆深感所学泛滥无归，因由博返

[1] 白毓昆 字雅雨，号铣玉，江苏通州(今南通)人，1868 年(清同治七年)生。(来源：河北人民出版社《民国人物大辞典 上》河北人民出版社)

约，专攻舆地之学。其时新学甫与，治舆地学者不乏其人，惟毓昆卓然称名家，所著教科精审有远识，咸推善本。旋至天津任法政及女子师范史地教员，又与淮人张蔚西创地学会，自任编辑部长，出版地学杂志，为中国舆地期刊之权舆。旅津数年，遂家焉。毓昆自奉俭约，然慷慨好宾客，能济人之急。平居与人争辩事理，辄声嘶气涌，以求贯彻其旨。盖其见理有独到处，不肯与人苟同也。自武昌起义，北方慑于专制积威，响应独后于各省，毓昆愁然伤之，乃投身红十字会，一以救护革命战士，一以接近社会闻达，俾得广扬声气。一日登坛演说，滔滔数千言，发挥人道主义精诣，隐寓宣传革命之意。胡鄂公适在座，闻言微悟其旨，遂于昏夜访之，所谈甚契。由是相与策动北方革命，仆仆京、津、张垣间，屡谋起事无成，会滦州独立，被推为参谋部长兼外交部长。及败溃围出，匿某兵士家，复转徙入一古庙，藉佛像以蔽身，俟追兵过，始易服间道行。顾以年老气衰，复竟日未得食，终于古冶被逮。清吏穷诘始末，毓昆瞋目叱曰：我滦州革命军参谋部长白某也，何刺刺不休为？遂殉于难。

**何 絜**

字柳侬，陕西南郑县人。美风度。诗文亦挺秀类其人。弱冠结庐华岳，与南阳、陈涛等研精阳明之学，终复弃之，遂壮游学宇内名山大川，所至辄寄与于吟咏。于人循循无少忤，然嫉俗愤时，隐寓澄清天下之志。未几，涛赴荆州，絜仍留汉上。迨涛加入共和会，絜闻讯，因至荆州访涛入会。旋返陕西。武昌起义，絜便由陕转道至鄂，旋又北上至津。絜至津时，适为滦州独立之第二日。絜知涛已先期至滦州，乃复由津至滦。时革命军已被清兵包围，絜走唐山，为清军所逮，于其衣物中搜得革命文书数种，即于当日被戮。临刑时，大风扬沙，尘垢满衣，絜一一拂去之，然后从容就义。年三十有九。著有柳侬文集五卷，柳絜诗草二十四卷，存南郑赵荃荪家。

## 熊朝霖

字其贤[1]，贵州人。其先世均读书守道，朝霖亦孤洁自好。兄弟五人，朝霖居中。甲辰，肄业贵州中学堂，未几，升高等预备科。时黔垣创立陆军小学，朝霖投考该学堂，以最优等毕业。迁湖北陆军中学，于研习军事教程外，更致力欧西社会思潮，究其演进之因果。尝谓法兰西革命成功，胥由孟德斯鸠著万法精理卢骚著民约论以倡导民权，民众情怀因以发舒。朝霖乃自著军人思想一书，俾在国中收振聋发聩之效。略谓军人为天下之至仁，亦为天下之至不仁。以之保卫种族，芟夷蟊贼，斯即至仁；以之擅作威福，恣睢残暴，厥为不仁。并引春秋内诸夏外夷狄之说，以隐寓种族革命之意。书出，一时军人学子，多受影响，卒为当道所禁。辛亥六月，毕业陆军中学，复转入保定入伍生队。时熊得山肄业马医学堂，因相识而加入共和会。武昌起义，鄂军司令部某，电邀朝霖至鄂襄助军务，谢不去。迨滦州独立时，朝霖任滦军总司令参谋长。及王怀庆大举进攻，朝霖与施从云、孙谏声、陈涛等力支危局以抗清军。当败走古冶，为清军所执，朝霖慷慨自陈，索纸笔赋诗四章，遂就义。时年二十有四。诗云：极目中原久陆沉，天南痛史更伤心。我今欲向前朝问，劫海茫茫何处寻。夷祸纷纷愧霸才，天荒地老实堪哀。须知世界文明价，尽是英雄血换来。男儿死矣果何悲，断体焚身任所为。寄语同胞须努力，燕然早建荡夷碑。尘世何曾定坦途，夜台此去谅无殊。不然且化青燐血，风雨归来认故吾。

## 戴天鹏

字举霄，直隶某县人。才识卓越，不肯随时俗俯仰。清末，以廪贡纳资为吏，会一度任河工职，修堤防，浚沟洫，颇有声于时。后改官山西教授。诸生谛结文社，间有讥弹时政者。大吏欲罗织而置之法，天鹏

---

[1] 熊朝霖（1888—1912），字其贤（齐贤、启贤），贵州贵阳人。早年入湖北陆军中学，著有《军人思想》一书，宣传反清革命。1912 年 1 月熊朝霖与王金铭、施从云等人发动滦州起义，不幸被俘，英勇就义，年仅 24 岁。

力争，因是忤大吏，遂遭褫革。戊申，应京曹某戚聘，为童子师者二年，一时达官贵人，慕其才，多欲与之交往，每过访，天鹏皆拒而不纳。庚子夏，在保定加入共和会，奔走于宣化、任邱、沙河间。任邱之败，天鹏适有事唐山，故未与于斯役。迨滦州独立，事前经始筹划，颇著勤劳，及失败，与关外同志同殉于难。时年四十有八。

**姜启夏**

字泽民，甘南天水县附生，家财雄一方。启夏喜任侠，赡济邻里不少吝。邻村有李元华者，与启夏为总角交，以地方改革事，构衅于其县之豪绅，豪绅贿当局，置元华于狱，启夏约邑生数辈拟至兰州为元华鸣不平。诸生慑于豪绅威势，咸趦趄不敢前，启夏乃独以己名上诉，痛陈其冤，卒脱元华于缧绁。己酉，启夏偕元华至沪，遂与宋教仁等识。居数月，返甘肃，因教仁之介绍，加入同盟会为会员。九月十四日，上海独立，启夏组织炸弹队，自任队长。未几，又偕元华北至天津。滦州之役，启夏、元华均为清军所俘。据目击者言：启夏被俘后，清吏强启夏泄革命军秘密，不可，强启夏跪，亦不从。清吏以枪愤击之，中启夏额，启夏骂；复中一刃，启夏骂不绝口，遂为清吏所攒杀。时年三十有七。

**李元华**

甘南天水县入，性憨直，不畏强御，尝以身陷缧绁，赖友人姜启夏力救乃得免。事详启夏传中。后与启夏同游上海，加入同盟会，参与上海独立之役，旋从启夏北至天津。滦州失败，与启夏同及于难。

**陈绍武**

里居家世不详。姜启夏李元华北上天津时，遇绍武于烟台，绍武遂从之至滦州，及败，同殉于难。

## 张振甲

里居家世不祥。滦州之役，与诸烈士同殉难。

## 刘 瀛

里居家世不详，殉于滦州之役。

## 董希纯

里居家世不详，殉于滦州之役。

## 王踽臣

里居家世不详[1]，殉于滦州之役。

## 戴锡九

里居家世不祥[2]。隶二十镇充下级军官，尝与孙谏声、李孝通谋使该镇独立，屡濒于险。及滦州之役，与孙谏声等同殉于难。

## 吕一善

里居家世不辞，殉于滦州之役。

## 黄云水

里居家世不辞，殉于滦州之役。

---

[1] 王踽臣(1868—1911)，字墨村。山东济宁汶上县北门大街人。辛亥革命烈士。1907 年加入同盟会。不久投笔入新军。在新军中组织山东同乡会，积极准备反清武装起义。1911 年 12 月 31 日滦州起义爆发，冯玉祥部被监视，他在与冯玉祥私晤时被捕遇害。

[2] 戴纯龄（1888—1912），字锡九。沈阳市人。保定陆军学校前期毕业，后赴日本留学，同盟会会员。1909 年，第二十镇进驻辽宁省新民府后，戴锡九从日本回国，进入该镇任下级军官，以身份为掩护，秘密宣传孙中山先生的主张，鼓动革命。包括戴锡九在内二十多名官兵参加了由冯玉祥、王金铭、施从云、郑金声等六人发起组织的“武学研究会”。(来源：2011 年 9 月 30 日光明网《光明日报》戴锡九的女儿戴新民、孙子、外孙等文《怀念祖父戴锡九》)

**牟惠来**

里居家世不辞，殉于滦州之役。

**唐自起**

字凤鸣，直隶滦州人。初任毅军管带，治军以严肃闻。惟毅军系出绿营，宿弊既深，改革不易，自起以所志扞格不行，竟辞职去。戊申冬，加入铁血会，任永遵部副部长，永平七属【注一二】入会者，多系自起所介绍。武昌起义，拟与丁开嶂谋乘秋操举事，旋以枪弹缺乏不果。时铁血会方推孙谏声为永遵部司令官，与自起同事部署，至为款洽。及滦州独立，王怀庆等大举围攻，自起率铁血会同志所部百余人，以铁道南以攻清军之背，迨革命军败衄，遂率众南走，与淮军遭遇于开平古冶间，剧战移时，自起屡濒于危，卒赖庞希德力救乃得免。黄际隆等愤怀庆之残杀革命同志也，议刺怀庆于开平，同时，集合所部以作背城借一之谋。事泄，怀庆派重兵围自起等于开平车站，淮军惮自起骁勇，相持者久之，卒被逮，历受酷刑无口供，遂与际隆同及于难。

【注一二】永平七属，即卢龙、滦州、迁安、昌黎、乐亭、抚宁、临榆是也。永平即卢龙。

**黄际隆**

字佐卿，直隶丰润县诸生，世业儒，自明迄清，以文学鸣者辈出。际隆生值清季，深愤时政，每使酒骂座，佯狂避世。丁开嶂创立铁血会，际隆夙善开嶂，为之擘划周详，决事如响，深为开嶂所敬服。铁血会分大部四，际隆长其一部，负永遵一带会务之责，尝其家产以供会费。当武昌起义前，际隆与开嶂谋，拟乘清军秋操时，四部同时举事，顾以械弹不给，遂不果行。滦州独立失败后，际隆与唐自起谋，欲刺总兵王怀庆于开平，俾军心惶惑之际，即率所部将开平佔领。不幸部署未周，竟遭逮捕。当审讯之际，怀庆强之跪，际隆厉声骂之，迄不为屈。怀庆愤甚，临刑时，故缓其死。每受一创，皆骂声愈烈，以后声嘶不能成言，惟切齿作愤恨状。计前接受十七创始绝。时年三十有五。

**庞希德**

字子清，直隶滦州武生。技击杂艺罔所不娴。家豪富，结交江湖侠客，官府豪绅皆畏惮莫敢犯。隶唐自起部下，自起重其人，倚为腹心。铁血会成立，与自起同时入会。及滦州事起，希德率所部关内外豪杰百余人，予与孙谏声约，开赴滦州城外待命。当革命军败时，谏声因据州署，城内外隔绝不通，希德遂绕道城南，偕自起部众南走，遭遇淮军于古冶丰平之间，希德与之战，身被数创，而始终以身翼自起，卒脱自起于难。及至自起被逮，希德于所部同志中，集死士数十人，往攻镇署，拟夺取自起同走，及至署辕，从者逡巡不敢前，希德独率数人攻入署中，卒遭官兵围击，遂及于难。年三十有七。

……

郢公曰：袁世凯诚枭渠之雄也。当其贬居彰德时，畏罪远祸，亦若汶汶以终者；及至武昌起义，清廷震恐，彼乃乘时兴起，复据高位。于是假革命威力以劫持清廷，挟清军暴戾以挫抑革命，杀豪杰，除异己，卒至垂拱而有中国。诗日：如彼雨雪，先集维霰，予可为世凯诵矣。然革命党人，不能体察孙先生艰难缔造之旨，而始终不悟者又何哉？汪兆铭辈，且复为世凯驰驱奔走，莫逆于心，得勿各有所见耶？予将拭目以观其后。虽然，我北方殉难诸烈士则不死矣。

## 附：《辛亥革命北方烈士列传》（局部）影印件



# 辛亥革命北方烈士列傳

辛亥年八月十九日，革命軍起武昌，清湖廣總督瑞澂，逃於楚豫兵艦；第八鎮統制張彪，逃於漢口大智門車站。衆擁黎公元洪爲鄂軍都督，組織鄂軍政府，改建中華民國，以黃帝四千六百零九年爲紀元。二十一日，遣軍渡江收復漢口、漢陽，照會駐漢各國領事恪守中立。二十六日，都督黎公，謹以犧牛醇酒，昭告始祖黃帝之靈，臨陣誓師於閱馬廠，籲請中國革命首領孫先生文，回國指導革命，建立共和政府。二十八日，予指揮鄂軍水陸兩師與清海陸軍戰，楚豫艦受創逃逸【註一】，楚有等五艦降【註二】，清軍大敗，而劉家廟、大智門一帶遂爲我軍佔領。影響所及，至九月十五日，相繼而響應獨立者，有湖南、陝西、江西、山西、雲南、安徽、江蘇、貴州、浙江九省。蓋自起義之日至此，纔二十五日耳。嗚呼！可謂盛矣。九月十四日，同志王孝縝銜清第六鎮統制吳君祿貞命，由石家莊間關至鄂晤予；予當導謁黎公，具言吳君躬親馳抵灤州、娘子關與二十鎮統制協統張紹曾、藍天蔚、山西都督閻錫山約定，將由三路進兵北京，另以一軍由京漢路南下，直搗漢口清軍之背。予聞王同志言，不勝欣喜。蓋以犁庭掃穴，直指顧間事也。時清廷已授袁世凱爲內閣總理大臣，且有世凱於南下視師後，入京就職之說【註三】。論者以世凱出，吳君恐不能行其志矣。以吳君坦懷，世凱陰賊也。當此之時，漢口已失，都督黎公已拜黃興爲戰時



總司令。予以都督府總科長兼領大別山要塞監督事，常往來武昌、漢陽間。九月十九日，同盟會同志冷公劍，代表北方各革命團體到鄂，面請黎公派員前往北京、天津，主持革命，黎公即以予往。予以漢口已失，清軍正欲窺襲漢陽，軍事倥傯，未之應也。九月二十一日，同盟會同志楊時傑，復代表北方各革命團體由北京來鄂，爲言北方同志請予前往。黎公以是時吳君已不幸被刺，而世凱復爲內閣總理大臣，今後北方革命情勢，正未可料，因堅命予往，並畀予以鄂軍全權代表名義。予至此，始偕同志吳若龍等由漢口起行。予以九月二十八日至上海，十月初四日抵天津。予於抵天津後，遂與諸同志成立鄂軍代表辦事處，成立京、津、保、灤、通、石家莊總指揮處，成立北方革命協會總會，成立北方革命軍總司令部。於是，十月初九日，有北京之役；十月二十八日，有任邱之役。其間雖阨於汪兆銘、袁世凱相因爲奸而無所成就，然亦可以震駭虜廷樹革命之聲威於朔方也。中華民國元年一月一日，孫先生文就任臨時大總統職於南京，建立中央政府，改元中華民國。北方同志，以爲革命大業完成可期，乃衆志奮發，即於大總統就職之翌日，在灤州宣告獨立。繼此以往，則有唐自起、黃際隆、龎希德諸烈士開平之刺王懷慶；張先培、黃之萌、楊禹昌諸烈士北京東華門之刺袁世凱；彭家珍烈士北京紅羅廠之刺良弼；薛成華烈士天津車站之刺張懷芝。一月十五日，則有通州之役；一月二十九日，則有天津之役；二月九日，則有瀋陽之役；二月十二日，則有錦州之役。卒至清帝退位，汪兆銘等任政府專使至



其部衆亦四散矣。

劉長雄，安徽壽州人，不詳其身世。以任俠著聞於關外。後率所部加入鐵血會。任邱之役，長雄任隊長，雄縣城陷，遂殉於難。事詳羅子雲傳中。

馬榮華，吉林人。東省地寒民悍，東邊一帶，尤以狩獵任俠相尙。榮華幼時嘗從其父馳驅白山柳驛間，追逐狐兔麏麃，並與當地豪傑相結納。及長，束裝東渡，欲學陸軍，以格於例，不得入，改進東京巡警學校。學成返國，深以厠身滿清官僚爲恥，遂與姜丕烈等在吉林組織共和會分會。辛亥夏，胡鄂公由湖北入北京，榮華亦自吉林來會。未幾，鄂公返湖北，榮華亦回吉林。十月二十八日，北方同志謀舉事於任邱，榮華聞訊，先期入關參與籌劃。及耿世昌等死難，榮華偕同志趙世鐸、王作楫等由石家莊赴山西，爲清軍所逮，遂及於難。年三十有七。

趙世鐸身世不詳。或曰瀋陽人。任邱之役失敗，與馬榮華王作楫在石家莊同及於難。

王作楫，亦不詳其身世。任邱之役失敗後，與馬榮華、趙世鐸同殉石家莊之難。

王金銘，字子箴，山東武城縣人。清季，以管帶治軍北洋第二十鎮七十九標第二營。凝厚莊重，守正不阿。所部紀律森嚴，罔敢逾越。二十鎮自孫諫聲推進鐵血會組織以來，官兵多傾向革命，而金銘與施從雲、戴錫九、郭鳴周等尤爲中堅。其間雖屢謀無成，進而行之志迄未少衰。辛亥十一月初，灤軍同志議謀獨立，擬推金銘爲都督。金銘以灤軍勢



孤，不欲操切僨事，衆乃相議以待機。迨聞清軍攻武昌急，始決於是月初十日，致電天津胡鄂公，請其派員到灤，會商獨立計劃。同日，通電袁世凱、伍廷芳主張共和，並致電直隸諮議局，請其派人到灤協商。越三日，均未得報【註六】。中華民國元年一月一日，大總統孫先生就職於南京。二日，灤軍即據灤州宣布獨立，當舉金銘爲灤軍都督，旋改爲北軍大都督【註七】，舉施從雲爲灤軍總司令，白毓崑參謀部長兼外交部長，孫諫聲軍務部長兼理財部長，朱幼蓀民政部長，陳濤前敵指揮使，劉漢柏城防衛戍司令，穆奎賴祕書長，李振廷偵探隊長，淩鉞敢死隊長，聲勢浩大，京畿震撼。世凱令總兵王懷慶往視，金銘等要其贊助革命，並以都督相讓。懷慶佯爲允諾，旋藉口視察灤郊形勢遁去【註八】。迨金銘等偵追，已不及矣。五日懷慶率軍乘火車由天津開平兩面夾攻，革命軍力戰卻之，七日懷慶益軍復沿鐵道夾攻，革命軍又卻之。當灤州未獨立之先，該鎮八十三標駐海陽鎮三營管帶馮玉祥，約以灤州獨立時即響應。及至八日拂曉，懷慶合曹錕軍大舉圍攻，而二十鎮標統岳兆麟，三營管帶張建功復叛變於內，而馮玉祥又按兵不動，血戰一晝夜，革命軍死傷殆盡。九日，退守昌黎，僅餘三十餘人，金銘遂及於難。與金銘先後殉難者，有施從雲、孫諫聲、陳濤、劉漢柏、孟浩、黃子明、冷雲起、石紹先、姜丕烈、陳子才、卜寶珩、欒邦彥、白毓崑、何絜、熊朝霖、姜啓夏、李元華、陳紹武、張振甲、劉瀛、常錫純、王鵠臣、戴錫九、呂一善、黃雲水、牟惠來諸同志。

【註六】致世凱、廷芳電，文曰：現在停戰期間，尚無解決之兆，大局危甚。竊念今日人民希望共和，直如枯苗之待甘霖，我公決不可行一人之私見，拂萬民之傾向。蓋非共和，不足以免目前之慘禍；非共和，不足以免列強之干涉；非共和，不足以免第二次之革命。某等軍人，何敢與議國政，但前頒十九信條中，有軍人參與政事之條，爲此不揣冒昧，披肝瀝陳，尚乞見覆是幸云云。致直隸諮議局電文曰：請貴局派代表來證共議國事爲盼云云。

【註七】中華民國元年一月二日，即辛亥年十一月十四日，金銘就都督後，乃誓師於都督府之前，其詞曰：中華民國軍政府北軍大都督王金銘，於十一月十四日，宣布直省獨立於灤州，謹具數言，以告我同胞暨軍士曰：此次舉義，純爲恢復民權起見，宜極力遵行人道主義，軍行之地，秋毫無犯，無論何地何時，遇有清兵，彼不極端反抗，我軍不得擅行攻擊。良以革命軍請軍與係同胞，共抱救國思想，諒有同情，當不忍同種相殘，貽笑外人。我軍弟兄有不願爲國捐軀者，僕願資助旅費，令其歸養。至僕則本國民天職，必達共和目的而後已也云云。因在改元之第二日獨立，故文中仍襲用舊曆年月。

【註八】懷慶逃遁後，當通電全國，其文曰：天津、北京各公使領事各報館各省督撫各統制公鑒：舊駐灤州兵爲遺照會，冒名通告，謹此聲白。查駐紮灤州軍隊，係七十九標步兵，分十營，本是二十鎮舊部。前因該營不靖，故將該標歸懷慶節制。懷慶於上月杪接統兵後，曾親往慰勞軍士，見士兵等均甚忠義可嘉。詎料一二兩營管帶忽生異志，煽惑軍心。其三營管帶張建功亦中立觀望，居心叵測。迨至本月初十日夜，該標統岳兆麟維持不下，潛來開平，而該管帶等運動乖謬，不服命令。懷慶聞信後，即派馬隊二十標統帶抬恩榮前往勸諭，仍無効驗。時因協統商德全在海陽防務吃緊，未能分身，懷慶即於十四日親率從騎二三人赴該營勸諭，以冀和平解散。不意到灤之後，百方開導，而該營有心叛叛，冒名通電，宣告獨立，困懷慶於樓上，兵將擎槍環立，滿裝子彈，其強逼狀態，不可[illegible]。懷慶睹其情形，無可理喻。是日午，堅請入城，而兩營全隊，環繞左右，明則衛護，實則監視。懷慶乘騎言欲與將士試馬，遂衝開兩重包圍而出。該管帶等隨馬追之不及，復敢令兵士在後施放排槍。懷慶由彈雨中穿出，行至雷莊車站，當飭東西火車一律停開。[illegible]名[illegible]局發



電，當晚即安抵開平鎮署。假此時該軍暴動，無論施之何國，當亦難不容誅云云。

施從雲，安徽桐城縣人。任二十鎮七十九標一營管帶。豁達大度，能與士卒共甘苦，士卒亦樂爲之用。秋操成績冠諸營上。灤州之役，與王金銘等共謀獨立，任灤軍總司令。及事敗，與金銘等同及於難。

孫諫聲，字鼎臣，山東諸城縣人。少孤家貧，事母以孝聞。母胡太夫人明達有卓識，時以大義相勗勉。庚子之役，北京爲聯軍攻陷，時諫聲方讀書私塾，聞之大憤，棄文就武，入山東武備學堂，肄業電科，又改測繪科，前後在堂凡六年。丙午夏，膺營口標學堂講席，遂迎養太夫人於營口。諫聲在堂廣聯聲氣，獎掖後進，革命始基，即植於是矣。戊申春，胡太夫人以病歿於營口。諫聲自肄業武備學堂以來，傾心革命已久，顧以母在未果。是年冬，乃與丁開嶂【註九】等成立鐵血會於營口，結納關內外同志，事聞於該堂總辦某，擬予逮捕。諫聲乃遁走瀋陽，客二十鎮統制張紹曾處。旋任該鎮排長。己酉赴北京，謁胡鄂公於逆旅，鄂公以嘉定屠城記、揚州十日記各十餘冊贈諫聲。翌歲，諫聲即以該二書轉贈張紹曾、戴錫九、李孝通、馮玉祥等，此諫聲、鄂公相與策動革命之始也。時玉祥[illegible]任八一標三營管帶【註十】。諫聲在軍中與該鎮官佐戴錫九、李孝通、王金銘、郭鳴周等密爲聯絡，鼓吹革命，不一年，得同志百餘人。八月，該鎮七十九標一二兩營均以秋操開灤州。及武昌起義，清軍大舉南調，第二十鎮亦由奉天調關內，師次灤州，統制張紹



曾等電請實行立憲，清廷震懼，頒布憲法信條十九條。並予紹曾侍郎銜，授宣撫大臣，赴長江一帶宣撫。紹曾擬約諫聲同赴漢口，以資襄助；諫聲亦欲南下，俾得與革命軍通。時軍中同志壯懷激切，欲即日響應武昌，事洩，諫聲等十餘人逃亡。及聞漢口爲清軍攻陷，遂潛行赴灤，與軍中同志議以九月十日夜大舉，並約槍聲三響爲信號。諫聲潛伏軍營近處，及時，槍三響，無應者，諫聲續發三槍，仍不應。諫聲乃就營房近處草堆間，解其所衣棉衣，以火柴燃之。火起，營官下令撲救，而應者寂然。蓋事前被營官偵知，密令防範，諸同志咸受監視，無人響應也。翌日，軍中捕諫聲急，並革除李孝通等數人。諫聲乃由灤赴秦皇島，買舟返里，典鬻田園廬舍，得資與弟樹聲復來天津，與胡鄂公共策進行。及津軍司令部成立，諫聲被推爲總司令。十月下旬，諫聲復偕同鄂公前至寧河縣之南青坨訪晤丁開嶂。時開嶂任鐵血會會長。鄂公、諫聲至，正密集附近諸幹部協議間，寧河縣軍警猝至，諫聲乃偕鄂公、開嶂由間道先後返津。當此之時，灤軍革命情緒高漲，已非軍律所能抑制。十一月初十日，灤州通電主張共和，並電請天津同志派人至灤指導。於是諸同志推諫聲、陳濤偕劉漢柏、白毓崑、熊朝霖等前往。臨行時，鄂公各贈以手槍二枝，同寓鄂公所寓小白樓。慷慨激昂，意氣甚盛。赴灤前夕，暢談歌舞，竟夜未眠。諫聲等以十一月十三日至灤州，次日即中華民國元年一月二日，灤軍遂宣布獨立，當舉諫聲爲軍務部長，兼理財部長，並領永遵各局司令官事。及清軍大舉夾攻，革命軍退守昌黎，苦戰不



屈，最後僅餘二三十人，而王金銘、施從雲皆戰死，諫聲猶與前敵指揮使陳濤，奮勇力戰。其所攜兩槍，均鄂公所贈者，極鋒利。諫聲、陳濤左右射，格殺清軍甚多，及至彈盡力竭，創傷遍體，始殉於難。清軍嫉其勇，竟於死後剖諫聲及陳濤之腹遍喫軍士，而肢體亦爲之分裂，其殘酷有如是者。諫聲工詩善文，著有詩一卷，鑑我軒雜記【註一一】若干卷。弟一，即樹聲。妻范氏，女一，無子。死時年二十有八。

【註九】一名小川，直隸寧河縣人。京師大學堂師範畢業。無意仕進，矢志革命，與諫聲爲莫逆交。

【註十】灤州獨立時，玉祥所部駐海陽鎮，未及響應。及失敗，王懷慶等在金銘營中檢出玉祥信函，且玉祥亦預謀獨立，遂禁玉祥於海陽鎮。尋撤職放歸保定。

【註一一】原名身外我雜記，後改爲鑑我軒雜記。

陳濤，字洪度，河南南陽人。年弱冠，應童子試，不第。啓與南鄉何絜，結廬華嶽，精研陽明之學，已而曰：此儒名而釋實者也，遂棄之。偶讀法國革命史，對於革命運動，輒不勝其嚮往，遂絕室家，浪跡南北。初入伍於陝西新軍，未幾，復走荊州，投沙市沙防營充什長。旋糾合軍營同志，在沙市三府街設立商肆，用以掩護革命之宣傳，署其市招曰愛國軍。荊州編譯堂有胡諜猷者，爲共和會會員，與濤頗有交往。適胡鄂公、吳若龍至荊州，諜猷遂偕濤往與鄂公、若龍晤，濤於是加入共和會爲會員。時鳳山任荊州將軍，濤與同志梁鵾謀，欲刺鳳山於荊州，不中；又刺端方於沙市，亦不中。事洩，偕梁鵾走漢口。武昌起義，鄂公任鄂軍水陸總指揮，濤任參謀長。二十八日，革命軍與清軍海

胡鄂公《辛亥革命北方烈士传列》P142—P155 / 中华书局印行 (1948 年 8 月)

電，當晚卽安抵開平鎭署。似此悖逆舉動，無論施之何國，當亦罪不容誅云云。

施從雲，安徽桐城縣人。任二十鎭七十九標一營管帶。豁達大度，能與士卒共甘苦，士卒亦樂爲之用。秋操成績輒冠諸營上。灤州之役，與王金銘等共謀獨立，任灤軍總司令。及事敗，與金銘等同及於難。

孫諫聲，字鼎臣，山東諸城縣人。少孤家貧，事母以孝聞。母胡太夫人明達有卓識，時以大義相勗勉。庚子之役，北京爲聯軍攻陷，時諫聲方讀書私塾，聞之大憤，棄文就武，入山東武備學堂，肄業雷電科，又改測繪科，前後在堂凡六年。丙午夏，膺營口標學堂講席，遂迎養太夫人於營口。諫聲在堂廣聯聲氣，奬掖後進，革命始基，卽植於是矣。戊申春，胡太夫人以病歿於營口。諫聲自肄業武備學堂以來，傾心革命已久，顧以母在未果。是年冬，乃與丁倜疇【註九】等成立鐵血會於營口，結納關內外同志，事聞於該堂總辦某，擬予逮捕。諫聲乃遁走瀋陽，客二十鎭統制張紹曾處。旋任該鎭排長。己酉赴北京，遇胡鄂公於逆旅，鄂公以嘉定屠城記、揚州十日記各十餘册贈諫聲。翌歲，諫聲卽以該二書轉贈張紹曾、戴錫九、李孝通、馮玉祥等，此諫聲、鄂公相與策動革命之始也。時玉祥在該鎭任八十標三營管帶【註十】。諫聲在軍中與該鎭官佐戴錫九、李孝通、王金銘、郭鳴周等密爲聯絡，鼓吹革命，不一年，得同志百餘人。八月，該鎭七十九標一二兩營均以秋操開灤州。及武昌起義，淸軍大舉南調，第二十鎭亦由奉天調關內，師次灤州，統制張紹

胡鄂公《辛亥革命北方烈士列传》P153 / 中华书局印行 (1948 年 8 月)

文献三

# 北洋铁血会始末宣言书

丁开嶂

**编者按**：民国元年（1912）六月一日丁开嶂所著《北洋铁血会始末宣言书》一书影印件，有幸在孔夫子旧书网上架面市。使这一与辛亥革命滦州起义，及北方运动史有关的珍贵文献得以重现。本书谨在此发布全文，并附底本复印件。文中脚注为编者所加。

铁血会者北洋一大秘密革命党也。经嶂创于前清光绪二十九年日俄开战之际。始曰抗俄铁血会。恐俄人野心。破坏中国之局外中立。预备抵抗之意。其实欲藉此组织大党会。谋脱满洲政府。图汉人独立。本会事实。皆详于当年大陆报。无庸赘述也。

光绪三十二年嶂入中国同盟会。担任联络北方马杰。作将来革命之预备。于是复组织抗俄铁血会之旧部。改名为北振武社。因日俄战后。抗俄宗旨。业已取消。铁血主意。更显招地方官之忌也。斯时刘星楠[1]君胡汝麟[2]君刘盥训[3]君靳瀛旭[4]君。皆极力赞成。光绪三十三年遂立北振武社本部于直隶宁河县城北之南青坨庄。嶂为总理。丁东第[5]副之。

本部以外。又立四大分部。划京东为第一分部。设机关处于唐山。举黄际隆[6]君为部长。京北为第二分部。设机关处于张家口。举秦礼[7]君为部长。边外为第三分部。设机关处于朝阳府。举杜海寰君为部长。关东为第四分部。设机关处于锦州府。举张雨浓君为部长。至宣统三年武汉起义时。遂实行革命主义。复易名为革命铁血会。

斯时前清直隶总督陈夔龙[8]。派淮军队八十名至嶂家搜拿。嶂闻风远避。家属亦逃。由是移本部总机处于天津法租界。派四分部长部员各处

---

[1] 刘星楠，生于清光绪七年（1881 年），毕业于北京法政大学。1911 年曾作为《民立报》记者报道各省都督府代表联合会会议情况。1912 年任南京临时参议院、北京临时参议院议员，曾参与制定《临时约法》。1917 年 12 月安居天津。1961 年，刘星楠逝世。

[2] 胡汝麟（1881—1942）河南通许县后城耳岗村人，字石青。清末秀才。1906 年毕业于京师大学堂，近代著名教育家、实业家和社会活动家

[3] 刘盥训（1876—1953），字孚若，山西猗氏人。清末拔贡，曾在北京优级师范学校学习，毕业后赴日本留学，在东京参加同盟会。1906 年归国后曾任山西大学堂中斋教务长、河南旅京中学堂教务长。光绪三十四年五月（1908 年 6 月）由中书科中书调任河南高等学堂监督。宣统元年六月（1909 年 7 月）“呈请销去监督差使回京供职”，后追随孙中山革命。辛亥革命胜利后，刘盥训当选临时参议院议员。

[4] 1921 年 2 月，靳瀛旭任保定直隶省立高等师范学校校长，并给邓中夏签发过聘书，聘任他为该校国文系新文学教授。

[5] 丁东第，字助卿、竹青，河北省丰润县南青坨村人。就读于天津法政专门学校。1904 年与与丁开嶂成立抗俄铁血会，1907 年与丁开嶂在家乡成立北振武社，曾一度代理总理职务，联络京、津、通、永各地革命志士，发展壮大革命力量。

[6] 黄际隆，直隶（今河北）丰润人，中国近代民主革命家。1904 年协助丁开嶂在燕辽上游创立铁血会。1907 年，被选为铁血会东京支部长。1912 年初，滦州起义失败后，黄际隆策划暗杀王怀庆，事泄被捕。1912 年 2 月 2 日，在开平英勇就义

[7] 秦礼，字宗周，出身于丰润县秦庄，是反清革命组织“铁血会”的主要创始人之一，为“铁血会”京北部军司令。1912 年 1 月，因组织张家口起义而牺牲，秦礼身高力大，少年时弃文习武，毕业于保定武备学堂，因刀枪娴熟，善使大刀，人送外号：大刀秦礼。

[8] 陈夔龙（1857 年—1948 年），又名陈夔鳞，字筱石，一作小石、韶石，号庸庵、庸叟、花近楼主，室名花近楼、松寿堂等，清末民初著名政治人物。贵州贵筑（今贵阳）人，原籍江西省抚州市崇仁县。同治十一年(1872)中秀才，光绪元年(1875)中举人，十二年(1886)中进士。起于寒士，

联络。共组织民军十万余人。绿林居多数。军界次之。警界又次之。有器械者约三万人。斯时北方革命协会长胡鄂公君。关东急进会长张榕君。中国同盟会参谋部长白愈桓[1]君。北方总会团总务部长王大鹤君。皆从旁赞助。故本会之势力愈张。

外三厅一带约三千余人。皆属京北部。该部举秦礼君为司令。于九月间举义。秦君屯兵于张家口。以御宣化府清兵之北下。复派部将马壮君别领一支。会合山西军民。光复阳高天镇大同府等处。秦君及京北部副长尹德圣君。欲南捣宣化。直入北京。计划已定。因子弹接济未到。不果。后被察尔部都统计诱入署。同遇害。部将李鸿恩君只身相随。亦遇害。

永遵通蓟等处。共四万余人。皆属京东部。彼时第二十镇军官孙谏声君。初入本会。举为京东部总司令。十一月间滦州起义。孙君由京东部内挑选一千二百人。集合于唐山。为预备队。复选精锐四百人。带至滦州。协助军队。部将唐自起君刘俊卿君马炳文君。分领三百六十人。待命城外。炸弹队长邸毓桐君。及次长周占信君。分领炸弹队四十名。暗伏城内。未防及第三管心变反噬。于酣战之时。炸弹队之健将李辅廷君范宝林君胡珍君徐友君。皆阵亡。孙谏声君亦遇害于城内。刘唐马三君在城外无所适从。战后遂绕城南走。淮军追至柏各庄。大战三时之久淮军败。死十余人。我军伤亡四人。知众寡不敌。亦退去。

当是时四大分部各举代表。大集天津。中华民国元年新历正月一号。即旧历十一月十三日。在本部开会。公进大都督印于嶂。嶂言直隶都督已承认王金铭君。关东都督已承认蓝天蔚君。嶂会势力范围。不外燕辽两地。因力辞。各代表复以大元帅印进。嶂仍不受。各代表复用大元帅

---

官运亨通，历经同治、光绪、宣统三朝，历官顺天府尹、河南布政使、河南巡抚、江苏巡抚、四川总督、直隶总督。宣统元年(1909)调任直隶总督北洋大臣。张勋复辟时任弼德院顾问大臣，曾反对废除科举。1912 年陈夔龙告假辞官，结束了官宦生涯退隐上海。1948 年去世。

[1] 应为白逾桓。

丁之名义。作委任状百数十张嶂尽扣留未发。旧十二月南北同志联络天津各军队。议决十二日早一点举义。

嶂即于是时命京东部长黄际隆君。会同炸弹队。谋刺前清通永镇总兵王怀庆。王死淮军必溃。京东部乘机起义。以分天津兵力。不料天津各军队。因未决定某为主兵。临事之时。彼此观望。莫肯先进。大事遂去。刺王怀庆之谋。亦被王所侦知。王乘我军子药未运齐。遂派兵拿获黄际隆君唐自起君庞子清君到署。同遇害。由此拿嶂之万元赏格亦下矣。

朝阳热河一带共万余人。均属边外部。新民锦州两府近五万人。皆属关东部。在津诸同志于旧十二月中旬。又议决举动第二次。乘旧历除夕起事。鉴第一次因无主兵遗误事机。遂拟定由本会关外两部。挑选三百健儿。自备短枪。暗入津门，定为主兵。专攻督署。嶂慨然应允。所以直隶三分部代表。因王金铭君已故。复举嶂为大都督。关东分部代表。因蓝天蔚君尚在。仍举嶂为大元帅。嶂仍力辞。部下见嶂坚拒不受。各有退志。嶂恐懈怠军心。始勉强承认。将前所扣留之委任状。亦一律颁发。所委职员如下。

前清禁卫军军官葛熙荣君。为军事参谋总长。第二十镇军官郭凤山君为次长。日本高等学校毕业生孙荫溪君。为交涉部总长。直隶法政学堂学生丁东第君为次长。第二十镇军官巴绍成君。为军务部总长。毅军军官王熙宇君为次长。北京译学馆毕业生王丕谟君。为参谋部总长。天津南段区官刘占元君为次长。第二十镇军官张杰三君。为暗杀部总长。诸生邸毓桐君为次长。沿江巡队军官朱恪瑗君为评议部总长。遵化中学堂学生黄阁勋为次长。保定优级师范毕业生杨啸佛君为文牍部总长。唐山警务学堂毕业生生李文阁君为次长。锦州府维新公司执事张雨浓君。为财政部总长。学生杨国桢君为次长。日本留毕生杜海寰君。为联络部总长。诸生萧荫青君为次长。保定高等警务学堂毕业生刘枢衡君。为侦探部总长。第二十镇军人孙树声[1]君为次长。毅军军官姜锡训君，为关东方面总司令。第六镇军官杨玉甲君为直隶方面总司令。

各分部之统制协统标统管带及各下级兵官。半为军界志士。半为马杰头领。为数甚伙。毋庸详述。天津攻督署之主兵三百。嶂自为司令。议决除夕天津起义。四大分部亦同时并举。京东部永平府遵化州宣布独立。京北部由宣化府张家口宣布独立。边外部由朝阳府承德府宣布独立。关东部由锦州府新民府宣布独立。正当调度之际。适于二十五日共和成立。嶂即与各部下命。停止进行。

彼时满洲宗社诸首领。皆入奉天。不肯承认共和欲以奉天为根据。以图恢复。此全国所共知也。南北同志。大为戒严。以暂不解散为是。加之川资无措。欲散不能。故共和前锦城内外所集之千五百人。亦未得全数遣还。该处反对共和者。遂布谣言。捏本会员将有焚烧锦城及炸文武大员之举。旧正月二十六日锦州文武官吏。忽下令城内外遍换民国旗。并饬商家账簿年月。改用民国历。以为擒拿党人占足地步。本会各员见换民国旗改民国历。以为伊等与民国大表同情。不特未加防备。且欢迎之不暇。不料于二十七日遂调陆军拿获葛熙荣等三十余人之多。并搜出大元帅印一方。及委任状炸弹炸药等物。皆共和以前之所备革命党所应有者也。幸袁大总统深明大体。电饬赵都督。言葛熙荣等如无不法行为。即行开放云云。赵都督复电。乃据锦城所传之谣言。及搜出炸弹炸药委任状大元帅印并授嶂伪职为辞。坚执不放。显见不乐于民党也。各地团集者既遣散无资。在锦拘押者复释放无日。兼之数万人中因革命而失业丧产者。均无家可归。各抱愤愤。嶂为接济本会。产业典卖已尽。亲友借贷已穷。从此以后。嶂不能再为供给。恐愤则生变。饥则生乱。将来倘有自行暴动之一日。嶂概不负责任。特此声明望乞诸同胞原谅。

中华民国元年六月一号本会军长丁开嶂谨启

---

[1] 孙树声（1890—1935），山东诸城人，滦州起义孙谏声烈士之胞弟。

## 附：丁开嶂《北洋铁血会始末宣言书》影印件

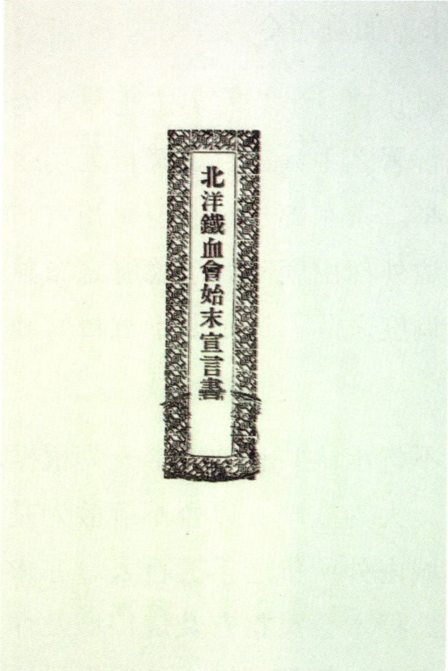

鐵血會者北洋一大秘密革命黨也。經嶂創於前清光緒二十九年日俄開戰之際。始曰抗俄鐵血會。恐俄人野心。破壞中國之局外中立。預備抵抗之意。其實欲藉此組織大黨會。謀脫滿洲政府。圖漢人獨立。本會事實。皆詳於當年大陸報。無庸贅述也。光緒三十二年嶂入中國同盟會。擔任聯絡北方馬傑。作將來革命之預備。於是復組織抗俄鐵血會之舊部。改名爲北振武社。因日俄戰後。抗俄宗旨業已取消。鐵血主意更顯招地方官之忌也。斯時劉星楠君胡汝麟君劉盟訓君靳瀛旭君。皆極力贊成。光緒三十三年遂立北振武社本部於直隸寧河縣城北之南青坨莊。嶂爲總理。丁東第副之。本部以外，

3

又立四大分部。畫京東爲第一分部。設機關處於唐山。舉黃際隆君爲部長。京北爲第二分部。設機關處於張家口。舉秦禮君爲部長。邊外爲第三分部。設機關處於朝陽府。舉杜海寰君爲部長。關東爲第四分部。設機關處於錦州府。舉張雨濃君爲部長。至宣統三年，武漢起義時。遂實行革命主義。復易名爲革命鐵血會。斯時前清直隸總督陳夔龍派淮軍馬隊八十名至嶂家搜拿。嶂聞風遠避。家屬亦逃。由是移本部總機關處於天津法租界。派四分部長部員各處聯絡。共組織民軍十萬餘人。綠林居多數。軍界次之。警界又次之。有器械者約三萬人。斯時北方革命協會長胡鄂公君。關東急進會長張榕君。中國同盟會參謀部長白

4

**丁开嶂《北洋铁血会始末宣言书》（1912 年 6 月）P3—P4**

愈桓君。北方總會團總務部長王大鶴君。皆從旁贊助。故本會之勢力愈張。外三廳一帶約三千餘人。皆屬京北部。該部舉秦禮君爲司令。於九月間舉義。秦君屯兵於張家口。以禦宣化府清兵之北下。復派部將馬壯君別領一支。會合山西民軍。光復陽高天鎮大同府等處。秦君及京北部副長尹德聖君。欲南搗宣化。直入北京。計畫已定。因子彈接濟未到。不果。後被察哈爾都統計誘入署。同遇害。部將李鴻恩君隻身相隨。亦遇害。永遵通薊等處。共四萬餘人。皆屬京東部。彼時第二十鎮軍官孫諫聲君。初入本會。舉爲京東部總司令。十一月間灤州起義。孫君由京東部內挑選一千二百人。集合於唐山。爲預備隊。復選精銳四百人。帶至灤州。協助軍隊。部將唐自

5

起君劉俊卿君馬炳文君。分領三百六十人。待命城外。炸彈隊長邸毓桐君。及次長周占信君。分領炸彈隊四十名。暗伏城內。未防及第三營心變反噬。於酣戰之時。炸彈隊之健將李輔廷君范寶林君胡珍君徐友君。皆陣亡。孫諫聲君亦遇害城內。唐劉馬三君在城外無所適從。戰後遂遶城南走。淮軍追至柏各莊。大戰三時之久。淮軍敗。死十餘人。我軍傷亡四人。知衆寡不敵。亦退去。當是時四大分部各舉代表。大集天津。中華民國元年新歷正月一號。卽舊十一月十三日。在本部開會。公進大都督印於嶂。嶂言直隸都督已承認王金銘君。關東都督已承認藍天蔚君。嶂會勢力範圍。不外燕遼兩地。因力辭。各代表復以大元帥印進。嶂

6

仍不受。各代表復用大元帥丁之名義。作委任狀百數十張。嶂盡扣留未發。舊十二月南北同志聯絡天津各軍隊。議決十二日早一點舉義。嶂卽於是時命京東部長黃際隆君。會同炸彈隊。謀刺前清通永鎮總兵王懷慶。王死淮軍必潰。京東部卽乘機舉義。以分天津兵力。不料天津各軍隊因未決定某爲主兵。臨事之時。彼此觀望。莫肯先進。大事遂去。刺王懷慶之謀。亦被王所偵知。王乘我軍子藥尚未運齊。遂派兵拿獲黃際隆君唐自起君龐子清君。到署同遇害。由此拿嶂之萬元賞格亦下矣。朝陽熱河一帶共萬餘人。皆屬邊外部。新民錦州兩府所屬近五萬人。皆屬關東部。在津諸同志於舊十二月中旬。又議決舉動第二次。乘舊歷除夕起事。鑒第一次因無

7

主兵。遺悞事機。遂擬定由本會關東邊外兩部。挑選三百健兒。自備短槍。暗入津門。定爲主兵。專攻督署。嶂慨然應允。所以直隸三分部代表。因王金銘君已故。復舉嶂爲大都督。關東分部代表。因藍天蔚君尙在。仍舉嶂爲大元帥。嶂仍力辭。部下見嶂堅拒不受。各有退志。嶂恐懈怠軍心。始勉强承認。將前所扣留之委任狀。亦一律頒發。所委職員如下。前清禁衛軍軍官葛熙榮君。爲軍事參謀總長。第二十鎮軍官郭鳳山君。爲次長。日本高等學校畢業生孫蔭溪君。爲交涉部總長。直隸法政學堂學生丁東第君爲次長。第二十鎮軍官巴紹成君。爲軍務部總長。毅軍軍官王熙宇君。爲次長。北京譯學館學生王丕謨君。爲參謀部總長。天津育嬰堂官劉占元君。爲次長。郭

8

丁开嶂《北洋铁血会始末宣言书》(1912 年 6 月)P5—P8

二十鎮軍官張傑三。君爲暗殺部總長。諸生邸毓桐君爲次長。沿江巡防隊軍官
朱恪瑗君爲評議部總長。遵化中學堂學生黃閣勳君爲次長。保定優級師範畢
業生楊嘯佛君爲文牘部總長。唐山醫務學堂畢業生李文閣君爲次長。錦州府
維新公司執事張雨濃。君爲財政部總長。學生楊國楨君爲次長。日本留學生杜
海寰。君爲聯絡部總長。諸生蕭蔭靑君爲次長。保定高等警務學堂畢業生劉樞
衡。君爲偵探部總長。第二十鎮軍人孫樹聲君爲次長。毅軍軍官姜錫訓。君爲幽
東方面總司令。第六鎮軍官陳玉甲君爲直隸方面總司令。各分部之統制協統標統
管帶及各下級兵官。半爲軍界志士。半爲馬傑頭領。爲數萬夥。無庸詳述。天津攻督署之平

9

兵三百。嶂自爲司令。議決除夕天津起義。四大分部亦同時並舉。京東部由永平府
遵化州宣布獨立。京北部由宣化府張家口宣布獨立。邊外部由朝陽府承德府宣布獨立。
關東部由錦州府新民府宣布獨立。正當調度之際。適於二十五日共和成立。嶂即
與各部下令。停止進行。彼時滿洲宗社諸首領。皆入奉天。不肯承認共和欲以奉
天爲根據。以圖恢復。此全國所共知也。南北同志。大爲戒嚴。以暫不解散爲
是。加之川資無措。欲散不能。故共和前錦城內外所集之千五百人。亦未得全數遣還。該處
反對共和者。遂散布謠言。捏本會員將有焚燒錦城及炸文武大員之舉。舊正月二十
六日錦州文武官吏。忽下令城內外遍換民國旗。並飭商家賬簿年月。改用民國歷。以爲

10

擒拿黨人佔足地步。本會各員見換民國旗改民國歷。以爲伊等與民國大表
同情。不特未加防備。且歡迎之不暇。不料於二十七日遂調陸軍拿獲葛熙榮等三十
餘人之多。並搜出大元帥印一方。及委任狀炸彈炸藥等物。皆共和以前之所備
革命黨所應有者也。幸袁大總統深明大體。電飭趙都督。
言葛熙榮等如無不法行爲。即行開放云云。趙都督復電。乃據錦城所
傳之謠言。及搜出炸彈炸藥委任狀大元帥印。並授嶂僞職爲辭。堅執
不放。顯見不樂於民黨也。各地團集者既遣散無資。在錦拘押者復釋放無日。兼之數萬人
中因革命而失業喪產者。均無家可歸。各抱憤憤。嶂爲接濟本會。產業典賣已盡。親友借貸

11

已窮。從此以後。嶂不能再爲供給。恐憤則生變。飢則生亂。將來倘有自行暴動之一日。嶂
概不負責任。特此聲明。泉乞諸同胞原諒

中華民國元年六月一號本會軍長丁開嶂謹啟

12

丁开嶂《北洋铁血会始末宣言书》（1912 年 6 月）P9—P12

# 文献四

## 我的生活（节选）

冯玉祥

**编者按**：《我的生活》一书 1949 年 10 月前曾有印本应世，黑龙江人民出版社于 1981 年 10 月重新出版。冯玉祥将军是西北军的主要领导人，也是民革的主要创始人之一，其中参加辛亥滦州起义在其一生军旅生涯中占有重要地位。本书除选载“出版说明”和周恩来“寿 冯焕章先生六十大庆”一文外，另刊载《我的生活》第十一章“武学研究会”全文，是冯玉祥自述 1910 年前后被任命为陆军第二十镇第八十标三营管带，又在孙谏声的影响下，走上了革命道路，以研究武学和习武的名义，联络同志，宣传反清革命思想，从而播下革命的火种，奠定了辛亥滦州起义革命根基的经过。选载文章中的脚注为本书编者所加。

## 出版说明

冯玉祥将军是一位身经两朝（清、民国）数代（自光绪、宣统以至蒋介石）的著名历史人物。在中国近、现代史上的很多重大事件中，都有他的影响存在。《我的生活》即是冯将军一九三〇年以前的政治生活的记录。

本书在解放前曾有印本应世，此次经冯玉祥将军子女同意，由本社重新出版，除在个别文字和标点上作了校正外，又增添了周恩来同志一九四一年所写的《寿　冯焕章先生六十大庆》、李德全同志写的《冯玉祥先生遇难经过》以及冯玉祥将军遇难前写给李济深先生的最后一封信。

本书所用照片，均为冯弗伐、冯理达同志提供；在这里，我们代广大读者向她们致以谢意。

一九八〇年十月

## 寿　冯焕章先生六十大庆

周恩来

焕章先生六十岁，中华民国三十年。单就这三十年说，先生的丰功伟业，已举世闻名。自滦州起义起，中经反对帝制，讨伐张勋，推翻贿选，首都革命，五原誓师，参加北伐，直至张垣抗战，坚持御侮，在在表现出先生的革命精神。其中，尤以杀李彦青，赶走溥仪，骂汪精卫，反对投降，呼吁团结，致力联苏，更为人所不敢为，说人所不敢说。这正是先生的伟大处，这正是先生的成功处。

先生善练兵，至今谈兵的人多推崇先生。五原誓师后，又加以政治训练，西北军遂成为当时之雄。先生好读书，不仅泰山隐居时如此，即在治军作战之时，亦多手不释卷，在现在，更是好学不倦，永值得我们效法。丘八诗体为先生所倡，兴会所至，嬉笑怒骂，都成文章。先生长于演说，凡有集会，有先生到，必满座，有先生讲话，没有不终场而去的。对朋友对同事，尤其对领袖，先生肯作诤言，这是人所难能的。先生生活，一向习于勤俭朴素，有人以为过，我以为果能人人如此，官场中何至如今日之奢靡不振？！先生最喜接近大兵和老百姓，故能深知士兵生活，民间疾苦，也最懂得军民合作之利，这是今日抗战所必需。先生在不得志时，从未灰过心，丧过志，在困难时，从未失去过前途，所以先生能始终献身于民族国家事业，奋斗不懈，屹然成为抗战的中流砥柱。

先生的德功，决不仅此，我祇就现时所感到的写出。先生今届六十，犹自称为小伙子，而先生的体魄，亦实称得起老少年。国家今日，尚需要先生宏济艰难，为民请命，为国效劳，以先生的革命精神，定能成此伟大事业，不负天下之望。趁此良辰，谨祝先生坚持抗战成功，前途进步无量。

（载一九四一年十一月十四日《新华日报》）

# 第十一章　武学研究会

我对于满清[1]政治不满，对于革命抱着同情，已非一日。但有了行动的决心，这是我到新民府第二年的事。那时《中日安奉铁路协约》刚签订，接着又发生了关岛问题（吴禄贞抵抗日军，其英勇义烈使我深受感动。）。这些问题的发生，是日本帝国主义侵略东三省一贯政策下必不可避免的。

在新民府，和我志同道合的朋友，除前面说过的王石清、郑金声等而外，尚有王金铭，施从云，戴锡九，孙谏声，张之江，张树声，张宪廷，刘骥，军医李某等。我们几个人，虽然有的在工兵营，有的在辎重营，有的在骑兵营，有的在步兵营，但彼此往来，极为亲密，无日不见。因此，谁的志趣如何，谁的个性如何，大家都知道得很清楚，同时也就无话不谈。有一天工兵营排长孙谏声到房里来，我正在看曾文正公家书[2]，他就很不高兴的说："你还想当忠臣孝子吗？"我说："当忠臣孝子难道不好不成？"他说："当孝子，我不反对；当忠臣我可不赞成！"又说，"等一回，我拿两本书给你看看，你就知道我的话不错了。"他把两本书拿来，一本是《嘉定屠城记》，一本是《扬州十日记》。记得他给我这两本书的时候，神色上很有些不寻常，他向四周巡视了一回，才从腰里掏出书来。送给了我以后，很郑重地和我说：

"没人的时候，你再拿出来看，千万不要叫别人看见，这可不是闹着玩的。"

说完了，他即匆促地走开。

关于满清种族上的怨仇，以前我虽然知道一些，但仅仅是一个笼统

[1] 指清朝政府，原文如此。
[2] 《曾文正公家书》是晚清一代中兴名臣曾国藩流传最广泛的作品，为世人修身、教子的经典读本。

的概念，满清入关的时候，虐杀汉人的种种事实，我是丝毫都不知道的。等我看完这两本血泪写成的书，我出了一身冷汗。闭起眼来，看见鞑[1]子们残酷狰狞的面目，听见数百万鸡犬不如的汉人的惨号，不由我咬牙切齿，誓志要报仇雪恨，恢复种族的自由。

自己本来是个不能安于腐恶的现状，怀有反抗情绪的人，此时又经这种种刺激，心里的火山像新加了几个喷火口，血液被燃烧得沸腾，不可遏止。军中一部分有良心热血的官长，对于清廷的昏庸误国，也都愤恨不平，深恶痛恨。在这种无形的一致要求之下，我们常在一起的一些朋友，遂想到暗自组织一个团体，大家磋商鼓励，从而作推翻腐败政权的工作。

最初同意参加的分子，计有王金铭、施从云、郑金声、王石清、岳瑞洲和我，一共六个人。

王金铭、施从云是由第五镇第十八标拨来，二人都在七十九标，王为第一营营副，施为第二营营副。他们两人都品行端正，吃苦耐劳，内外如一，好学不倦。王为人足智多谋，施则勇敢善战。当初我们第一次见面时，我就看出他俩是有热血良心的人，但因彼此都是新交，许多话不便深谈，两方思想意见，也就不曾立即打通。后来终于使我们成为同志者，不能不感谢徐世昌的被参卸职与锡良的继任东三省总督这一个变动。

徐世昌的免职，据说是被人参劾；我想满汉种族的畛域，也是其中原因之一。但影响到我们的，倒不是徐世昌的去职，主要的还是锡良继任后的种种令人愤慨的作为。

以前徐世昌在任，时常派人到新民府来，看马匹，验军械，查问军中情形。他自己每年照例要经过新民府三四次，每次都由王化东协统带着队伍到车站去候谒。车子进了站，徐总督照例先延见王化东协统，问士兵有病没有？房子潮湿否？军队训练的情形怎样？并且亲自视察部队，

---

[1] 鞑，组词鞑靼，中国古代北方游牧民族名称，自唐迄元先后有达怛、达靼、塔坦、鞑靼、达打、达达者译，其指称范围随时代不同而有异。

问士兵生活实况，摸摸士兵衣服的厚薄，爱护备至，而后再延见地方官张知府。每次都是这样。及至锡良继任总督，每次经过，总先问：“张知府在这里吗？”张即登车参见请安，扯了几句闲谈，就要开车。张知府说：“军官还在这里等候着。”及至王化东协统进见，他就把头一昂，眼一斜，问：“你们军队抢了人家没有？”王协统赶忙说：“我们队伍向来认真训练，不敢有一点越规行动。”锡良还要啰嗦下去。

清廷末年，国社飘摇，人心浮动，他们这些朝廷亲贵的一言一动，都与军心有重大关系，锡良这种傲慢荒唐的态度，叫人怎么能够忍受？王金铭、施从云两位从此日常神情态度便有些不同，谈话之间也渐渐有了显明的表露。我之与他们交谊日益亲切，并且公开倾谈到反对清廷，同情革命的话头，就在这个时候开始的。

我们六个人组织的团体，是采用读书会的形式。经我的提议，定名为“武学研究会”，以掩上峰耳目。会长一席当时推我担任。郑金声、王石清、岳瑞洲等，都由我的关系，早与金铭、从云结识，而成为知交。大家都志同道合，几个人一条心。那时我们并没有明确的政治纲领。我们所知道的，只是清廷的昏庸，政治的腐败与日本侵略的可恨。我们知道欲抵御日本及其他列强，必须先推翻清廷的统治。我们欲利用现成的武力，以为推翻的工具，希望新的汉族的政府早日出现。我们每天聚到一处，以读书为名，暗中即讨论些扩大人数，运动军队等等的具体问题，或是互相报告各人所得的时事新闻：何处新起革命运动，何时又有朝廷贵胄卖官盗爵的黑幕等。那时报纸上时常揭露许多清廷亲贵的丑史，其中尤以关于庆亲王的为最多。凡有“庆字号买货”字样的记载，就是指的庆亲王卖官的事。比如有一次袁世凯部下大名鼎鼎的段芝贵花一万两现银买了女戏子杨翠喜送给庆亲王的儿子振贝子，庆亲王被其子所怂恿，即放段芝贵为黑龙江巡抚，各报无不痛加攻击。江春霖、赵炳麟等三位翰林亦连连上奏参劾。后来御史包围庆亲王府，吓的杨翠喜跳墙而逃。这种政治的黑幕，报纸上都尽情揭露。当时报纸的敢于说话，权力之大，都是后来所没有的。

在这里，我要特别说明的，是我们活动的方式还十分幼稚，主要不过是感情的联络和结合，至于理论方面的探讨，以及组织技术等等的研究，严格的说来，是很不够的。这原难怪，因为我们都是穷小子出身，不但政治认识缺乏，而且所受的教育根本就不多，即连最低限度的乡村学塾，我们也很少有住过几年以上的。大家所有的，只是一种直感的内心冲动和要求，觉得不可遏息。在进行与实践上，则完全暗中摸索，不知走了多少冤枉的道路。

我们活动的范围逐渐扩大到各营各连：工兵营方面有高震龙，孙谏声，戴锡九等；骑兵营方面有张之江、张树声、张宪廷等，他如李炘、龚柏龄、李鸣钟、鹿钟麟、葛盛臣、石敬亭、刘骥、周文海、商震、邓长耀等百余人，皆极同情。他们虽然没有加入我们的武学研究会，但我们已经把他们看成准同志之列。此外二十镇参谋长刘一清（原为吴禄贞参谋，来此后，于二十镇官佐影响很大），第三镇参谋官孙岳，第二混成协协统蓝天蔚等，也无形中早已和我们表示了积极赞助的意思，取得密切联络，时常供给我们宣传的资料。

事有凑巧，这时忽然王化东协统辞职，换了一位潘××继任。当王协统在任时，治军极为认真，任用多量的品学兼优的人材，为学术两科的教官，努力在教与练两方面兼顾，目的要使兵在伍时为好兵，退了伍，仍为好百姓。士兵以及下级官长，都一天天不断的进步。潘协统继任，不知听了谁的话，说王协统治军过严，故应一反其道，方可收买军心。因此潘××接任的那天，集合各级官长目兵讲话，即把他的态度明白宣告出来。那次用意卑劣的讲话，到现在我还能清楚地记的：

第一，他说军人是顶天立地的大丈夫，所以不应该受严厉纪律的管束。比如这里不能去，那里不准去，那事不许做，这事不许做，等等，就未免太轻视了军人的人格。

第二，他说军人偶然以赌博消遣，不应该认为不正当的行为，只要不妨害公事，没有什么不可以。赌博能够活泼精神，调剂生活，是军人应该享受的娱乐。

第三，他说军队里操练固然重要，但也不必太认真。只要公事上过得去，就很好很好了。

这一番讲话，使我身上一阵阵的发麻，心头一阵阵的火热。我想，这位潘协统真是一个不折不扣的腐恶官僚！但是他的话未免说得太露骨，已经明明白白把他的狐狸尾巴显露出来了。他没有想到用这种卑鄙可怜的手段来收买军心，结果恰恰适得其反。稍有思想，稍有骨气的人，对于他这番话是谁也要嗤之以鼻的。

讲完了话解散，大家异口同声痛诋潘协统的荒谬。到了晚上，我们读书会开会，就以潘协统这番谈话为中心，作为我们扩大宣传联络新同志的资料。并且分配人员，商酌步骤，闹了半夜才散。后来自然收了不小的功效。

潘大协统接事不到半月，军队中纪律完全废弛。新民府街上每天总有数起士兵砸窑子闹饭馆的事情发生。后来弄得潘大协统自己也看不过去了，便自己拿着枪把门。因为他自己讲过，军人是大丈夫，不可管束太严，所以站岗的阻止不住"大丈夫"的随便出入。此外各营里公开赌博，偷窃的事情也时常发生，情形糟成一团，大家没法干涉，弄得潘大协统只好御驾亲征，满处抓人。"姑息养奸"，这句话是一点也不错误的。

宣统二年（一九一〇）九月，原来的独立第一、二团和独立第一混成协，另编为第二十镇，由陈宧统制。

陈统制字二庵，为人精干练达，到任后，很想将北洋军中许多积习革除。如公费不归公用，柴价不交目兵，马乾不归马用，概由团营长侵吞分肥，等等恶习，他都很想整顿一番。这种大刀阔斧的精神，确实博得了一般青年军官的极度同情。不过那些喝惯兵血的先生们，却因此恨他入骨，百般设法阻挠。从此营中军官间对立，日渐鲜明。

陈二庵对于官长的学术两科，看得也非常着重。记得那年九月底，举行官长考试，内堂外场同时举行，各级官长都须一律参加。

以前潘××对于军官的学术科，向来是不过问的，他自己就是个有名的标准饭桶，教育方面的情事，全权委诸两个教练官和一个参谋办理。阎王找小鬼，小鬼找阎王，土地堂里找不出罗汉。这三位全权大臣，是同潘大协统一样的，只坐在那儿拿干薪，什么事也不管。平时不烧香，急来抱佛脚，一旦听说要考试了，三位大臣立时着了慌。考虑了多天，想出一个办法，就是串通作弊，预先把题目泄漏给各级官长，免得大家考试不及格，使他们自己脸子过不去。那知事情败露了，陈二庵大为震怒，派人查察，结果将他们三个人一齐革掉，另新拟了题目，作第二次的考验。这次的结果，侥幸我又考取了第一。

经过这次考核，陈二庵将程度低劣，名誉不佳的营长，撤换了好几个。我就在此时升任第四十协第八十标第三营的营长。

过了不久，北京政府又派人来检阅我们东三省的驻军。这次校阅给我的印象，更助长了我民族意识的抬头。

这次来校阅的是一批少年亲贵，都是军咨府里派来的贝子贝勒们，一共十几位。这一来，可把官长们着了慌，急忙各自赶造假账，连夜将从光绪二十一年起，几年来的柴价、马乾、公费等账目造齐，准备着给校阅者查看。并又专人到天津购置上等洋瓷马桶二十个，每支价值两元的雪茄烟两百盒，海参鱼翅两百斤，其他奢侈贵重对象，无不应有尽有，以为招待之用。

那时天气正冷，那些养尊处优的贝子贝勒们，一个个穿着狐裘礼服，阔步昂视，把检阅队伍的使命放到脑后，成天的苛求供应，胡嘴乱骂。甚至闲的无聊，把价值昂贵的雪茄烟扭开来，投到火炉中燃烧，以为笑乐。再不然就满营乱闯，查看账目。走到这一营，翻了翻账目，张嘴就骂："鸡儿巴子，假账！"走到那一营，翻了翻账目，也是骂："猴儿崽子，假账！"弄得大家没办法，于是急忙商量应付方策。这时有一位四十协的军需官，安徽合肥人，名叫吴庆宣（曾在将弁学堂毕业）的在座，大家赠他一个外号叫做“老母鸡”。这人老奸巨滑，是个地道的官僚。这时大家正愁锁着眉头，只听见他站起来说道：“我有办法”。大家高兴的不得了，齐声说：“你有办法，就说出来，我们愿意依着你去办。”

“只要依着我，准保成功。”老母鸡十分有把握地样子说道：“你们只要肯拿钱，叫上几十个日本窑姐儿，教她们一人拉一个，把这班王八蛋统统拉了走，什么事不就完了？”

大家一听这话，有的涨红了脸，觉得为这事用到日本窑姐儿，未免有点犯不上；但有的人却主张事已至此，不得不这么办。结果，少数服从多数，为了饭碗问题，遂通过了老母鸡的提议。

等到校阅员们吃过燕菜席，走到街上溜跶，一群预先约好的妖精似的日本窑姐儿蜂拥而上，一个人拉了一个，一个个被拉到窑子里去。一进窑子，这般大爷们就被奉承的昏天黑地，校阅的事完全抛到九霄云外去了。有几位在窑子里一住五六天，还舍不得出来。后来一算窑子的账，共花三万几千块。

“真厉害！”我当时说，“拿钱给钦差们玩娘们就可以，给当兵的洗澡，就不行。这真是哪里的话？”

校阅完毕，大家想起这批校阅员们凶横霸道，无不切齿痛恨，无形中帮助了革命的进展。这时我同金铭、从云等再也不能忍受下去了，首先将辫子剪掉，以示非干不可的决心。在那时，谁要是剃去辫子，就被人目为大逆不道的。从这样行为，很可以看出我们当时心里是怎样的愤激了。

就在这一年的年尾，又由金铭发起，联合孙谏声、张振甲、董锡纯、石敬亭、周文海等，成立了山东同乡会，以保护同乡在山海关外开垦为名，筹措巨款，购置弹药，以为准备，同时暗中派人与内地的革命分子结纳。其他外层组织，尚有陆续成立同学会和同志会等。至于我们的读书会，这时也愈加充实起来，专等待成熟的时期到来。

## 附：冯玉祥《我的生活》（局部）影印件

### 出版说明

冯玉祥将军是一位身经两朝（清、民国）数代（自光绪、宣统以至蒋介石）的著名历史人物。在中国近、现代史上的很多重大事件中，都有他的影响存在。《我的生活》即是冯将军一九三〇年以前的政治生活的记录。

本书在解放前曾有印本应世，此次经冯玉祥将军子女同意，由本社重新出版，除在个别文字和标点上作了校正外，又增添了周恩来同志一九四一年所写的《寿　冯焕章先生六十大庆》、李济全同志写的《冯玉祥先生遇难经过》以及冯玉祥将军遇难前写给李济深先生的最后一封信。

本书所用照片，均为冯弗伐、冯理达同志提供，在这里，我们代广大读者向她们致以谢意。

一九八〇年十月

### 寿　冯焕章先生六十大庆

周恩来

焕章先生六十岁，中华民国三十年。单就这三十年说，先生的丰功伟业，已举世闻名。自滦州起义起，中经反对帝制，讨伐张勋，推翻贿选，首都革命，五原誓师，参加北伐，直至张垣抗战，坚持御侮，在在表现出先生的革命精神。其中，尤以杀李彦青，赶走溥仪，骂汪精卫，反对投降，呼吁团结，致力联苏，更为人所不敢为，说人所不敢说。这正是先生的伟大处，这正是先生的成功处。

先生善练兵，至今谈兵的人多推崇先生。五原誓师后，又加以政治训练，西北军遂成为当时之雄。先生好读书，不仅泰山隐居时如此，即在治军作战之时，亦多手不释卷，在现在，更是好学不倦，永值得我们效法。丘八诗体为先生所倡，兴会所至，嬉笑怒骂，都成文章。先生长于演说，凡有集会，有先生到，必满座，有先生讲话，没有不终场而去的。对朋友对同事，尤其对领袖，先生肯作诤言，这是人所难能的。先生生活，一向习于勤俭朴素，有人以为过，我以为果能人人如此，官场中何至如今日之奢靡不振？！先生最喜接近大兵和老百姓，故能深知士兵生活，民间疾苦，也最懂得军民合作之利，这是今日抗战

1

所必需。先生在不得志时，从未灰过心，丧过志，在困难时，从未失去过前途，所以先生能始终献身于民族国家事业，奋斗不懈，屹然成为抗战的中流砥柱。

先生的德功，决不仅此，我祗就现时所感到的写出。先生今届六十，犹自称为小伙子，而先生的体魄，亦实称得起老少年。国家今日，尚需要先生宏济艰难，为民请命，为国效劳，以先生的革命精神，定能成此伟大事业，不负天下之望。趁此良辰，遥祝先生坚持抗战成功，前途进步无量。

（载一九四一年十一月十四日《新华日报》）

2

冯玉祥《我的生活》上、下　/　黑龙江人民出版社　1981 年

# 第十一章　武学研究会

我对于满清政治不满，对于革命抱着同情，已非一日。但有了行动的决心，这是我到新民府第二年的事。那时《中日安奉铁路协约》刚签订，接着又发生了关岛问题（吴禄贞抵抗日军，其英勇义烈使我深受感动。）。这些问题的发生，是日本帝国主义侵略东三省一贯政策下必不可避免的。

在新民府，和我志同道合的朋友，除前面说过的王石清、郑金声等而外，尚有王金铭，施从云，戴锡九，孙谏声，张之江，张树声，张宪廷，刘骥，军医李某等。我们几个人，虽然有的在工兵营，有的在辎重营，有的在骑兵营，有的在步兵营，但彼此往来，极为亲密，无日不见。因此，谁的志趣如何，谁的个性如何，大家都知道得很清楚，同时也就无话不谈。有一天工兵营排长孙谏声到房里来，我正在看曾文正公家书，他就很不高兴的说："你还想当忠臣孝子吗？"我说："当忠臣孝子难道不好不成？"他说："当孝子，我不反对；当忠臣我可不赞成！"又说，"等一回，我拿两本书给你看看，你就知道我的话不错了。"他把两本书拿来，一本是《嘉定屠城记》，一本是《扬州十日记》。记得他给我这两本书的时候，神色上很有些不寻常，他向四周巡视了一回，才从腰里掏出书来。送给了我以后，很郑重地和我说：

"没人的时候，你再拿出来看，千万不要叫别人看见，这可不是闹着玩的。"

说完了，他即匆促地走开。

97

**冯玉祥《我的生活》上 P97**

文献五

# 辛亥滦州兵变记

阙 名

**编者按**：阙名《辛亥滦州兵变记》一文，出自《国民经世文编》正编军政第三十一册（1914 年印本），1957 年由中国史学会编入《中国近代史丛刊 辛亥革命（六）》（上海出版社、上海书店出版社），本书全文刊载。文章脚注为本书编者所加。

清政府预辛亥秋操，自奉调二十镇等陆军屯滦。鄂事起，组为南征第二军，未发。二十镇统制张绍曾，合驻滦各军，上书清廷，请罢兵讲和，仿行英国宪法。清廷以事急，允之。而命张宣抚鄂军，解其兵柄，代以协统潘榘楹。张上书，意欲挑衅举事，不在书也。朝旨下，军中半欣慰。清廷复秘图之。又惊石庄之变，同谋之三镇，更为段祺瑞移去，卒辞军职赴天津。而直省革党，合南来士，仍走其军，运动不绝。鄂事之起也，国人无问主君主民主，咸赞其事，恐遂平。及清廷认十九信条，一部人恐纪纲骤解难收，深致虑共和以后。又以政统于内阁，内阁举于议会，清廷力已不能复食言，为宗旨已达，愿息战求治。激烈者反之，风气已张，此党势日日盛。北土情势，又非藉军队，难自动。六镇既败，尤耻不克独立，则专注滦军。滦军会为清廷分析，惟二十镇之九十二步标[1]尚留滦。标统岳兆麟，不能语改革。外来之士，均赴于管带王金铭、施从云、张建功等。三人固前与绍曾之事者也。十月杪。山东孙鼎臣[2]、丰润丁开嶂、河南凌钺等群集滦军，谋举事。王施同志， 张稍疑，丁尝遍交奉东响马，欲借之成事，此时亦分至。遂定十一月中旬，夺火车捣京，勒滦牧为民政长。且预署直省各官，其人固多未来军也。标统跳而免。通永镇王怀庆时统近畿各兵，闻变减从往抚，为滦军留，迫充都督。遍电中外各机关，以断其后。王伪诺诡言须拜客，又嫌乘轿损威，改乘骏马。出营即扬鞭疾遁，滦军追不及。乃以王金铭充都督，濒启行。张建功营督队某图遁，被执，欲用以祭旗，张营求释，不许。张固依违，至是其军亦愤。十六晚滦军执某督队赴车站，拟诛而首途。张兵尾随，及城门，闭而拒守，前军反攻城，某乘间逸。城上下互击移时，攻者终以无炮，不克，乃夺火车西进。夜至雷庄，车忽颠，军士倾跌，枪弹复雨下。盖王怀庆早以兵来截，且预断铁轨也。施、王等疾起，麾兵斗，怀庆兵小却。其后劲炮兵复至，纵弹力击，滦兵溃。响马拥丁开嶂等走，施王及参谋陈洪庆[3]、孙鼎臣等，均在步队被执授命。孙死状尤惨，以其烈于从事，人多衔之也。王金铭临刑，怀庆军欲缚之，金铭曰，吾军人无须此，挺身叉手就刃，气张甚。而军中主谋白玉昆[4]尤从容，临刑犹呼

---

1 原文如此。应为 79 步兵标。
2 孙谏声，字鼎臣。
3 原文如此。应为：陈洪度，即陈涛，字洪度。
4 原文如此。应为：白毓昆。

军士曰："同胞！共和殊大好，不然，吾岂失心者！若男子当为此。"又云有诗，请书出，军士不容，毙之。死之时，颜色甚和。白、江苏人，北洋法政学堂教习，字亚瑜[1]，主津部革党事。滦事起，电召津党，党员多迟徊，白独往。军溃次日，为逻者弋获， 遂及于难。白为人诚恪博洽，号得士，南北士夫咸痛之。溃军或散走，或阴聚而谋再起，响马继至者益繁，皆主于丁开嶂。士夫耻北事连挫，气益励。十二月初，共和耗已碻，犹谋据天津。诏下乃辍谋。丁开嶂坐是破其家。盖其家近滦，滦变其党多连坐，丁竭资恤之，兵士复屡扰，故波及最烈云。

论曰：滦军举事虽未成，然颇秩序，不甚扰民。金铭等死犹凛凛，惜乎举事时大局已垂定也！ 其在事诸英，志节终可钦，固无论时之早晚。盖世当久壅乍溃，人心事实，中外前史，多类此。又何能以准时出事之论，逆挽豪杰激进之神耶？呜呼！

（民国经世文编正编军政第三十一册）

[1] 原文如此。应为：雅雨；白毓昆，字雅雨。

## 附：阙 名《辛亥滦州兵变记》影印件

嘗遇難，實赤手，（眞前屢諫其不宜不帶開口刀及槍，祿貞笑曰，公何前勇今儒也！）且醉。死之後，聞者不惟悲其志，並惜其技也。十七晨，石莊大亂，鎮兵京旗兵互門，散奔。協統走灤城，晉兵從祿貞來者，刼六鎮糧台。祿貞黨應之，西去。李眞獨移病東走，後屢謀獨立，不成，憤而病，幾死。十八日段祺瑞自北挾駐灤州三鎮兵來，六鎮散兵復集，仍駐石莊。段先從南軍，聞灤石之變，援歸河北定亂者也。

論曰：灤石事均敗，然實示清廷以根本動搖，而速民國成立。顧記六鎮事者多訛。予夙稔祿貞，及其黨，故知之特詳。其中事有目見者。祿貞八月杪，詢予政見，予知其軍難恃，力主審勢重發，毋迫風潮，猝投禍亂，致所爲無益。伊亦頷之。灤事起，乃不能自持。然迹其所爲，卒非無益也。惟盡其才之所能，尙不祇此耳！嗟夫！綏卿夙知予，嘗約以共濟，臨時乃無緣扞其禍。今徒搖管以發其未竟之志事也，悲夫！

（民國經世文編正編軍政第三十一册）

### 辛亥灤州兵變記

闕名

清政府預辛亥秋操，自奉調二十鎮等陸軍屯灤。鄂事起，組爲南征第二軍，未發。二十鎮統制張紹曾，合駐灤各軍，上書清廷，請罷兵講和，仿行英國憲法。清廷以事急，允之。而命張宜撫鄂軍，解其兵柄，代以協統潘榘楹。張上書，意欲挾覺舉事，不在書也。朝旨下，軍中半欣慰。清廷復秘圖之。又鑒石莊之變，同謀之三鎮，更爲段祺瑞移去，卒辭軍職赴天津。而直省革黨，合南來

·331·

《辛亥滦州兵变记》阙 名 P331



直 隸



·3·

《辛亥革命资料丛刊 第六册》目录（局部）

士，仍走其軍，運動不絕。鄂事之起也，國人無間主君主民主，咸贊其事，恐遂平。及清廷認十九信條，一部人恐紀綱璪解難收，深致慮共和以後。又以政統於內閣，內閣舉於議會，清廷力已不能復食言，爲宗旨已達，顯息戰求治。激烈者反之，風氣已張，此黨勢日日盛。北土情勢，又非藉軍隊，難自動。六鎮既敗，尤恥不克獨立，則專注灤軍。灤軍會爲清廷分析，惟二十鎮之九十二步標尙留灤。標統岳兆麟，不能語改革。外來之士，均赴於管帶王金銘、施從雲、張建功等。三人固前與紹曾之事者也。十月杪。山東孫鼎臣、疊潤丁開嶂、河南凌鉞等萃集灤軍，謀舉事。王施同志，張稍疑，丁嘗遍交奉東鬍馬，欲借之成事，此時亦分至。遂定十一月中旬，奪火車搗京，勒灤牧爲民政長。且預署直省各官，其人固多未來軍也。標統跳而免。通永鎮王懷慶時統近畿各兵，聞變誠從往撫，爲灤軍留，迫充都督。遍電中外各機關，以斷其後。王僞諸詭言須拜客，又婉乘轎損威，改乘駿馬。出營即揭鞭疾遁，灤軍追不及。乃以王金銘充都督，顯啓行。張建功營督隊某圖遁，被執，欲用以祭旗，張營求釋，不許。張固依違，至是其軍亦憤。十六晚灤軍執某督隊赴軍站，擬誅而首途。張兵尾隨，及城門，閉而拒守，前軍反攻城，某乘間逸。城上下互擊移時，攻者終以無砲，不克，乃奪火車西進。夜至雷莊，車忽頗，軍士傾跌，槍彈復雨下。蓋王懷慶早以兵來截，且預斷鐵軌也。施、王等疾起，麾兵鬥，懷慶兵小却。其後勁砲兵復至，縱彈力擊，灤兵潰。鬍馬擁丁開嶂等走，施王及參謀陳洪慶、孫鼎臣等，均在步隊被執授命。孫死狀尤慘，以其烈於從事，人多銜之也。王金銘臨刑，懷慶軍欲縛之，金銘曰，吾軍人無須此，挺身叉手就刃，氣張甚。而軍中主謀白玉崑尤從容，臨刑猶呼軍士曰：「同胞！共和殊大好，不然，吾豈失心者！若男子當爲

·332·

此。」又云有詩，請書出，軍士不容，斃之。死之時，顏色甚和。白，江蘇人，北洋法政學堂肄習，字亞瑜，主津部革黨事。灤事起，電召津黨，黨員多遲徊，白獨往。軍潰次日，爲邏者弋獲，遂及於難。白爲人誠恪博洽，號得士，南北士夫咸痛之。潰軍或散走，或陰聚而謀再起，鬍馬繼至者益繁，皆主於丁開嶂。士夫恥北事連挫，氣益勵。十二月初，共和耗已碻，猶謀據天津。詔下乃輟謀。丁開嶂坐是破其家。蓋其家近灤，灤疑其黨多連坐，丁竭貲恤之，兵士復屢擾，故波及最烈云。

論曰：灤軍舉事雖未成，然頗秩序，不甚擾民。金銘等死猶凜凜，惜乎舉事時大局已垂定也！其在事諸英，志節終可欽，固無論時之早晚。蓋世當久壅乍潰，人心事實，中外前史，多類此。又何能以准時出事之論，遂挽豪傑激進之神耶？嗚呼！

（民國經世文編正編軍政第三十一册）

### 灤州革命紀實初稿（節錄）

羅正緯

#### 龍山結盟

灤州爲關內重鎮，革命同志謀之甚力。辛亥秋操，新軍雲集，軍中志士潛伏工作者，殆已有來。白毓崑、凌鉞、孫諫聲、于樹德、何英、劉沛洋、黎元龍、邱子九、張理卿、熊飛、張良琨、董實華、劉士俊、高德海等，乘時活動，僞飾商販至雷莊，寓李棠客棧。棠豪俠機警，察知鉞等爲

·333·

《辛亥滦州兵变记》P332—P333

文献六

# 滦州起义及北方革命运动简述

王葆真

**编者按**：王葆真先生是中国近代民主革命家、辛亥革命元勋。辛亥革命年，他受同盟会派遣，由日本返中国北方组织发动滦州起义，并奉命赴南方向孙中山汇报北方革命情况，尤其是滦州起义“袁世凯绝不讲信义……曹锟兵到滦州，挖了孙谏声的心肝，割了白雅雨的头颅。又使人暗杀吴禄贞，破坏革命无所不用其极。”等详情（见本书 P156—P157）。《滦州起义及北方革命运动简述》是王葆真先生 1960 年 80 岁时撰写的一篇回忆录，刊载于全国政协文史资料研究会编《辛亥革命回忆录》第五集（文史资料出版社，1981 年）；此文亦收入《王葆真文集》（团结出版社，1989 年）。本书谨在此全文刊载。

## 一、广州革命失败后留日学生回国情况

辛亥三月二十九日广州革命失败，消息传到日本东京之后，中国同盟会总部集议，报告广州失败和许多优秀同志壮烈牺牲的情况，莫不悲愤填膺，以至失声痛哭。并决议召集扩大的留日学生会，继续奋斗。时值帝俄要求外蒙古归其保护。留日学生大会到会者甚众。经过热烈的讨论，决议组织留日国民会，派遣同志回国运动，即以救国的宣传进行革命的运动。并集合同志百余人赴中国驻日使馆，质问驻日公使汪大燮，并要求他代电反对清廷订立丧权辱国的条约。

到使馆者有李肇甫、马伯援等。汪大燮避而不见，学生占据使馆客厅和办公室两日一夜。时有同志自外送来茶点饮食，声援同志的斗争。

留日国民会的组织，由各省学生同志推举代表三人至五人，筹商派人回国运动。会商三次，除了同志自行回国者外，并推出三路回国代表。珠江流域为一路，推出黄学成（云南人）等二人（另一人忘记姓名）；长江流域一路为四川李肇甫和浙江义乌人傅亦僧；黄河以北一路为直隶王葆真和吉林金鼎勋。均约定于四月末旬回国。

当时，我国留日学生，各省俱有同乡会。是年我担任直隶省同乡会会长，同乡学生知我将回国，赞否各半。有几位同乡对我说："你留日七年，再有一月，即届早大考试毕业日期，候领取毕业文凭，再行回国，未为晚也。"我说："感谢各位的好意，但我早已不想作清朝官吏，要文凭何用。"另一好友李秀夫，沧州人，力促我行，并书《孟子》天降大任一节，以为临别赠言。是时我在早稻田大学习政治经济科，住在早稻田青年会宿舍，居正、马伯援诸同志亦住此宿舍，时相往还。章太炎自沪出狱赴日，生活困难，马伯援约二三十人从太炎先生听讲《说文》，每星期一次，每月束修二元，我也是听讲的一人。

早稻田中国学生有自行组织的雄辩会，时与蓝公武、王印川、白坚诸同学自由辩论，有民族革命与君主立宪的争论，但皆谈理论，并不涉意气之争。我在日本留学，系直隶省考选的官费生，到日本而后，听到中山先生的革命理论，思想认识有所提高。常读欧洲各国革命史及美国独立战争史，并研究儒、佛、道、耶诸家修养性命和锻炼志节的理旨。此时树立了坚强的革命奋斗的信念，认为只有能真正牺牲自己的一切，才能是一个真实的革命者。遂决然摆脱官费学生的关系，放弃早大的毕业文凭，按照各同志的约期，于四月二十四日同金鼎勋首途回国。

五月初经过大连，抵沈阳，会见陈乾、祁耿寰、商震、程起陆、田又横、刘艺舟、宋涤尘、赵中鹄、杨大实诸同志，对论分头联络同志，促进革命运动的力量。陈乾奔走于奉天、吉林，组织山东同乡会和创办实业，到处以救国为号召，自称“陈乾不死，中国不亡”。祁耿寰运动辽阳一带警察，准备起义。商震在东北陆军测绘学堂联络同志。程起陆在军界接洽。田又横作文字宣传工作。赵中鹄办理海城一带教育。杨大实担任复州警察起义。刘艺舟、宋涤尘演新戏以鼓吹革命。并由金鼎勋介绍旗籍开明人士广铁生、关天生和郎某，以反对帝俄侵略外蒙、需要变法图强为号召，发刊《国民报》以唤起东北人民救国与改革的思想，因为响应当日国民会的主张，故名《国民报》。

时有长春人开明人士高尔瞻，向我和金鼎勋建言说：“广州二十九日革命运动发生后，清廷通令各省督抚，对回国留日学生严加监视，稍涉嫌疑，即行逮捕。君等如不离开奉天，必须有办法掩护，以免危险。”问他有何办法？他说：“君等既言救国，必有救国意见，应有救国意见致赵尔巽总督。”我们就请他代拟一稿。高君善属文，痛陈时艰，洋洋六七千言，以要求尊重民意、变法图强为旨归。赵尔巽阅书，传见我们，询以在日所学，各举学科要义及欧洲宪法与民主政治的精神以告。从此，我们就在奉天公开活动。

一时各学堂学生，纷纷至国民报馆访问我们，表示热烈的同情和支持。为了扩大运动，并会见省咨议局议长吴景濂，副议长袁金铠和议员，说以“国家兴亡，匹夫有责”之义，他们代表东北人民，更应当为人民请命。吴颇表同意，并说明他们怎样热心向当局建议，但政府未能采纳，颇表怨叹，嗣后仍当努力。武昌起义后，他曾计划响应而未果，即逃沪参加临时参议院。

七月初旬，《国民报》有一段攻击二十镇的军风纪的新闻。二十镇统制张绍曾阅后，令秘书何任之邀请我去谈话。张见面道歉，并表示他同情革命，将来有机会时，一定有所表现。我未知他是真是假，因系初次面谈，只以国家形势非常危迫，得人心者昌，失人心者亡，请他整饬军纪，极力振作士气，以救危亡。他表示完全接受。此为八月下旬赴滦州运动起义的一个因素。

七月中旬，同金鼎勋赴吉林，在省自治学会演讲救国必须实行民主政治。省民政使韩国钧（泰州人，字紫石）到会也说了几句厉行自治的话。其后，吉林独立后，韩国钧回泰州。

八月初旬，游长春、哈尔滨，视察帝俄侵略东北的情况，并至三姓调查边境情况。伊兰道署在三姓，秘书蓝冠五是同盟会同志，道尹王瑚有清誉，对我们的运动颇同情。

八月二十一日自哈尔滨返长春。《长春日报》载武昌八月十九日夜起义的新闻。在长春的朋友同志，都非常兴奋。我想长江流域以南各省，革命运动已久，此次必能风起云涌，响应独立。惟黄河以北，特别是直隶省革命力量最薄弱最困难，而关系革命成败最重要，我应当返回本省努力奋斗。立即下定决心，当夜即去沈阳。我在车中想起张绍曾对我说过，他是同意革命的，应当去试试看，看他是真是假？下车后，便到国民报馆询问，才知二十镇已调去永平秋操，现驻滦州。适闻杨大实掌握复州警察权，同县朋友刘铭勋新任长兴岛知事，乃先往一晤。即于八月底结束在东北的运动而赴滦州。

## 二、滦州起义

### （一）

滦州驻军二十镇，原为准备参加永平秋操，自关外开来，因武昌起义，秋操停止举行，暂驻滦州。我于九月初一日到滦州，将行李安顿车站客店，即往二十镇镇部，投名刺要见张绍曾统制，时方下午四时，张与秘书何任之出迎，说："我们正盼你来"，即导至一室密谈。我问他，武昌起义后作何打算？他即嘱何秘书检出致清廷电文拿给我看，内容系要求君主立宪、开国会等政纲十二条。因为清廷有令调二十镇开赴武汉作战，他们以为有此"十二条"电报，既可延缓兵车南下，便于维持武汉革命军乘时发展，同时又使清廷无词调遣，而可以待机行动；既支持了南方革命党人，又可联络北方军政界的力量，自以为计出万全，可进可退。张绍曾问我的意见如何。我不客气地对他说："你事恐怕要失败。"他问何故。我说："拥军抗命，不赴急难，反而要求立宪，威胁朝廷。清廷接电，必然惶恐震惊，一面派大员来抚慰，使勿生变；一面引诱部属，分散力量，俟时机成熟，即行下令解职。"他问我怎么办好。我说："事已至此，只有立即动员，直取京、津。京、津既无重兵防守，而且人心思汉，统制义旗一举，清军必致望风披靡，不战而逃。如此南北革命势力，联成一气，革命大局一举可定。现在袁世凯、段祺瑞、冯国璋尚在河南、鄂北、皖北一带，如若我们占领京、津，袁等虽拥有军队，但进退失据，名不正，言不顺，人心不附，惟有向义军请和耳。倘若统制坐失时机，一俟袁军北调，拱卫京津，大局前途，未可逆料。"张、何听罢，颇以为然。张表示要同大家商量商量。即引我至办公室，同他的秘书长吕均相见。

在镇部晚餐时，已有清廷慰劳大员（似是田蕴玉）在座，我不愿他知我姓名，就不和他谈话。晚餐后何秘书向我言，吕均等向张统制建言三策：1、驻滦军队，决不开跋。外以要求立宪为名，内以兵力相迫，此为上策。2、全军赴援，至鄂反正，此为中策。3、一面跋队，一面要求，此为下策。我说："如果坐失时机，策将何用？滦军既已反抗清廷命令，尚不及时举义，迨清廷布置妥当，将至措手不及。"

次日午后四时，张绍曾邀我到镇部面谈。张说："我们考虑了你的意见，确是解决北方祸乱根源、奠定南北联合大局的关键。但直取京津有两个问题：1、《辛丑条约》规定，天津二十里以内不许中国驻兵，如何办法？2、宣告举义独立之后，每月饷银需要十余万，将从何筹措？"我对张说："这些都不成问题，1、天津驻有总督陈夔龙、镇守使张怀芝、警察局长杨以德，他们指挥军警，任意杀戮无辜人民，各领事既容许他们镇压人民，就不能阻止革命军驱逐他们光复天津，保卫人民。而且武汉起义后三日之内，英、日各国领事团俱已承认革命军为交战团体。2、革命军是为了救国救民而革命，政权公之于人民，实行民主政治，义师所向，定能受到箪食壶浆以迎。区区十余万饷银，自不成问题。直隶省咨议局多熟识朋友，如果张统制宣布起义，他们一定会来欢迎的。"张绍曾表示要再仔细研究一下，约我明日再谈。

翌日下午四时，我三至二十镇镇部，张绍曾谓我曰："我们研究之后，做出三项准备：1、即将本镇所辖步、马、炮、工、辎各标营调齐充实，作为准备。2、拟与第六镇协商一致行动，以期必胜。3、请你到天津领事团代为接洽，电告接洽结果，并向省咨议局联络。"我慨然答应去办。张赠我百元旅费次早即赴天津。这是我第一次至滦州运动起义的经过。

## (二)

九月四日我至天津，五日到顺直咨议局，访问议长阎凤阁、副议长王古愚和议员王法勤、齐树楷、孙洪伊诸先生（阎、齐、王法勤，一九〇四年秋季和我同舟赴日本游学，情感都很好，他们学速成法政，一年即回。王古愚亦到过日本），与谈滦州驻军张绍曾统制对武昌起义颇有同情。但不知我省桑梓父老意见如何？阎议长和各位议员听到这话，表示非常高兴。第二日上午约集在津议员五十余人，让我作一个关于国内革命形势的讲话。我首先讲中国几十年来受到外国侵略，不被西欧瓜分，也将受到日本吞并。而清政府今日卖矿，明日卖路，全国人心愤慨，赎矿、赎路的风潮，汹涌不已，似此形势，中国非出于革命的一途，断难救亡。最近武昌起义，英、日各国领事俱已承认为交战团体，各省相继响应，全国革命的形势已经成熟。我省学界、政界、军界都有不少爱国之士，各位议员乡长代表民意，定能及时奋起，要求各界合作，共成义举。亟救我国免为韩、印亡国之续，远绍汤、武革命之功。

词毕，各议员多表赞同。继由阎议长与几位议员密商，即推王法勤、孙洪伊两人代表咨议局赴滦州访问张绍曾，表示二十镇如宣布起义，经过天津组织政府，顺直咨议局完全担任筹拨军饷，按时供应。

九月初六日，我访日本驻天津总领事小幡，他表示很欢迎。我和他谈中国革命的形势及驻武汉的英、日各国领事团已经承认革命军为交战团体。滦州驻军可能通过天津，因有《辛丑条约》天津二十里以内不驻中国军队的规定，特来接洽，幸毋误会。小幡毫不犹豫，很爽快地说：他知道张将军的军队纪律很好，他表示同意，但需要与各国领事团商议一下。并约三日后再谈。

过了三天，我又去看小幡。他说："美国领事不答应，说条约不能变更。"我说："并非变更条约。陈夔龙、张怀芝、杨以德等不是有军队、警察在天津城内吗？中国革命系我们的内政，武汉各国领事既承认我们革命军为交战团体，天津各国领事无权保护仇视中国革命的军警长官在天津而不许革命军把他们赶走，公然与中国人民为敌。日本是同情中国革命的，我希望你再同领事团谈一下。"他一面答应，一面建议我去访美国领事谈一谈。我就去找美以美教会刘骏卿牧师，请他去同美国人谈。

此时，顺直咨议局约集天津各界士绅百数十人，在河北公园法政研究所开会，讨论时局。警察局杨以德闻讯，派警察到会监视。到会者只谈报纸登载各省独立的消息，无人敢昌言要求革命和独立者。我乃大声呼吁我省应当要求宣告独立，许多人热烈鼓掌，警察未敢动手。次日《天津日日新闻》（系日人所办）用头号大字登载我同天津士绅主张宣告独立的消息，并发消息到南方各埠报馆。

越日，我又去看小幡领事，他说：美国领事答应了。领事团的意思是说：不作为变更条约，张将军的军队如到天津，作为从天津通过，并不作为长期驻军。如此，即与《辛丑条约》不相干涉。这已是九月十六日的事了。

我正以去滦州向张绍曾报告交涉经过。十七日报载清廷已免张绍曾二十镇统制之职及吴禄贞被刺的消息，我即发一电致张，请勿交卸。这个期间，与法政学堂教授白雅雨、张相文及革命同志孙谏声等时有接洽。至十九日下午我至滦州，车站上排列着军队，阻止张绍曾登车西行。朱霁青、龚柏龄等全体军官力阻张绍曾解职赴津，反对潘矩楹接任统制，并要求张绍曾率全镇官兵直趋京津。张不得行，只得折回。

翌日下午五时余，我往晤张绍曾坐谈大局形势，说明："人心向背即为决定胜败的主要关键，张统制如果不肯担负革命的责任，必至丧失人心，贻误北方革命的大局，国家祸乱，将无宁日。"正谈话间，潘矩楹忽入，坐在一旁，我不管他，接着说："统制如果为了拯救国家危亡，为了免除人民的灾祸，正应当顺应全体军心，直趋京津，大局可以迎刃而解。"潘矩楹突然站起，怒目视我，说："现在就要开拔"，即欲拔刀相向。张绍曾即起以身障我，向潘说："说由他说，听不听在我们，何必动气。"潘出，我回店内。适朱霁青、段右军来，愤然曰："此间无希望，我等亦即他去。"何任之、郭凤山亦来相约，明日同张绍曾同车回津。

赴津前龚柏龄、朱霁青等代表全军挽留张统制提出了四项意见，大意为：

1、北方大局，正在危机，吴禄贞殉难，后死者当继起直追。闻山东第五镇贾宾卿独立，山西阎锡山、孔庚等亦组织独立政府，本镇精锐，久为清廷震慑，乘此整军西进，倾复北京，可操左券。部属认为时机已至，不可失去者一也。

2、武昌起义，全国景从，北军最先响应者，厥为本镇，举国同情，世所共誉。部属皆愿在统制领导之下，完成革命之使命，以竟全功者二也。

3、统制兵柄在握，威望日隆，凡正义主张，建议清廷，故得一一邀允接受。如兵柄一解，实力随之以去，嗣后事功无所依据，部属为国家前途计，一致挽留统制者三也。

4、统制解职，南籍军官闻将相率以去。现南方革命势力，正欲达到本省，倾复清廷。已在北者，何可舍近图远。如果尽皆南下，北军损一革命之人才，即坐失革命之机会。与其在南所益无几，何如在北所关至重，因此牵动全局，部属期期以为不可者四也。

我当时认为这四项意见很好，可惜张竟不纳。张虽曾与吴禄贞有密约同时行动，但因吴死，而意气沮丧，遂变消极。

到津后，我对张的优柔寡断，坐失北方革命的大好时机，反而要求立宪，常以十九信条（原提出的立宪政纲为十二条，后经资政院补充为十九条）自鸣得意，殊甚痛惜。

这是我第二次到滦州经历的情况。

## （三）

九月底，袁世凯已到京就职内阁总理。孙洪伊约我介绍到津的滦州军官在一家饭馆宴谈，王法勤亦到，都希望滦军能有新的办法。何任之、郭凤山、孙谏声、董锡纯、胡伯寅等均表示：张敬舆（绍曾字）虽已离开二十镇，镇中营连长尚有若干人热心革命，仍可联络起义。乃相商同赴滦州接洽。

十月初旬，我和何任之、孙谏声、董锡纯、胡伯寅等同至滦州，分住车站附近旅店。我与何任之住一店，专为运动二十镇中下级军官起义。胡源汇本君主立宪派，同车相遇，自言赴迁安运动军队起义。次早何任之出店去接洽某营部，日午未回。余正踌躇间，董锡纯来告：何任之被清军官撞见，告知潘榲矩，何已被捕，并要逮捕同来者。我当即收拾皮包，正拟出门，忽一军官至，查问从何处来？到何处去？我答说：至城内去看朋友。问：看何人？答：至教会去看白牧师。其人抽出靴内皮夹，看了看；又拔出刀向我看了看，后把刺刀、皮夹装回而去。事后思之，其人可能是善意，示我宜速去。

在此次来滦以前，刘骏卿牧师给我一名刺，写了一两句介绍的话，对我说："如有需要，可去见白牧师（英国人）。"我想要营救何任之，只有找白牧师，才可能有办法。我将皮包放在北关外一个店内，径去访白。我说明了请他设法营救何任之的意见以后，他要我祈祷。为了救同志，我就从祈祷中把营救革命同志、救世救人的话，说了又说。白牧师说："明天我打电报给英国公使朱尔典。他和袁世凯交谊很好，一定能保住何任之的生命。"我说："潘矩榲等可能不容时日，格杀勿论。"白说："我明天先托城内绅士保他，就可无虑。"并问我怎样脱险？我说："还有几位同志同来，不知是否遭到危险，我要去看看。"白又向我说，车站不能去，应过滦河向东去，某处有一草桥云云。我出城已经是晚七时，心念孙谏声等不知怎样。北门到车站有五六里，行至半途，有骑兵四五人蹄声得得，迎面而来。我躲入路旁坟坑暂避。骑兵过去，我循河边前进，不料前面堆集着粮囤，有兵看守，突然喊问口令。我答：“乡下人进城去来，回来晚了。”守兵放我过去。从滦河铁桥下穿过，挨到孙谏声所住店房附近，侦缉队六七人手拿提灯，自山坡路下来，我一跃至岸下，刚刚可以遮住灯光。侦缉队说着笑着过去了。我到店前扣门，店主系山东老翁，见我颇警惶，说：“天爷，你还没走开！侦缉队来搜过五次了。”我问：“他们怎样？”他说：“先钻到柴火堆里，侦缉队向柴火堆扎了几刺刀，走了。他们后来越过墙，逃到山后走了。”我才放心。又沿着河边岸下返回北门外店里，已十二时半了。睡到天明，托店主雇了一辆轿车。轿车无门帘，是晨风雪交加，我乃以被单遮雪遮面。欲奔草桥过河。车夫说，草桥已毁。乃迳向车站前进，通过铁桥下，即雇一渡船，在风雪霏霏中，渡过滦河，东行十数里，到古冶购车票。售票员竟对我说：“应该不卖给你票。昨夜军警在此守候余人。”且说且把票递给我。由古冶过滦河时，军警到车上巡视，无识我者，得平安返津。同志相见，咸庆我脱险。这是我第三次赴滦州运动起义的经过。

## （四）

我回天津后，听到白雅雨说：“汪兆铭被释放后，受袁世凯的利用和欺骗，让许多同志于十月九日夜在北京发难，结果李汉杰等被捕去，白白送死，作了袁世凯的牺牲品。”这一事实，令我平昔敬佩汪兆铭的心情，变得冷淡和不信任。因此，我在津不和汪见面，怕受到他的影响和限制，对于革命进行不利。而且我在东京受到的委托和任务，殊无和汪接洽的必要。同时我也不参加胡鄂公的共和会。我与江浩、赵秀章、凌钺几位同盟会同志，另有秘密的联系，有时孙谏声、白雅雨和凌钺等同来见面。也有时去到生昌酒店和吉祥里去会一会同志。

十一月五日左右，凌钺、孙谏声、白雅雨同来晤谈，主张继续发动滦州起义，并将与王金铭、施从云、冯玉祥、张建功各营接洽的情况相告。我说："我在滦州时见张建功曾对张绍曾表示很忠诚，他说完全以统制的马首是瞻。后来我问朱霁青、何任之，说他靠不住。现在二十镇多已分散驻扎，与前时不同，兵分则力薄。袁世凯入京后，调来军队，拱卫京畿，对滦军早有戒备。同志们矢志革命，见义勇为，不怕牺牲，是很可敬佩的。但需要谋定后动，决策制胜，如果决定起义，应与丁小川地方民军联合一起，作游击战，广结声援更为必要。"孙谏声同志有鼓励我同去滦州之意。我因接上海同志来函，中山先生到沪，约我去汇报北方情况，乃向孙说明此次不能同行。凌钺同志表示希望我快去快回。如果滦州举义发动，并希望我代表同志们向中山先生报告，速派援军并汇款接济。时论毕，我就准备绕大连赴沪。白、孙、凌诸同志则准备赴滦州。

十一月十日，凌钺、孙谏声、白雅雨等率领民兵二十余人，进入滦州州署，说服州官朱佑保，即在州署设立北军革命军政府。

十一日，在北关师范学堂营部内开军事会议，为防止标统岳兆麟和通永镇总兵反对革命，拟举二人为正副大都督。十二日晨，岳兆麟潜赴开平向王怀庆报告滦军谋变，怀庆电袁世凯请兵，袁即调曹锟部队赴开平一带防堵，并令王怀庆赴滦抚慰。袁又借滦州兵变，要挟清廷让与政权。

十三日王怀庆至滦，威胁王金铭、施从云、张建功、知州朱佑保、警察所长张注东、滦绅刘雨棠、吴树臣等，取消独立的计划。王怀庆说："军人职守，只应服从纪纲，区区兵力，岂能独立，诸君自思，免至后悔。"王金铭起立驳斥说："清廷误国殃民，罪恶滔天，武昌举义，全国响应，凡有血气之伦，莫不振奋兴起；光复汉族山河，湔雪祖宗耻辱。公为通永总兵，诚宜尊重民意，同举义旗，我等决心独立，词义正大，为国牺牲，万死不辞。"

是夜，凌钺、何任之带领炸弹队，往晤王怀庆，表示愿举怀庆为北方军政府大都督，怀庆伪为应允，而密与第三营管带张建功勾结图逃。

十四日早七时，金铭率队迎怀庆就大都督职，怀庆佯允之。金铭、从云等先率队入城布置，怀庆诡称进城就职策马前行，张建功带队作护卫。行至城北紫金山，建功示意怀庆西逃，怀庆即拨马疾驰向开平遁去。金铭闻讯追之不及。

怀庆逃归开平，恐金铭、从云发兵攻之，一面令人从秦皇岛假造一电致王金铭，称南京政府派三艘兵舰北来，请俟南军到滦，共取京津云云。金铭、从云兵集车站，正拟提兵西行，适接此电，遂中止，致中缓兵之计。王怀庆又一面电请曹锟部队东至雷庄堵截，一面令淮军马队两营布置于铁路两侧，待机动作。

十五日，王金铭、施从云、白雅雨、凌钺等宣布滦州独立，正式成立北方革命军军政府。推举王金铭为都督，施从云为总司令，冯玉祥为总参谋长，白雅雨为参谋长，周文海为秘书长，郭凤山为军政部长，孙谏声为外交部长，凌钺为军务处长，鹿钟麟为右路司令，张之江为骑兵司令。其他各部长，各路司令，均有负责人选。即日举行就职典礼，通电宣告全国（南京政府、袁世凯、顺直咨议局及北京公使团、天津领事团）。在滦外宾到会称贺者颇众。

十六日王金铭誓师，准备乘车西进。第三营管带张建功派督队官李得胜向通永镇总兵王怀庆密报军情，被张振甲逮捕败露。张建功至此公然据城叛变，时已下午五时，向一二营士兵射击，颇有伤亡。是晚八时，金铭、从云等以为自相残杀，徒误时机，命一二营官兵七百余人齐集登车。车抵雷庄东八里许，敌人预将铁轨拆断。王金铭令全军下车，向敌军射击，寡不敌众，遂败。王金铭、施从云等从容就义者三十余人。董锡纯、何任之、戴锡九、黄云水、牟惠来、吕一善、刘瀛、三踽臣、张永胜、熊朝霖、常福安、文道溥、王茂林、王相亭、范宝林、王玉海、赵祝军、冯日兴、陈杰三、云振飞、王寰、张勋之、张增德、宋殿奎、穆奎赖、胡铨、萨福锵、黄龙水、叶朝贵等，官兵共战死者百余人。

十七日晨，孙谏声留守军政府。张建功叛变后，大肆搜捕党人，并诱骗孙谏声至城上，突以枪锋刺杀之，割其心肝，踢其尸于城下。敢死队员四人同时殉难。凌钺因公去天津得免。

白雅雨先生微服逃至古冶被捕，从容就义，赋诗以见志。死最惨，凶犯令其跪，白雅雨不跪，凶犯举刀将其腿砍断，又将其头割去。数日无人收尸，后由天津红十字会找到在京教育部任佥事的白汝霖，系白雅雨的侄子，始予收殓。白先生时任北洋法政学堂教授兼北洋女子师范学堂教授，讲地理学，与张相文合组地理学会，并发刊《地学杂志》，在决定赴滦举义之前，已令家属回到江苏南通家乡。死时年四十四岁。

何任之，字尚达，安徽人，在二十镇张统制部任秘书职。十月初旬在滦被捕后，余托白牧师营救，得保性命，已述如前。及孙谏声等在滦举义，从监狱将何接出，故死于是役。《辛亥革命北方实录》与《滦州举义纪实》两书中，所列举的烈士名单，俱无何任之的姓名，兹特为补录。

滦州起义详细情况，已有几种著作记载。此文故从简略。但胡鄂公著《辛亥革命北方实录》言王金铭等兵退昌黎，此与事实不符，应为指出。

翌年四月，北洋法政学堂和北洋女子师范两校职教员、学生为白雅雨先生开追悼会于天津河北新开路北洋法政学堂，邀请我去致悼词。我讲："白雅雨先生和滦州殉义诸烈士，为什么在南北议和之际举义殉难呢？他们是坚决主张革命必须彻底，妥协就要失败的。他们是坚决反对与屠杀革命志士的军阀谋妥协的。他们是为了革命大义和四万万同胞的生存而不惜牺牲个人生命的。现在南北议和了，把国家军政大权让给反抗革命的北洋军阀了。烧杀汉口的人，也要到天津来做直隶都督了。说什么革命成功，请看一般的贪官污吏还不是和从前一样吗？白雅雨先生的热血白流了，滦州许多烈士的血白流了，天津、北京、石家庄、张家口、通州、任丘、雄县许多烈士的血白流了，全国各省许多烈士的血都白流了。白先生和许多烈士死不瞑目，我们活着的人们，谁能甘心呢？国家来日的祸难，方兴未艾，燕赵不少慷慨悲歌之士，决不应希图分得一官半职鬼混生活，消沉下去，正应当继承白雅雨先生和许多烈士的遗志，激励奋发，作长期的坚决奋斗，不达到革命的目的，誓不罢休。以此来安慰白雅雨先生和各位烈士的英灵千古不朽。”

参加追悼会的学生、职教员，都愤慨激昂，有的涕泣不止。现今在京的于树德委员，尚能回忆当日情况。那时学校中尚流传白先生一首绝命诗，追悼会上，就这首绝命诗谱成歌词同声歌唱。诗曰：

慷慨赴死易，从容就义难。
革命当流血，成功总在天。
身同草木朽，魂随日月旋。
耿耿此心志，仰望白云间。
悠悠我心忧，苍天不见怜。
希望后起者，同志气相连。
此身虽死了，千古美名传。

七月间，白一震（白雅雨之子）到天津运白先生灵柩回南通故乡。上海都督陈英士请南京留守黄克强致电直隶都督张锡銮照料白雅雨烈士灵柩南运。我以代表同盟会燕支部的名义，张相文以代表江苏同乡的名义，偕同白一震去见张锡銮商运灵柩回南通事。又会同各界在李公祠为白烈士开追悼会，我当时写了一首挽歌。歌词是：

滦河惨淡冰兼雪，义士从容剑和血；
拼掷头颅唤国魂，千秋人吊关山月。

猛醒来，休悲切。

待看荡涤尘氛，崛起万千豪杰。

净归幽燕听凯歌，金瓯重奠慰英烈。

## 三、北方革命运动补述

辛亥北方革命运动中.不少同志壮烈牺牲。而文字记载较少，或不甚详确。解放后，一九五一年，我看到天安门前的革命烈士纪念碑的图案，有辛亥革命的一幅图画。想到辛亥革命，在北方的史事不少，因约集曾经参与辛亥革命运动的几位同志，河北省副主席吕复、河北省人民委员会委员耿毅、刘古风，北京育德中学校长郝濯、河北省人民代表兼省政协委员耿杰临面谈三次，拟组织辛亥河北革命运动史料编纂调查委员会，不惟发潜德之幽光，表彰先烈，亦可批判前车之覆，作为后车之鉴。及此耆硕尚存，各抒闻见，不难汇成巨帙，供作史家的参考。未久，耿杰临、刘古风、吕复相继逝世。在一九五六年我尚与郝仲青、耿毅两先生相商，各就所知写成一稿，亦因病因事未果。两先生又都逝世。好在刘仙洲校长辛亥年和许润民都参与北方革命活动，他已有较详确的写作，我只是对于其他著作所记载者作一点补充。

辛亥年九月十六日以后，北方连续发生吴禄贞被害、张绍曾免职、袁世凯北来、汪兆铭变节等大变化，使北方革命形势受到严重的打击和挫折。但北方革命同志，并未沮丧消极，反而更坚决更勇敢地进行斗争，为了挽救这个失败，才不惜付出生命的代价。滦州起义已述如前，兹简述各同志奋斗的事实如下：

（一）吴禄贞被害一事，兹就它著所载不够明确者略述如下：

1、原因：吴禄贞与张绍曾共同举义之密电，被陈夔龙截获转交军咨府良弼；吴部参谋何叙甫扣留南运军火于石家庄，又招袁世凯的痛恨。

2、凶犯：已被吴禄贞免职的协统周符麟受袁世凯的指使，自彰德来石家庄；担任清廷交通职务的陈其采受良弼的使命，从北京来。周、陈会合，乃诱买胡匪出身的骑兵营弁兼卫队长马蕙田，并煽诱二连夏文荣、一连吴豫章、排长苗得霖四人动手行凶。

3、行凶地点：在石家庄车站站长办公室，非票房。

4、时间：十七日早一时。

5、电报：吴禄贞十六夜致张绍曾一电，文曰："愿率燕赵八千子弟以从。"吴被害后，电稿尚在桌上。

6、人心的激愤：京津保的同志们，闻吴被害，异常悲愤，誓为死者复仇。吴的好友何叙甫率领一部分军队入晋作战。李真从石家庄东去，谋举兵起义。

7、证明：清廷与袁世凯出此卑鄙凶残的手段，可以证明他们的议和都是骗人的诡计。

8、凶犯的结果：马蕙田行凶后，割了吴统制的头颜，到京向良弼领得赏银三万两。此后无人肯用他，也无人理他。讨了一个妓女，得了瘫痪症，受到精神的责罚，不久病死。夏文荣改名田树勋，同傅良佐到长沙，一九一七年被溃兵击毙。吴豫章和苗得霖，一九一二年洛阳兵变，都被变兵枪毙。

9、吴禄贞的哀荣：翌年秋季，中山先生过石家庄开追悼会，致祭吴将军，阎锡山感受吴禄贞维护山西革命，为之撰文立碑于车站西边。

（二）张家口举义，胡鄂公、罗正纬的著作都无记载，邹鲁党史略记之。兹补述一二。主其谋者张雨岑、南琴轩、李锐夫、段炳中皆河北人，保定北关优级师范学生，素有革命志愿。武昌起义后，与保定同志集议，咸认为北方革命运动，对响应南方革命成功，颇关重要。如能光复张家口作为根据地，南扼居庸关，可拊北京之背；西连大同，可合晋绥的豪杰，扩大革命力量，胜利可有把握。因需要械弹，由段炳中之介绍，张雨岑到津访余，余适外出，归寓，见雨岑留字即乘车返张垣。余驱车至车站访晤之。但从未见过面，怎能认识他？余乃从候车百数十人中的年貌风度精神，加以分析，一猜而中。雨岑大喜，具道来意，商筹运械弹事。去后，商请女师教授白雅雨带领女师学生黄守璟、汪芸、冯世俊等运送械弹至新保安，再由同志转运张家口。车行五六小时，汪、黄、冯诸女生惟恐火车震动剧烈，炸弹爆发，将炸弹装入皮包，抱之怀中。一路谨慎将持，得以完成任务。有查店人至，白先生告以送学生去上学，得免查行李。

十月初，张雨岑，南琴轩在张家口组织司令部。谋泄，被逮数十人，李飞仙、秦宗周、高志清等七人殉义。张雨岑逃石家庄，南琴轩逃天津。数年后，张、南皆抑郁病死。当时参加举义者，现时惟段炳中尚生存，一生任中学教师。解放后任教师九年。现在家居。

（三）克复学会，由陕西人李季直倡议组织，受到他的舅父于右任的指导，并发行《克复学报》。辛亥冬，为了对付袁世凯，供给革命同志炸弹的需求，请北洋女师学生冯世俊、汪芸等数人至京陕西会馆.日夜赶制炸弹三百多枚。王大鹤者，名鸣皋，行唐人，钻进学会，假冒革命，会到上海见汪兆铭骗得一笔款子。回京知道陕西会馆存有炸弹，密告内务部赵秉钧，派人收去，又得到一笔款子。同志们严厉责问他。他说：和议已成，总统已让袁世凯，保存炸弹，有害无益。问他：“你为什么不敢和同志商量？”他无话可辩。自是不敢和同志们见面，逃到绥包经营实业。这也是受和议的影响。

（四）北京崇内同仁医院事务主任王锐铮，辛亥秋冬，掩护革命同志的工作十分热心。秋七月，赵秀章同志自东京回国，昌言革命。即住医院作掩护。江浩同志来往京津，亦由赵的介绍与王主任相识，常住医院。《国风报》的同志及京津南北各地外来的革命同志，时常有十数人借住医院，并在医院开会夜聚明散。同仁医院系教会外人所办，警察不敢进入搜查，故得掩护。据说彭家珍刺良弼的前夕，曾在医院休息。江浩任参议院议员时的通信处就在同仁医院。后来江浩参加共产党以后，到北京仍住在同仁医院，王锐铮仍然尽力掩护他的工作。王大夫现年七十，住东黄城根三十五号旁门，有病，尚能略谈往事。

（五）丁开璋，字小川，丰润人。胡著“丁削璋”，错写其名。中国史学会主编的《辛亥革命》转载胡著，亦仍为“丁削璋”。百年而后，人将不知与丁开璋是一人或二人，应指出更正。丁毕业京师大学，蓄志革命，结交京东及朝阳一带绿林豪杰，并联络丰润附近民团，本拟响应滦州起义，谋泄，遭到王怀庆的监视。直督陈夔龙曾电致袁内阁，“丰润微有蠢动消息”。即指丁开璋、丁东第事。滦军败后，丁小川仍拟待机发动。和议成，师出无名，家徒破产。丁到津与余谈，对和议大骂，对与袁妥协，极端愤慨。又在天津报纸（可能是《民意报》）发表一篇代表地方民众发动革命的文章。

（六）保定育德中学早培育了许多革命的种子，校长郝濯（字仲青）、教员郭瑞圃等，在武昌起义后，积极鼓吹革命。学生刘仙洲、许润民为了阻止清军南征，曾炸唐河铁桥。保定革命同志和学生，分布完县、蠡县、博野、安平、宁晋、任丘、雄县一带，纠合民团、警察、壮士，拟共图大举。因议和将成，各县未及发动。惟任丘、雄县，箭在弦上，不能不发。十月二十八日，聚集七十余人宣布举义于任丘的娘子营村。袁世凯派淮军两营围剿，靳广隆、靳洛平、王汝曾等九人殉义。这一段的事情，郝仲青对我谈过，惜未经访查详细。清华刘仙洲校长当能有明确的记述。余略述之者，为了证明河北人民闻风向义，踊跃革命。如果南北不议和，河北可能发展为广泛的民众起义，罪魁祸首，终将成擒。

（七）通县革命，罗著、胡著均有记载。兹特述者，与王治增同谋通县革命的丁东第，一九五四年访余于京寓，持有吴禄贞被害的详细资料，与通县革命及木人在辛亥革命时期的活动资料。吾向他建议献之于河北文史馆，并函介于文史馆的耿毅馆长及河北统战部。文史馆经过领导的同意，聘丁东第为馆员。未几，丁东第逝世，不知其资料是否交出。

（八）彭家珍刺良弼，杨禹良、黄之萌、张先培炸袁世凯，邹鲁党史详记之。但关于薛成华炸击天津镇守张怀芝，予袁党及清廷官吏以惊心丧胆的打击，颇关重要。邹鲁《中国国民党史稿》和罗正纬著作中均未记载。

薛成华，河北无极县人（一说定县人，待查），名友棠，保定盲哑学堂教员，在保定参加同盟会。武昌起义后，又参加共和会，到天津活动。壬子年阳历一月二十四日，听说和议条件，将让大总统于袁世凯，极表愤懑，乃决心炸死张怀芝，剪除袁逆党羽以便促成天津起义。遂于一月二十六日，偕同志尹渔村、樊少轩、周希文、张在田炸击张怀芝于天津新车站。先候于站台上镇署接车者之旁，见张怀芝下车，成华立投一弹，弹中车厢，伤卫兵一人。成华在硝烟中，又向张投一弹，渔村等开枪相助。军警开枪还击，渔村等弃枪而逃，成华独奋战被捕。解赴营务处，当晚遭受凌迟极刑而惨死。

民元夏日，天津举行一次革命展览会，悬有薛成华烈士照相，我写了一付对联是："让盲者见光明，教哑子能语言，舍己为人，一方慈悲善士；炸民贼于下车，痛神奸之窃国，粉身取义，千载革命英雄。"

（九）由胡鄂公、白逾桓主持的进攻天津督署。北方同志，于一月二十九日之夜，会于金钢桥，冒险进击督署，事未成，死伤十数人。在地方上，遵化、玉田、丰润、宁远各县，尚有不少民众武装，待机起义。

（十）辛亥九、十月间，我在天津和白雅雨、孙谏声、凌钺诸同志时常往来，并与本省革命同志江浩、徐月卿，赵秀章、石位亭、丁小川、宋兆芙、刘古风等二十余人，皆有秘密的联系。皆主张彻底革命，反对与袁讲和者。边守靖亦与我接洽，称负责静海县民团乡勇起义，未实现。

十月底张榕、张英华自奉天来访，畅谈东北革命，计划在凤凰城一带发动起义，赶走赵尔巽，宣告奉天独立。

十一月初二、三日，北京资政院议员李榘（字访渔，束鹿县人，翰林）来访我，约我至日租界鸿宾楼宴谈。他说："杨皙子（杨度，立宪派）自北京来，想找您谈一谈。"我问何事。李说："袁内阁是很赞成革命的。不久就有大开大合的办法（大开指清帝退位，大合指南北议和），革命不一定到南方，在北方也可以革命。如果帮助袁内阁，要军队有军队，要钱有钱，要官有官。杨皙子就是为此而来。"李防渔向来对我是表示友好的。但是，我不可能以我的意见说服他，也不愿让他当面难为情。我说："袁内阁肯革命是很好的。你说他不久就有大开大合的办法，我绝对相信是真实的。试问从前清廷免他职，如果革命党失败了，袁内阁功高震主，清廷不会再免他的职吗？所以他的大开大合，我相信是会有这一天的。我最近接到上海友人来信，约我到上海去看一看，等回来我们再谈。"因此，我更相信袁世凯利用汪兆铭是真的了。袁世凯要我帮助他，不要到南方去革命，就是他要准备反对孙、黄的革命，让我更知道南北议和是多么危险的了，必须向中山先生汇报一切。

## 四、赴宁沪反对与袁妥协及议和后的河北政情

辛亥十一月十日乘车赴大连转上海。道经沈阳，下车去访张榕，答其亲到天津的过访，并询问他的起义计划。他说："在凤凰城一带已经准备就绪"正谈话间，有人来访，他仍然侃侃而谈。我提醒其注意消息泄漏于事不利。他说："他们不敢怎么样。"意指赵尔巽不敢逮捕他。是夜在他宅具酒欢宴，并邀田又横同志同饮。次早，我即登车赴大连。到大连的翌日，见报载张榕已被张作霖派人暗杀逝世，同时田又横亦被害，计时当为十一月十二、三日左右。

到大连时，杨大实已在复州起义，商震、顾人宜兄弟已在庄河起义多日。烟台亦已光复了。商震将到烟台去。戴天仇、何海鸣也到了大连，

计划山东的事情。刘艺舟和宋涤尘等正进行光复山东黄县，据说业已准备好，马到成功。刘、宋劝我不要到上海，要我同他们到黄县，推举我为山东都督。我说："不可。一、我不懂军事，恐贻误戎机。二、烟台已下，需要联合一气，共成革命大计，不可有权力的现念。三、我要到上海见中山先生汇报北方情况，反对与袁世凯妥协。如果你们光复黄县后，也需要援助，我对南方同志讲，来援助你们，岂不更好。"

我在大连候船住了三四天，听到滦州举义的消息，尚未听到失败，我就上船了。

在大连会见商震两次，上船之前，商震又到我所住的日本旅馆送别，并赠我旅费。他说：在东京时，中山先生对他说："直隶杨椒山先生有一对联，'铁肩担道义，辣手著文章。'现在愿意彼此共勉，作为临别赠言我说："铁肩担道义，我庶几勉之；辣手著文章，就看你的手腕了。"

十九日到沪，听见滦州举义失败，甚惨。袁世凯对革命同志这样的残忍，绝无人道，可见他们仇恨革命的心地如何深刻顽固。如果让袁作总统，一定上大当，因而更加坚信反对和议有充分的理由。在沪停留两三日即到南京。彼时中山先生已就任大总统职，同盟会负责同志多到南京任职，故即赴宁。

一月二十日左右，张继同我去见中山先生。中山先生奖励我们北方同志的奋斗，并问北方革命运动情况。我答："北方同志和一般人民，绝大多数都同情革命，希望共和。所有同志都反对与袁世凯议和。"中山先生问有什么见解。我答："袁世凯绝不讲信义。他欺骗汪兆铭，约定十月初九日夜间，让革命同志在京城发难，他令袁克定出兵响应。结果同志们发难后，他不但不响应，反而杀害了不少的同志。戊戌政变时，谁都知道，康有为、谭嗣同保荐袁世凯升了军职，托以心腹。他反而告密，出卖了康有为，杀害了六君子，推翻了新政。两军交战互有杀伤，当然是常事，但冯国璋烧杀汉口无辜的人民，曹锟兵到滦州，挖了孙谏声的心肝，割了白雅雨的头颅。又使人暗杀吴禄贞，破坏革命无所不用其极。这样的人，他会奉行约法、听从国会的决议吗！如把国家军政大权让给他，他必然完全摧毁革命事业。袁世凯所以要议和，是因为：1、如果他把革命党打垮，他怕清廷再免他的职。2、他虽然有几万有训练的军队，但攻得一省的城池，即惹起一省人民的反抗；他得地愈多，兵力就越分散，结果必致一败涂地。袁世凯知道兵力不敷分配，所以曹锟攻进了太原，又撤回保卫京畿。3、他想借着议和，骗取大总统的名位，大权在握，可以为所欲为，比用兵大争城争地，对他更为有利。那末，我们要战胜袁世凯说只有坚持革命战，拒绝与袁议和。现在江南和西北各省已经宣布独立了，征兵训练，人才众多，基础日益巩固，财用不至匮乏。北方未独立的省份，崛起革命的同志日益众多；一日不议和，即一日有陆续奋起革命的运动。所谓君子道长，小人道消。胜利必归于革命同志。如若让总统于袁世凯，南北革命气势将见顿挫分散，日益消磨。而袁世凯一流军阀官僚、政客的势力，反而日益伸张得意，所谓小人道长，君子道消。将来虽欲挽救，恐已无及。这不是我一人的见解，可以说是北方同志共同的见解。请大总统多加指教。”中山先生说很好，可以同克强、遁初再谈一谈。

过了三几天，克强、遁初约我面谈，还有谭人凤在座。我把向中山先生谈的话，大致又谈了一遍。他们说：中山先生和我们都是主张彻底革命的，但推动北方革命需要一批款子，现在正计划借一宗外债，看参议院能否通过，如果通过，我们就可以推动北方革命，以全力贯彻光复北京、天津的计划。

过了几天，参议院竟否决了借款案，并且要同袁世凯议和。章太炎也讲“革命军兴、革命党消”之说，给主张和议者以借口。中山先生认为袁世凯不可靠，但汪兆铭逼中山先生赞成和议，否则，天下人将谓中山先生贪恋总统的名位，而破坏南北议和。让中山先生感到亲近的同志，尚不能相谅，只有让袁世凯去干了。

这时，直隶省代表谷钟秀对我说："直隶省应该再出一个代表，你若同意，我可推荐。"我当时志在进行革命工作，觉得临时参议院的工作不合我意，我就说："还是另选他人比我更好。"

过几天，居正、田桐、张继三人都对我说：你来晚了，政府各部长、次长都有人了，只有内务部卫生司司长一职尚虚悬。中山先生说，政府中北方同志很少，希望你来担任。我说："很感谢中山先生和各位同志的信任。如果不与袁世凯妥协，给我什么位置我都愿做；现在要让位给袁世凯了，我最好不在政府担任职务，好在北方作在野的活动。"

二月十四日，南京临时参议院选出袁世凯为临时大总统。十五日，又议决孙大总统辞职咨文附件三条：1、政府地点，设于南京，不得更改；2、新总统亲到南京就任；3、新总统必须遵守约法。中山先生所以交参议院议决这三个附带条件，就是为了防止袁的叛变。但是，袁世凯完全没有照办。

又过几天，张继至我住所，送了中山先生一张委任状来，委任我和吴蓬仙筹备中国同盟会燕支部，并由王芝祥将军送给回北方的旅费。因为同盟会总部并无经费开支，且总部牌子亦未挂出。是时河冻已开，袁世凯已就任大总统之职了。我同吴蓬仙自上海乘轮船一直到天津下了船。

到津后，我对筹备同盟会兴趣不大。吴蓬仙催问我为何不积极？我说："在北洋军阀统治之下，希望以选举的多数来取得政权，是不能设想的。要讲革命，而同盟会从此已变成公开的组织，失去了革命性的作用。"正在考虑期间，张继到津，我对他说："同盟会的筹备，可请王法勤和郝濯负责任。"过两个月筹备就绪，选张维为中国同盟会燕支部部长，王法勤为副部长，郝濯为总务部主任，王葆真为政治部主任。其他各部，兹不具述。

南北议和后，张锡銮任直隶总督。袁世凯为了压服直隶省绅民不平的舆论，示意直隶绅士刘春霖、李榘等，直隶省行政人员可以调动一下。五月下旬有一群人把顺直咨议局占领，革命的同志们曾议及把“直隶”这个名词改名为河北，官方不同意，仅把顺直咨议局改为顺直临时省议会。由各县驻津代表选举临时省议会议员及议长，组成省议会。同盟会当选议员有江浩、耿杰临、武桓诸同志，他们并拟选我为议长，我闻而阻止之。

六月间立宪派胡源汇当选为顺直临时省议会议长，同盟会边守靖当选为副议长。关于胡源汇，边守靖投靠军阀，拍卖民意的历史资料，此文从略。

七月初，新任直隶都督冯国璋出席顺直临时省议会报告施政方针，不知谁替他写了两千多字的一篇官样文章，由省议会秘书长代他读了一遍（按法理来说，省议会秘书长，不应当替冯国璋读施政方针，这是胡、边正议长事前商量好，向冯国璋献媚的一种手段），冯国璋接着讲话，他说了一段官话之后，便露出原形。他声色俱厉地说：“必须要好好地维持直隶省地方上的秩序，要出了乱子，让外国人把中国人作践个王八旦样儿，那是不行的。”我便站起来质问他：“请问冯都督说让外国人把中国人作践个王八旦样儿，这话怎讲？你对省议会讲这话，是否有心侮辱省议会？是否侮辱中国人民？王八旦样儿怎么讲？”他目瞪口呆地答不上来，羞得满脸通红，直呆了一刻钟。冯国璋站在台上，既讲不出话，又不能下台，议长宣告休息，才替他解了围。后来天津《民意报》曾登载过这一段。

数日后刘春霖来看我，说冯国璋很后悔那天说话冒失。他对军队讲话惯了，没有经过议会场面。问我有什么要求？是否要见面谈一谈？我说：“什么要求也没有，只因他那天讲话，就是说的革命党人要搞乱子，不守秩序。我若不起来质问他，不知他还会讲出什么，也可能更要作威作福。”

由此一事，可知地方行政首脑的腐朽，虽然成立了省议会，绝谈不到什么民主政治，也不能改革地方行政法规。立宪派与同盟会各推荐县知事几人，不过造成一部分新官僚。有人要我推荐县知事，我当即谢绝，因为他们不是要为人民利益选贤举能，而是以交易所的方式，作为分脏的交换条件，来堵议员的口，以便于军阀的统治。而且这也仅仅是民国元年暂时的现象。民二秋季以后，政治益转黑暗，县缺竟分三等拍卖，一等县缺要五千元，二等县缺三千元，三等县缺一二千元。有县知事资格者须先交这样多保证金，才能发给委任状。即此可知贪污腐化之事，不胜笔述。省议会议员，既不能发挥改革政治的主张，除了少数坚持奋斗的革命同志外，亦皆见猎心喜，勾结军阀官僚，花天酒地，以猎官为能事，政治的腐败比辛亥以前尤甚。是皆因南北议和，把国政大权授之于袁逆所造成者，此不过地方政治腐朽现象之一例耳。

## 附：王葆真《滦州起义及北方革命运动簡述》（局部）影印件

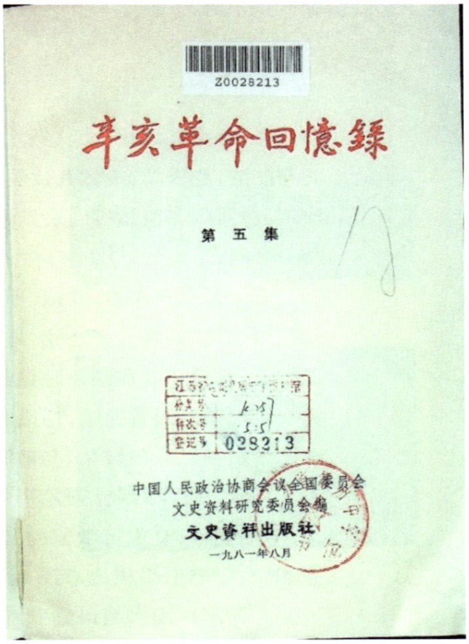
Z0028213

辛亥革命回憶録

第 五 集

中国人民政治协商会议全国委员会
文史资料研究委员会编
文史资料出版社
一九八一年八月

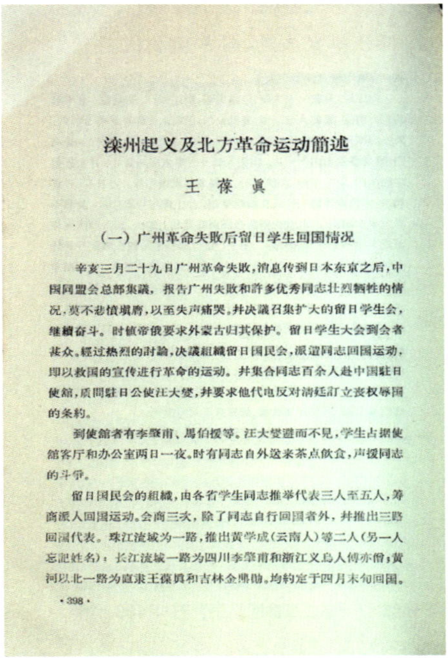
滦州起义及北方革命运动簡述

王 葆 眞

（一）广州革命失败后留日学生回国情况

辛亥三月二十九日广州革命失败，消息传到日本东京之后，中国同盟会总部集議，报告广州失败和許多优秀同志壮烈犧牲的情况，莫不悲憤塡膺，以至失声痛哭。并决議召集扩大的留日学生会，继續奋斗。时値帝俄要求外蒙古归其保护。留日学生大会到会者甚众。經过热烈的討論，决議組織留日国民会，派遣同志回国运动，即以救国的宣传进行革命的运动。并集合同志百余人赴中国駐日使舘，质問駐日公使汪大燮，并要求他代电反对清廷訂立丧权辱国的条約。

到使舘者有李肇甫、馬伯援等。汪大燮避而不見，学生占据使舘客厅和办公室两日一夜。时有同志自外送来茶点飲食，声援同志的斗爭。

留日国民会的組織，由各省学生同志推举代表三人至五人，筹商派人回国运动。会商三次，除了同志自行回国者外，并推出三路回国代表。珠江流域为一路，推出黄学成（云南人）等二人（另一人忘記姓名）；长江流域一路为四川李肇甫和浙江义乌人傅亦僧；黄河以北一路为直隶王葆眞和吉林金鼎勋。均約定于四月末旬回国。

·398·

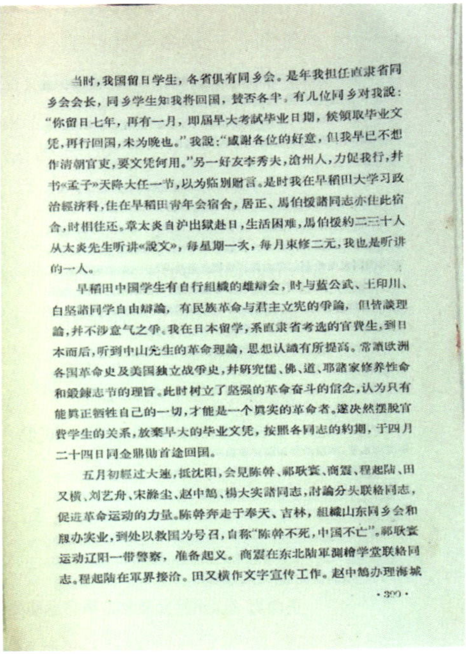
当时，我国留日学生，各省俱有同乡会。是年我担任直隶省同乡会会长，同乡学生知我将回国，赞否各半。有几位同乡对我說：“你留日七年，再有一月，即届早大考試毕业日期，候領取毕业文凭，再行回国，未为晚也。”我說：“感謝各位的好意，但我早已不想作清朝官吏，要文凭何用。”另一好友李秀夫，滄州人，力促我行，并书《孟子》天降大任一节，以为临别赠言。是时我在早稻田大学习政治經济科，住在早稻田青年会宿舍，居正、馬伯援諸同志亦住此宿舍，时相往还。章太炎自沪出獄赴日，生活困难，馬伯援約二三十人从太炎先生听讲《說文》，每星期一次，每月束修二元，我也是听讲的一人。

早稻田中国学生有自行組織的雄辯会，时与蓝公武、王印川、白坚諸同学自由辯論，有民族革命与君主立宪的爭論，但皆談理論，并不涉意气之爭。我在日本留学，系直隶省考选的官費生，到日本而后，听到中山先生的革命理論，思想认識有所提高。常讀欧洲各国革命史及美国独立战爭史，并研究儒、佛、道、耶諸家修养性命和鍛鍊志节的理旨。此时树立了坚强的革命奋斗的信念，认为只有能眞正犧牲自己的一切，才能是一个眞实的革命者。遂决然摆脱官費学生的关系，放棄早大的毕业文凭，按照各同志的約期，于四月二十四日同金鼎勋首途回国。

五月初經过大連，抵沈阳，会見陈幹、郝耿寰、商震、程起陆、田又横、刘艺舟、宋滌尘、赵中鵠、楊大实諸同志，討論分头联絡同志，促进革命运动的力量。陈幹奔走于奉天、吉林，組織山东同乡会和興办实业，到处以救国为号召，自称“陈幹不死，中国不亡”。郝耿寰运动辽阳一带警察，准备起义。商震在东北陆軍測繪学堂联絡同志。程起陆在軍界接洽。田又横作文字宣传工作。赵中鵠办理海城

·399·

**王葆真《滦州起义及北方革命运动簡述》局部 / 《辛亥革命回忆录》五 P398-399**

和任务，殊无和汪接洽的必要。同时我也不参加胡鄂公的共和会。我与江浩、赵秀章、凌鉞几位同盟会同志，另有秘密的联系，有时孙諫声、白雅雨和凌鉞等同来見面。也有时去到生昌酒店和吉祥里去会一会同志。

十一月五日左右，凌鉞、孙諫声、白雅雨同来晤談，主张继續发动滦州起义，并将与王金銘、施从云、馮玉祥、张建功各营接洽的情况相告。我說："我在滦州时見张建功曾对张紹曾表示很忠誠，他說完全以統制的馬首是瞻。后来我問朱霽青、何任之，說他靠不住。現在二十鎮多已分散駐紮，与前时不同，兵分則力薄。袁世凱入京后，調来軍队，拱卫京畿，对滦軍早有戒备。同志們矢志革命，見义勇为，不怕牺牲，是很可敬佩的。但需要謀定后动，决策制胜，如果决定起义，应与丁小川地方民軍联合一起，作游击战，广結声援更为必要。"孙諫声同志有鼓励我同去滦州之意。我因接上海同志来函，中山先生到沪，約我去汇报北方情况，乃向孙說明此次不能同行。凌鉞同志表示希望我快去快回。如果滦州举义发动，并希望我代表同志們向中山先生报告，速派援軍并汇款接济。討論毕，我就准备繞大連赴沪。白、孙、凌諸同志則准备赴滦州。

十一月十日，凌鉞、孙諫声、白雅雨等率領民兵二十余人，进入滦州州署，說服州官朱佑保，即在州署設立北軍革命軍政府。

十一日，在北关师范学堂营部內开軍事会議，为防止标統岳兆麟和通永鎮总兵反对革命，拟举二人为正副大都督。十二日晨，岳兆麟潜赴开平向王怀庆报告滦軍謀变，怀庆电袁世凱請兵，袁即調曹錕部队赴开平一带防堵，并令王怀庆赴滦撫慰。袁又借滦州兵变，要挟清廷让与政权。

十三日王怀庆至滦，威胁王金銘、施从云、张建功、知州朱佑

· 409 ·

王葆真《滦州起义及北方革命运动簡述》局部 /《辛亥革命回忆录》五 P409

文献七

# 孙中山与辛亥滦州起义

唐向荣

**编者按**：辛亥北方革命史研究学者唐向荣所著《孙中山与辛亥滦州起义》一文，原载《辛亥滦州起义》一书（团结出版社，2011 年 7 月），本书谨在此全文刊载。

辛亥年末，爆发于京畿肘腋的滦州起义很快就被清内阁总理大臣袁世凯所绞杀，而绞杀起义的袁世凯很快又成了民国大总统。缔造民国的起义先烈竟被民国总统所杀，为了掩盖这种悖谬绝伦的罪行，袁党矢口诬指起义为“贼匪”、“兵叛”，颠倒是非，封锁真相，“言者成祸，片纸不留”。

这就是说，这次起义的内情从一开始就遭到严重的封禁和歪曲。以后八十多年又累遭历史的曲折，一直没有得到应有的研究和弘扬，民间久已湮灭，历史学界一般说来也是“知其事而不知其详，知其概而不知其隐”。1960 年当我接触这一课题之初，也仅仅是做为家乡历史上的一项地方事件来看待，所以 1962 年第一次偶尔发现了涉及孙中山的史料线索时，曾经大吃一惊。

研究表明：辛亥滦州起义不是滦州人自发自起的地方事件。而是同盟会等革命团体从当时战略全局出发而艰苦策动的重大部署。从起义决策之前到烈士牺牲之后，孙中山一直给以多方关注。这种关注，从孙中山对北方革命的总体部署和高度重视来看，有其历史的必然性。至于起义地点何以选在滦州，则有种种因素包括偶然因素相促而成。前者将在《论孙中山的北方革命观》中专文讨论，本文则胪列孙中山的相关史料，并略加考述。

## 一、孙中山两次听取滦州起义及辛亥北方革命汇报，并亲批经费二十万元

1911 年 12 月 25 日，长期奔走欧美各国进行外交努力的孙中山经海路回国，到达上海。当时正是南北议和紧张进行、民国政府即将成立的时候，孙中山日理万机，极其忙迫，但他念念不忘北方革命，特约滦州起义重要策动者之一、同盟会代表王葆真南下，当面汇报北方革命情形。据王葆真 1962 年遗文：

“（农历）十一月五日左右，凌钺、孙谏声、白雅雨同来晤谈，主张继续发动滦州起义……孙谏声同志有鼓励我同去滦州之意。我因接上海同志来函，中山同志到沪，约我去汇报北方情况，乃向孙说明此次不能同行。凌钺同志表示希望我快去快回。如果滦州起义发动，并希望我代表同志们向中山先生报告，速派援军并汇款接济。讨论毕，我就准备绕大连赴沪，白、孙、凌诸同志则准备赴滦州。”[1]

在王葆真离滦之后，12 月 31 日滦州起义爆发。另一位重要策动者、北方革命协会会长胡鄂公也取道秦皇岛赴南京汇报。1912 年 1 月 10 日抵上海，会见宋教仁、伍廷芳，13 日向孙先生面述起义情形并要求接济军费 20 万元。据胡本人记载：

“正月（指公历 1 月）13 日，予至南京，偕陆军总长黄兴谒大总统于总统府，为言南来请款事。大总统接予所具节略，曰：‘沪军都督陈其美昨晚来电，亦谓北方革命现在极宜推动，不可有所瞻顾；所言甚是’。旋顾予与兴曰：‘此二十万元即由陆军部拨付；他日若有急需，可再来电汇寄。北方革命运动，固重于目前一切也’。”【2】

开国之初，南京政府财政非常困难，孙先生却一笔批付起义军费 20 万元。这显然是出于全局性战略考虑，武昌首义之后，宁沪相继光复，南方大局底定，当务之急，就是与盘踞北方的反革命大本营作最后决战。如陈其美所说“使北方同志响应于内，吾等进攻于外，庶几可以击败袁氏而消灭清室”，【3】所以北方革命确实“固重于目前一切也”。滦州虽然只是一州之地，但滦州起义建立的却是“中华民国北方军政府”，统率的是北方革命军，宣布“本政府设于北京，暂设滦州”。当时的部署是“京津稍缓，曷如树义帜于滦州”，滦州起义当时已成为辛亥北方革命的焦点。孙中山的格外关注，正反映了当时战略全局的真实状态和紧迫需要。

## 二、孙中山给滦州起义以崇高评价

胡鄂公离南京北返之后，王葆真也辗转来到南京，此时滦州起义已被袁世凯残酷绞杀，孙先生再次听取滦州起义汇报。据王葆真回忆：

“（1912 年）1 月 20 日左右，张继同志同我去见中山先生。中山先生奖励我们北方同志的奋斗，并问北方革命运动情况”。“中山先生问有什么见解，我答：‘袁世凯绝不讲信义……曹锟兵到滦州，挖了孙谏声的心肝，割了白雅雨的头颅，又使人暗杀吴禄贞，破坏革命无所不用其极……如果把国家政权让给他，他必然完全摧毁革命事业……’”【4】“孙先生对北方起义和牺牲的同志表示深厚的同情和哀悼……，先生鼓励我说：北方同志是能坚持主义、不辞艰险劳苦、始终为革命奋斗的。令我为同盟会燕（河北省）支部筹备主任。是年 6 月先生北来津京，宣传民主政治的要义，并到石家庄亲临吴禄贞的追悼会。”【5】

3 月 17 日，黄兴主持吴禄贞烈士追悼大会，并宣读孙先生亲撰祭文，内有四句直接涉及辛亥滦州起义：

“滦州大计，石庄联军，

将犁虏廷，建不世勋！”【6】

“不世勋”，意为不是每个时代都有的、非凡的、特殊的功勋。挽词的主体是吴烈士，但烈士与他为之献身的事业是不可分的，孙先生的挽词显然也体现了对辛亥滦州起义的崇高评价。

滦州起义另一位重要策动者、京津同盟会军事部长彭家珍在起义失败之后，激于革命的义愤，舍身炸死了清廷主战派首领良弼，这是滦州起义的衔接和继续。良弼一死，主战派群龙无首，作鸟兽散，成为清廷退位的另一因素。孙中山曾经亲自恭祭彭烈士，并亲书奠词“我老彭收功弹丸”！46 岁的孙先生称 24 岁的彭烈士为“我老彭”，尊崇而亲切的挚情洋溢其间。“收功弹丸”和“建不世勋”都是从推翻帝制，建立共和的历史高度而立论，表彰的虽然是烈士个人，却正是对以滦州起义为焦点的辛亥北方革命的崇高评价。孙中山后来曾这样讲“武昌既稍能久支，则所欲救武汉而促革命之成功者，不在武汉之一着，而在各省之响应也。”【7】《民国政府表彰令》称“辛亥光复，发轫于武昌；而滦州一役，实促其成”；【8】台存史档也认为：滦州起义“为武昌首义最得力之应援”，【9】称滦州为辛亥“举义之圣地”。可见孙中山的评价也是历史的共识。

## 三、孙中山致电，仗义执言

滦州起义爆发后，袁党力主“即照土匪律严拿惩办”，一方面封锁真相，一方面又滥施诬蔑，称起义军是“甘心为叛”，“悖逆暴动”，“宣告独立”，“罪不容诛”。袁世凯又授意北方九省督抚，联名致电内阁，袁世凯再将这封“联名电”转致南方议和代表伍廷芳，诬称：

“自鄂告变，各省乱民潜煽”，“北方军民，大动公愤”，声明对于起义军“即以兵力制服”，“就地惩办”，并强硬宣布“南方苟再无理诘问，应即置之不理”！【10】这是对南京政府的严重挑衅，对滦州起义及北方革命的恶毒诬蔑和猖狂反扑！

孙先生针锋相对，于1912年1月29日亲自给北方统兵将领发出一封“万急”电，严正指出：“【万急】……民国义军本为4万万人谋幸福，不得已而诉诸武力。”又指出“南北本为一家，岂肯为少数人之私而流血”？“民国政府但图共和成立，救同胞于水火，他无所恋”！最后又恳切正告“转敌为友，实在今日，否亦在今日。请熟思而审处焉，幸甚！”【11】

1912年1月间，正是滦州起义及北方革命志士在滦州及北京、天津、保定、石家庄、通州、张家口等地先后举事遇难的时候，收报人中又有“新民潘统制”即驻守新民府的清新军第二十镇新任统制潘矩楹（张绍曾被免职后接任），他正是滦州起义军的直接上司和残酷镇压者之一，在绞杀起义后重回原驻防的奉天新民府。所以孙中山这封万急电对于滦州起义来说，确有特殊的针对性。孙先生是在逆流猖獗的时刻，挺身而起，仗义执言，维护了滦州起义的正义性，展示了起义英烈的崇高理想和博大襟怀。

## 四、孙中山辞职后仍珍藏着辛亥滦州起义有关资料

1912 年 2 月 13 日孙中山荐袁自代，4 月辞职离府。令人感动的是，辞职后他仍然保存着滦州起义及北方革命的有关资料，如关于华北清军装备、兵员实力的调查等项。特别是在故居藏档中，还有一封有关滦州起义的电报，这封电报本来是京津同盟会 1912 年 1 月致会长汪精卫的，却由孙中山收存，内称："……滦州事败后，孙鼎臣等 20 余人俱剖腹挖心，……尊处能否将北伐事预备完全，俟得此间活动期限，即迅速北上！乞兄转商孙黄裁复，京津支部。"【12】

保存这样的电报，孙先生的悲愤之情是可想而知的（按：孙鼎臣即孙谏声，滦州起义军军务部长兼津军司令，后被叛徒押至州城西南角，破腹惨死，血顺城墙流下，至 60 年代犹有亲历之老者回忆此事，悲痛失声）。

这封电报，除报告烈士牺牲之惨，还殷切敦促北上。应当说，孙先生下定北伐决心，并且把滦州纳入北伐方略，这也是背景因素之一。

## 五、孙中山亲来滦州视察

孙中山对北方革命的策动，对滦州起义的部署，都是在远离北方的情况下，根据情报资料来谋划和决策的。当起义烈士悲壮殉国之后，他渴望亲临其地。

1912 年 8 月 24 日，孙中山应袁世凯之邀，由上海乘船经天津赴北京，逗留一月，公务繁忙，每至夜深。至 9 月 22 日到天津，9 月 24 日特到滦州视察。据天津商务总会访查员报告：

"敬启者：孙中山先生今早（按：指九月二十四日）八点半钟乘坐火车前往唐山、开平、滦州、榆关等处。"

据史料，此次陪同孙中山前来视察的有黄兴、宋教仁、胡汉民、王宠惠等 7 人，先后在滦州唐山镇参观考察了铁路工厂、开平矿务局、启

新洋灰公司和唐山铁路学校，并在该校发表讲话，说“国民革命需要两路大军，一路投身锋镝之间，进行武装斗争；一路投身科学和实业”。又说“要中国富强起来，必修铁路十万英里，公路百万英里。深望诸君共勉，以身许国”。之后即东行百里至滦州，又至榆关一线考察。上引访查员又有报告称：

“敬启者：孙中山先生由山海关九月二十五号晚七钟余到津，在火车上住宿一夜。时有地方侦探探访、保护。至次早五钟余，搭津浦火车前往山东济南府。九月二十六号访查员苗杏林呈。”【13】

从报告看：孙先生回津以后不下火车直返山东，可见时间是多么紧迫，而他从 22 日晚 6 点抵津到 26 日早离津，在此延搁 80 多个小时。虽然不必说他是专为凭吊和怀念滦州起义而来，但他由天津、唐山、开平、滦州至秦皇岛榆关，又原途而返，这正是辛亥滦州起义由策动到爆发再到烈士就义的完整路线。

可惜的是，此时的滦州（乃至整个北方）已处在袁世凯的高压之下。他绞杀了滦州起义却又窃踞了民国大总统，为掩盖罪证，严禁讲说，“言者成祸，片纸不留”。年初“雷庄起灵”留下的烈士们“尺二写真”大幅画像及挽联挽幛等，各处均不敢摆放，最后不知所之。官方报纸连续登载《恭颂王公德政》（歌颂屠杀起义烈士的王怀庆），又特派起义领袖王金铭之兄、主张杀害其弟的顽固军官王金镜驻军冀东，起义故地已经处于是非颠倒的白色恐怖之下。孙先生视察起义故地的详情已经不得而知，虽然只留下访查员两份简短的报告，但孙先生的尊崇眷怀之情却足以烛照青史。

## 六、回溯：孙中山在创立兴中会的前夕，初到滦州

滦州原属直隶永平府，东起滦河，南临渤海，包括今唐山市、滦县、滦南县、唐海县一市三县的全部及丰南市的一部分，地处北宁铁

路与滦河天险的交汇点，是冀东走廊的锁钥之区，关内外咽喉要地，历来兵家必争。

考察发现，孙中山对冀东滦州的了解实际上很早：早在辛亥革命 17 年以前的 1894 年他已经初到滦州。当年 6 月下旬，28 岁的孙中山与好友陆皓东经上海到达天津。上书北洋大臣李鸿章八千言，痛言改革之策。被李鸿章拒绝不纳，“由是深知清廷腐败无可救药”。于是孙中山进一步考察北方，于 7 月间同陆皓东来到距天津仅 200 多里的滦州唐山镇（当时唐山为滦州所属一镇，至 1938 年始建唐山市）。其背景是：唐山镇附近的滦州开平镇一带民间早有土法采煤，鸦片战争以后各地办厂，大量需煤，进口不足，但磁州煤矿因英国订购机器不全而停办，台湾基隆煤矿在中法战争中又被炸停产。形势紧迫，李鸿章乃于 1876 年面谕上海招商局总办，以“精娴洋务”而著称的唐廷枢率英国矿师等人来滦州勘测煤铁矿情，经北京同文馆和伦敦化学家化验评估，认为成色上乘，前景广阔，“亟宜开采”，于是 1878 年 7 月成立开平矿务局，唐廷枢出任总办。

唐廷枢原籍广东香山县（今中山市），为孙中山的同乡。他招聘了很多广东同乡北来做工经商，经过 20 年来的援引生聚，唐山的广东籍人士已达一两千人，今唐山市西山口至建国路一带建成繁盛的“广东街”，并建有“广东同乡会”和“广东会馆”，香山孙氏亲族聚居之处起名孙家岗。

孙中山此次来滦州就住在孙家岗，先看望孙氏族人，又在广东会馆与各界同乡会面，盘桓两日，结识了许作宾、邓培等领袖人物，这些人后来都成为同盟会骨干（邓培后任中共唐山市委书记、中华全国铁路总工会委员长，并赴莫斯科受到列宁接见）。孙中山曾这样概括他此次离乡考察“北游京津，以窥清廷之虚实；深入武汉，以观长江之形势”。【14】

上书失败，加之北游所见，使他看到“满清政治之龌龊，更百倍于广州”，【15】“先生决志以革命手段推翻清廷”。当年秋天，孙中山即远走檀香山，组建中国第一个资产阶级革命团体兴中会，“振兴中华，挽救危局”。可见他正是在酝酿决策反清革命的重要时刻初到滦州的。

唐廷枢主持开平矿务局时，曾经延揽很多富有新学的人才，如著名维新思想家严复就在矿务局董事部任职。1905 年春严复奉派由滦州去伦敦办理矿权交涉事宜，正好孙中山也正在伦敦奔走革命。此时距孙中山初到滦州已有 11 年，他特去拜访，两人痛论救国之迫切。严主张由教育入手，孙主张武装革命，他说“君为思想家，鄙人乃实行家也”！【16】

当然此时还谈不到滦州起义，仅是孙中山接触滦州之始。

## 七、孙中山客观上为滦州起义预设了两个策源地

辛亥滦州起义的两个主要策源地，一是东北奉天，二是直隶天津。

滦州地处京畿咽喉，清廷与袁党控制极严。正如后来起义布告所说：“直隶为鞑虏势力所束缚，士庶之受胁制已成习惯，而人心之不可复活，一等于死灰。”【17】因此，在南方革命风起云涌的形势下，清廷特选中滦州一带铁路沿线于农历八月举行大规模军事演习，以镇慑天下，史称“永平秋操”。驻守奉天新民府的清新军第二十镇入关参操，进驻滦州。

正是东三省同盟会的骨干蓝天蔚、商震、程起陆、朱霁青、李德湖等自奉天频繁来滦，策动该镇起义。“密定于会操时共同发难，颠覆首都，一举而定”。“以第六镇和第二十镇，一由石家庄、一由滦州上火车，假清君侧名义，光复北京，公推吴禄贞为最高领袖”。【18】

奈因立宪派紧张活动，将起义大计改为“维护皇统”的“滦州兵谏”，11 月 7 日吴禄贞被暗杀，“党人之中央革命计划尽成泡影”。【19】第二十镇被分散调开，滦州只剩该镇七十九标三个营驻守。

这时又是天津共和会、北方革命协会的志士白雅雨、胡鄂公、王葆真、凌钺、丁开嶂、王法勤、孙谏声、张良坤、崔震华等冒险来滦，艰

苦策动，于 12 月 31 日起义滦州，建立“中华民国北方军政府”，宣布“本政府设于北京，暂设滦州”，开创了中国北方的共和第一声。

而奉天和天津的同盟会又正是孙中山苦心经营，一手培育的。据史料：1906 年他“特派廖仲铠来天津进行革命活动，1908 年孙中山为了策划北方起义而再次派廖仲铠来天津进行秘密工作”。“当时许多从日本归来的留学生也在天津宣传资产阶级革命思想”。“设在天津法租界的京津同盟会机关报，鼓吹实行中央革命”。“天津街头，革命党人四处散发传单，聚众演说，革命潮流汹涌津门”。【20】

1907 年孙先生派遣宋教仁到东北，“以创办实业为名，于 1907 年春在奉天成立同盟会辽东支部”，“发展对象首先是教育界，其次联庄会，再次是军界”，“大力进行宣传鼓动工作”。【21】

孙中山曾指出：建会之后，“中国同盟会遂为中国革命之中枢……而国内各省亦由会员分往，秘密组织机关部，于是同盟会之会员凡学界、商界、军人、政客、会党，无不有同趋一主义之下，以各致其力”；“至留学生之加盟者，除甘肃一省未有留学生外，十七省之人皆与焉。”【22】辛亥滦州起义就是在这样的背景下进行长期酝酿而爆发的。1911 年初，孙先生致友人信中明确写道：“北军必可起于燕齐，中军必可起于吴楚，此弟数年之计划也！”【23】

“北军必起”——可见孙先生信心之足；“数年之计划”——可见孙先生策动之久。由于北方革命特殊的艰巨与隐秘，所以“数年之计划”的详情史料已经很难看到，但后来的辛亥革命大势确与信中所说相合：发轫于楚地武昌，促成于燕地滦州，而滦州起义军也确实自称“北军”。所以，孙中山对滦州的了解，不仅限于滦州自身，更来自策动北方革命的方方面面。关于奉天和天津同盟会的建立，至少可以说，孙先生在客观上已经为滦州起义预设了两个策源地，我们追溯这次起义的来龙去脉，孙中山对北方的种种直接和间接努力，均成为滦州起义的必要前提。

## 八、孙中山关注着北方清军将领的动向

清末下层官兵虽有革命倾向，但皇家兵马能否转变为反清武装，在相当程度上决定于中上层将领的政治态度和调遣动向。

此前“华北的军官都出身于保定军校和讲武堂”，“因此较少受到革命思想的感染”。【24】1907 年初，袁世凯被黜，皇族掌军，一批留日归国的士官生得以荐用，这是一个重要动向。如胡汉民函告孙中山“现吴禄贞任六镇统制，将来或可有为”。【25】这一动向引起孙先生极大关注。1911 年 8 月 10 日他致函美国战略学家咸马里：“近日我收到大量来函，催促我尽快东返并从速发动起义……我又收到国内数封函电，据称：在北京以外的新军有 10 镇确有把握，而首都各镇皆大有希望。最近我党同志吴禄贞将军已被任命为第六镇统制。此外，迄今在其它省份工作的直隶籍军官目前已回北京陆军中任职。”【26】

吴禄贞原是东三省同盟会负责人之一，武昌起义后奉调入关，驻石家庄，南拒袁世凯，西联阎锡山，成为北方革命中举足轻重众望所归的人物。信中所说“在其他省份工作的直隶籍军官”，系指张绍曾。他是直隶大城人，原在山东第五镇任一等参谋官兼炮兵标统，此时调京任陆军部一等参议官兼贵胄学堂总监，不久调任驻奉天新民府新军第二十镇统制，后来的滦州起义军就是该镇三十九协七十九标官兵。

孙中山和同盟会当时曾把北方革命的希望寄托于吴禄贞、张绍曾、蓝天蔚三位手握重兵又到滦州参加“秋操”的新派军官身上。同盟会代表王葆真三下滦州，敦促张绍曾“立即动员，直取京津”，认为北京当时‘即无众兵防守，而且人心思汉”，“南北联成一气，革命大局一举可定”【27】京津同盟会也决策“京津稍缓，曷如树义帜于滦州”，【28】共和会也决策“主要任务是策划滦州起义，然后进攻北京”，【29】东三省同盟会也“建言三策”，上策也是“起义滦州，由滦州直攻北京”，

[30] 北方革命协会则决定“发动京津保通石及任丘”一并起义以配合滦州，滦州起义乃成为北方革命的焦点。

## 九、孙中山掌握了京畿清军装备的情报

当时德国最大的军火企业克鹿卜工厂（今译克虏伯）为了罪恶的军火贸易，不惜以特务手段多方刺探中国各军机密，汇总制成一个内容庞杂的总表，名叫《1910 年中国各镇（师）枪数之多少及口径之大小与制造之年号一览表》，详细登记了陆军部、禁卫军及各省的驻军番号、驻军地点、大炮种类、数目、口径、身长倍数、制造年号、制造厂名、是否安装瞄准镜、最大射程，计 10 个项目一一窃取入表。深谋远虑的孙先生居然将这样一份机密情报掌握在手了。据《孙中山藏档选编》编者说明：他们至今也不知道“孙先生何时并通过什么途径获得这份材料”，“待考”；只知道孙先生得到这份贸易信息之后，即改制为一份完整的绝密军事情报，改题为《清国陆军各镇武器装备调查表·1910 年》，从而对全国军情一一掌握，了如指掌（浙江、福建、川陕、云南情况暂缺）。此表当然不是专为滦州而制，但它对于决策滦州无疑有重大参考价值。如表中显示：当时驻守冀东永平府（滦州为其所属）的是清新军第六镇（按：该镇后由留日同盟会员吴禄贞任统制），拥有大炮 54 尊，口径均为七生半（7.5 厘米，当时将 centimetre 译为生丁，简称生，即 1 米的百分之一）。其中有野炮 36 尊，为 1904 年产品，最大射程 7000 米；另有山炮 18 尊，最大射程 5000 米，都是另一家军火厂“时那依得公司”所造。再如，后来发动滦州起义的第二十镇，孙先生已察知该镇当时驻守奉天，拥有德国克鹿卜厂 1904 年所造山炮 54 尊，口径 7.5 厘米，最大射程 4250 米，尚未安装“间接瞄准圆规”；另有中国汉阳 1895 年制造山炮三门，口径 5.7 厘米，最大射程 4800 米。再如北京驻军，也就是孙先生设想“中央革命”的直接军事对手，包括宫廷禁卫军和新军第一镇，共配备新式远程大炮 114 门，射程从 4800 米至 7300 米，包括 1895 年汉阳造、明治 30 年日本大阪造、1910 年克鹿卜造各式山炮、野炮。[31]

随着滦州起义成为北方革命的焦点，上述情报就成为孙先生谋划北方革命的重要参考。

## 十、孙中山调查华北清军兵力

1911 年武昌起义前，人们看到孙先生奔走于欧美，策划于南疆，却不知道他同时还在操办着一件大事。他向华北的同盟会员及其外围联系人员秘密寄发了一张表格；叫做《本地兵力调查表》，“统一格式和栏目，秘密发往各地，表末并要求写明调查人姓名及填制日期”。这种调查自然是危险的；但各处驻军之处都完成了调查任务。孙先生汇总之后，编成《华北清方兵力调查表》，后由孙先生故居陈列馆收藏，现存《孙中山藏档选编》。据有关记载判断，似为孙中山所布置，在 1911 年夏季以后，武昌起义以前这段时间调查编制而成。这一表与前述武器装备表不同。他不是综览全国，可是专门针对华北的。特别是专门针对京津至山海关以内，一下子把滦州所在的京奉铁路沿线冀东一带突出出来。这反映了北方革命的战略地位日趋重要，也正是孙先生突出关注北方革命的又一步骤。

调查表清楚地显示北方 14 处驻军要地的军队番号、统帅姓名、职衔、下辖兵种、建制、兵员数目、武器配备、负责同该部联络的同盟会员姓名、联络状况等，应有尽有，一目了然。

如表中显示：当时驻守渤海沿岸即滦州一带的是清陆军第三镇，统制（师长）为曹锟，下辖炮兵 2 营、步兵 1 协（旅），马队（骑兵）2 营，总兵力 4 千余，配备陆炮 36 门，子弹“颇足”，30 式步枪 3500 支“子弹不详”；负责联络的同盟会员是张香圃和李兴圃；联络状况：“已有一半联络成功，炮兵全数（成功）”（按：曹锟是袁世凯死党，后来在雷庄亲自残酷镇压滦州起义，当时该部确有同盟会员，在战场上临阵拒绝射击）。又查明，袁世凯的亲信唐天喜所率“陆军混成协（旅）第十标（团）。下辖步兵 3 营，炮兵 2 队（连），马队（骑兵）2 队（连），兵力 2000 余人；配备陆炮 12 门，30 式枪 2000 支，每炮备有炮弹 300 发，每枪配有子弹 500 发，联络者崔翰”，“已联络半数以上”。【32】

调查表前，特地标出重点调查区域：“沿京奉路线至山海关止；北京以内止；保定以内止；天津以内止。”滦州作为其中的军事要地，在孙先生的视野中已经逐渐凸显出来。只是他这时正在风尘仆仆，奔走海外，对北方革命的种种心血竟长期不为人知。

## 十一、孙中山明言“直隶军队且内应”

有关孙中山亲到滦州，亲查军情，亲列表格，亲听汇报，亲批军费，亲笔题词，亲书电文，亲致信函，亲来视察等情，已如上述。另有若干史料，反映了孙中山曾经参与此次起义之策动，史料来自孙中山的回忆和起义文告两个方面。先看“北方军政府”大都督王金铭文告，内称“本都督奉军政府命令，爰举义旗，驱逐虏廷，光复旧土……现组织临时政府于南京，克期即可成立。从此神州大陆，将树共和之旗；黑水白山，永为民国之域矣”！【33】

该文告写于孙中山就职之前，却已宣布南京政府“克期即可成立”，组织共和民国，这说明滦州起义者已经预知内情；另一方面，孙中山也曾回忆说“夫当时民国已有十五省，而山东河南民党亦蜂起，直隶则军队且内应……”【34】

从上述文告以及“听取汇报”、“政府名称”等情况看来，孙中山这里所说的“直隶军队”显然正是指滦州起义军。但如何“接奉命令”，如何部署“内应”，内情尚待详察。

另有孙中山通过王法勤（王励斋）和白雅雨（白毓昆）来部署滦州起义的记载多项，如：《辛亥滦州革命纪实》第三节：“……在天津任教员之党员白雅雨及王励斋等”，“奉孙总理之命，由南方北来，在山海关天津一带活动鼓吹。”

同书第 11 页："迨至十一月初十夜间，南京政府派华北共和促进会会长白雅雨，率凌钺、熊飞等 30 余人送到北洋（方）军政府大都督印信。"【35】

罗正纬《滦州起义殉难烈士·施从云》一文记载："今孙总理遣白毓昆等来滦，举王金铭为北方大都督，从云为总司令。"【36】

《国民军革命史》第二章记载："适白雅雨奉孙中山先生之命北来会商，遂决联络烟台都督商震……"【37】

泰山"辛亥滦州起义烈士祠"《碑记》记载："……适白君雅雨奉中山孙总理命，密赍北洋（方）军政府大都督印绶抵滦，促各部速发，冀以牵制南下之师……"【38】

张国淦《辛亥革命史料》第二章载："至初十日，南京政府派白雅雨赍北洋（方）军政府大都督印信来……"【39】

白雅雨、王法勤如何接奉孙中山之命，内情尚未详知，但多家有记，反映了孙中山与滦州起义及辛亥北方革命的关系。

## 十二、从"中常会"决议到"国民政府令"

上文说过，孙先生与滦州起义的关系，在同盟会元老和民国要员那一代人中，人人皆知，从无怀疑。这里再举一项史实。

民国 23 年（1934 年）8 月，冯玉祥向最高当局提出议案"谨呈国民党中央党部"，收文书字 13136 号，长达 10 页，内容是"缕呈"滦州起义始末，请为隆重纪念。

10 月 4 日中常会正式批准了这项议案："案准冯委员玉祥等提议，为辛亥滦州起义革命先烈王金铭、施从云等起义滦州，勋绩彰然；乃二十年来，毅魄忠魂，迄无表著，特缕呈经过事实，请予施恤"等由一案，当经中央第一四一次常会决议：

（一）在滦州建纪念碑或纪念塔，交行政院筹办。

（二）事迹交党史史料编纂委员会。

（三）交抚恤委员会议恤。【40】

总之，此项“案准”是全面批准了原提案，并做出了高规格的纪念决定。

而在长达10页的原提案中，第一句就是：

“辛亥滦州起义之役。先总理实主持之。”

开宗明义，明确阐述了孙中山与滦州起义的关系（“先总理”指孙中山，1905年8月20日中国同盟会在东京召开成立大会以及1912年3月3日中国同盟会本部大会举为总理）。

原提案第4页第3行起，陈述“滦州兵谏”失败后，“白雅雨奉先总理之命，密赍北洋（方）军政府大都督印绶抵滦，促各部速发，冀以牵制（清廷）南下之师……”【41】

历史的曲折湮灭了某些重大史实，使后人感到生疏惊疑，但当事人却感到自然而然，据实案准。在上述决议案后亲笔手书签名的中执委依次是：居正、程潜、孙科、孔祥熙、黄郛、薛笃弼、李烈钧、张之江、朱霁青、于右任、汪精卫等。其中有滦州起义和辛亥北方革命的亲历者，也有与孙中山共事多年、颇具德望的同盟会元老。【42】

当时，滦州已被日伪占领。为了摧残民族意识，日伪严禁纪念起义先烈，在滦州“建碑筑塔”的决议被拒，坚持记载起义史的县志局长被杀。中国当局乃改在京西和泰山分别建碑筑塔。1937年建成，5月26日举行国葬典礼，《国民政府令》：“派冯玉祥、于右任、李烈钧、丁惟汾、王法勤、商震、鹿钟麟、秦德纯、张之江、石敬亭、韩复榘、宋哲元为滦州起义先烈国葬典礼筹备委员会委员”，【43】行政院长通令全国

“于是日下半旗致哀”，[44]出版《国葬特刊》，陈述“辛亥滦州之役，先总理实主持之”。

《一四一次中常会决议案》和《民国政府令》再次证实了孙中山与辛亥滦州起义的关系。只因种种历史的曲折，史实未得弘扬，这一公认的史迹才变成了今天的史疑史隐。笔者限于学识、精力和财力，仅仅挖掘以上的相关史料，若干线索尚未能探考，但就现有史证，已能得出客观结论如下：

## 十三、结论

1、史学前辈李侃有言“历史有时候是可以而且应当改写的。不过，这种改写的一个基本要求，就是应当尊重历史事实和科学地分析历史的客观进程”。[45]孙中山与滦州起义及辛亥北方革命的关系，由于历史的曲折而疏淡已久，应予重新认识。

2、辛亥革命是各地多次起义的群体胜利，不必也不应该片面强调某一起义的作用。只是滦州起义及辛亥北方革命的深层内情由于特殊的历史遭遇而被泯灭和扭曲，因此，探寻史隐，厘清史疑，恢复历史的本来面目，应属历史科学的当然课题和海内外的共同责任。

3、从起义策动之前到烈士殉国之后，孙中山对滦州起义及辛亥北方革命一直给予高度关注。

4、史证表明：辛亥滦州起义是孙中山亲听汇报、亲予表彰、评价崇高、屡有关注的反清壮举，是辛亥革命阶段中国北方唯一正式建立革命政权的辉煌史绩，是应援武昌首义和促成清廷退位的历史因素之一。

5、长期以来、海内外研究孙中山的辛亥业绩，一直集中于“发动南方”和“奔走海外”两大方面，但对他“策动北方革命”的艰辛勋业，却言之寥寥，不妥。要清醒认识近代史上的这一盲区，要还给世人一个完整的孙中山！

6、长期以来，海内外研究孙中山辛亥业绩的论文专著，均不涉滦州起义，而介绍滦州起义的文著，又不涉孙中山。偶有提及，也是片段点滴，蛛丝马迹。这是历史曲折导致的普遍性史误，应予存真求实，恢复历史的本来面目。

7、孙中山与滦州起义及辛亥北方革命之关系研究，目前虽然已经足以立论，但挖掘的领域和深度仍觉不足，亟待深入展拓。

8、此项史迹的发现与确认，是邓小平同志“解放思想，实事求是”思想路线的又一成果，是拨乱反正挽救下来的学术课题，也是海峡两岸学术交流互匡互补的又一体现。

（原载《辛亥革命研究动态》1998 年第一期《辛亥北方革命研究专号》第 13—22 页）

注释：

【1】王葆真《滦州起义及北方革命运动简述》，《辛亥革命回忆录·五》409 页，文史资料出版社 1981 年版。

【2】胡鄂公《辛亥革命北方实录》，《中华民国开国五十年文献》第二编第五册 216 页，台北 1962 年版。

【3】胡鄂公《辛亥革命北方实录》，《中华民国开国五十年文献》第二编第五册 187 页。

【4】王葆真《滦州起义及北方革命运动简述》，《辛亥革命回忆录·五》420 页。

【5】王葆真《纪念伟大的革命领导者孙中山先生》，《河北日报》1956 年 10 月 11 日，并见《王葆真文集》338 页，团结出版社 1989 年版。

【6】《时报》1912 年 3 月 17 日。

【7】朱正编《革命尚未成功——孙中山自述》8 页，湖南出版社 1991 年版。

【8】《国民政府表彰令》，见京西辛亥滦州革命烈士纪念园碑文。

【9】乙巳俱乐部：《辛亥滦州的光复史》，同【2】书 304 页。

【10】《内阁总理大臣袁世凯致赵尔巽电·附致伍廷芳电》，第一历史档案馆编《清代档案史料丛编》第八辑 366 页，中华书局 1982 年版。

【11】《孙中山致潘榘楹等电稿》，同【10】书 372—373 页。

【12】《京津同盟会致汪精卫电》，黄彦、李伯新编著《孙中山藏档选编》115 页。中华书局 1986 年版。

【13】王成、邢毓芬《孙中山民国元年北上来津的几份史料》，《天津档案》1985 年 1 期 29—30 页。

【14】《孙中山全集》第 6 卷 229 页。

【15】《孙中山全集》第 7 卷 116 页。

【16】严璩《侯官严先生年谱》，《严复集》第 5 册第 1550 页，中华书局 1986 年版。

【17】《王大都督警告直隶同胞》，胡鄂公《辛亥革命北方实录》，《中华民国开国五十年文献》第二编 第五册 331 页。

【18】凌钺《辛亥滦州起义记》，胡鄂公《辛亥革命北方实录》，《中华民国开国五十年文献》第二编 第五册第 276、381 页。

【19】冯自由《中国革命运动二十六年组织史》转引自【2】书 382 页。

【20】来新夏主编《天津近代史》226—227 页，南开大学出版社 1987 年版。

【21】宁武《东北辛亥革命简述》，《辛亥革命回忆录》第五集 536、537 页，文史资料出版社 1981 年版。

【22】孙中山《中国革命史》第 3 节。未正编《革命尚未成功——孙中山自述》93 页，湖南出版社 1991 年版。

【23】《总理遗墨》第 40 页。

【24】梁敬錞《1911 年的中国革命》，张玉法主编《中国现代史论集》第三辑 13 页，台北联经出版事业公司 1980 年版。

【25】《京津同盟会致汪精卫电》，黄彦、李伯新编著《孙中山藏档选编》40—42 页。

【26】《孙中山全集》第 1 卷 532-533 页。

【27】王葆真《滦州起义及北方革命运动简述》，《辛亥革命回忆录·五》402 页。

【28】《革命人物志》第一集 133 页 《王金铭》，台北 1969 年版。

【29】刘清扬《辛亥革命时期的天津共和会》，《辛亥革命回忆录·六》67 页，文史资料出版社 1981 年版。

【30】参见 程起陆《关外革命回忆录》，同【1】书 562—563 页。

【31】《京津同盟会致汪精卫电》，黄彦、李伯新编著《孙中山藏档选编》6—10 页。

【32】《京津同盟会致汪精卫电》，黄彦、李伯新编著《孙中山藏档选编》52 页。

【33】《王大都督对外宣言》，同【2】书 341 页。

【34】孙中山《孙文学说》第六章《能知必行》，《中山全书·孙文学说》第 34 页，上海大通书局 民国十四年版。

【35】辛亥滦州革命同志会编《辛亥滦州革命纪实》，民国 26 年 5 月印，第 9、11 页。

【36】罗正纬编《滦州革命先烈事略·施从云》，同【2】书 345 页。

【37】《国民军革命史·第二章滦州起义》第 20 页。

【38】泰山凌汉峰下辛亥滦州革命烈士祠碑文。

【39】张国淦《辛亥革命史料》第二章 257 页。

【40】《中国国民党中央执行委员会第 141 次常会决议案》手书复印件。

【41】冯玉祥《谨呈国民党中央党部》议案手书复印件第 1、4 页。

【42】《中国国民党中央执行委员会第 141 次常会决议案》，决议案后手书签名复印件。

【43】《辛亥滦州纪实附一：国民政府命令》，《冯玉祥选集》441 页，人民出版社 1985 年版。

【44】民国 26 年 5 月 22 日《国民政府行政院快邮代电》，存档手书拟稿复印件。

【45】李侃《清末中日关系何来“黄金十年”》，《天津社会科学》1995 年第一期 96 页。

文献八

# 辛亥滦州革命先烈衣冠冢铭并序

冯玉祥

**编者按：**“辛亥滦州革命先烈纪念园” 位于北京海淀温泉镇，是1936 年冯玉祥为纪念辛亥革命滦州起义殉难的烈士而建，次年建成。1981 年，适逢辛亥革命 70 周年，北京市政府对纪念园进行了全面修复。本书谨刊载该纪念园碑刻《辛亥滦州革命先烈衣冠冢铭并序》原文。另附资料两篇，介绍北京辛亥滦州起义纪念园及山东泰安辛亥滦州革命烈士纪念碑。

方滦州革命之初起也，事孕于奉天新民府，陆军第二十镇驻此，其统制为张君绍曾，玉祥与死事最烈之王君金铭、施君从云隶焉，其余多健拔瑰奇之士。创武学研究会，以玉祥领会长，席籍以掩革命之酝酿，而外人不知也。宣统三年辛亥举行秋操大典，移第二十镇于滦州，王君金铭为七十九标第一营管带，施君从云为七十九标第二营管带，玉祥则为八十标第三营管带。是年八月，秋操未及行，而武昌起义之檄至，举朝震惊，急诏辍操，敕诸军待命。当是时，与第二十镇为鼎峙势者，为吴君禄贞所领之第六镇、蓝君天蔚所领之混成第二十协，皆磨厉以须以觇时变。已而有朝会，以第二十镇南征，张统制按兵不欲行。适清廷大购军火，由奉天经滦而西，将恃以扑灭革命军者也，猝为二十镇截留。当轴益惶遽失措，则命吴驰之滦，致抚慰以解其危，而未知吴与蓝、张三人者，固早有夙契也。至则密诏蓝来议大计，以张部为第一军，蓝部为第二军，吴部为第三军，张自滦州而西，吴自保定而北，蓝则为张之后援，左右会迫，会师北京，以覆清社，意以为咄嗟间事耳。未几而谋泄，京汉、京奉火车骤停。张知有备，持重而不敢发，则托言扶危定倾，首重人心，奏请实行立宪。且以政纲十九条为要□[1]，宣誓太庙，以昭大信，非得明谕，不欲南征也。清廷大震，温旨报可，而谋去三人之计由此萌。继而授张为长江宣抚大臣，潘矩楹代其军；以吴为山西巡抚，皆所以夺其兵柄而已。吴赴任至石家庄，被狙而殒；张知事无可为，遽释兵祠记碑拓本局部去；蓝鉴于张、吴，亦脱身逸，而一时婵赫、锐不可挡之革命锋芒为之顿息。然三人既去，而第二十镇中下级之同志淬厉益坚，猛进而不懈。朝议以为隐忧，乃分散部众，以弱其势。以七十九标驻滦州，余则移之永平，以八十标驻海阳，各以他军监视之。由是气声隔绝，已少安矣。适白君雅雨奉中山孙总理命，密赍北洋军政府大都督印绶抵滦，促各部速发，冀以牵制南下之师。且曰：“烟台有义军，特由海道北上袭山海关，断京奉路。”王、施二管带闻之大喜，王星夜来海阳与玉祥密议，俟烟台义军至，则滦州、海阳同时举兵，先击反对各部偏师，直抵京津，大功举矣。讵所谓烟台义军者，久不闻而

---

[1] 表示碑文此处缺失。

密谋泄。事既危，王、施毅然设北洋军政府于滦州，推王为大都督，施为总司令，玉祥为总参谋长，白为参谋，通电全国，宣布独立。于是滦州之革命旗帜复张，时十一月十四日也。难既发，永平镇总兵王怀庆轻骑减从，来滦宣抚。王、施迎之车站，责怀庆以大义，且曰："能助吾，则愿以大都督相让。"怀庆慨允。翌晨迎之入城就职，怀庆从骑五六人耳，则以队前后拥护之，踵相接。中途怀庆勒马盘旋不能进，曰："马有目疾，善惊，请护者少远，则或前往。"众甫退数武，而怀庆鞭马疾驰，从者随之，倾刻电逝，虽弹发而不能及矣。怀庆逸，则滦州将被攻，王、施谋先发制人，直扑京津。议既定，队将发，而第三营管带张建功□德城固守，队官孙谏声、葛盛臣力战殉焉。葛既受弹仆地，犹大呼前进；孙则勇猛甚，多所杀，为敌恨，既死，剖其腹，悬诸城。王、施□队为殿，以防张余，则挥之尽登车，复乘夜西进。是时怀庆已密布重兵，且拆铁路以待。车至雷庄脱轨，王、施下车率队以战，锋锐甚。队官张宗棠，身被数创，犹伏地指挥，以壮士气。全军且战且高呼革命万岁，声势激昂，云霾月黑；淮军与第三镇兵自相残杀而不能辨也。至此激战彻夜，怀庆将不支，忽鸣号停战，遣人来乞开和解会议。众以怀庆诈不可从，王、施顿足呼曰："苟不往，是示怯也，往而议成则可减杀伐之苦，不成尚可战，死何惧哉！"白亦请往，众谢曰："君为使者，何往为？"白曰："难由我作，其何能辞？"遂率队百余人从。比至，而怀庆匿不见，伏发劫从者，缴其械，而执王、施、白三人戕之。临刑，神色不变，大骂怀庆以诡计陷人非丈夫，且欢呼曰："我辈得死所矣。"弁目黄云水亦骂贼死。怀庆纵兵屠杀，余营皆败，比海阳之军接滦州檄，而玉祥已被诱拘标部不得应，惜哉。于！以知革命青年志勇而性直，动为人所愚，玉祥亦被削职押解回籍，同志皆获遣去矣。是役也，虽未奏全功，而声势所播，举国骚然。清廷凶□，知人心去而不可挽回也，始逡巡退位，共和藉以告成，非诸烈士之精诚有以致之哉！

## 简介 1　辛亥滦州起义纪念园

辛亥滦州起义纪念园是北京市海淀区一处中华民国早期纪念墓遗址，属于近现代重要史迹及代表性建筑，位于北京市海淀区温泉镇老年医院内，该建筑皆建于公元1937年4月，1936年是冯玉祥将军为了纪念滦州起义殉难烈士。共有园门、石碑、衣冠冢碑、石刻、高台及塔。该纪念园直接记载了1912年1月3日同盟会会员王金铭、施从云、白雅雨率滦州新军起义情况，具有重要历史研究价值。1984 年定为北京市文物保护单位。2006年5月被国务院定为第六批全国重点文物保护单位。

纪念园由 3 部分组成，坐北朝南，依山而建。园门由米色花岗岩制成，门额刻“辛亥滦州革命先烈纪念园”。两柱书楹联“此日园林簇锦绣，当年勇烈动山川”，背面门额上刻“努力革命”，联为“尺山尺水永留血迹，一花一木想见英风”。前后落款均为“民国二十五年十一月冯玉祥”。

进门西行 87 米处，是一条规整的南北向轴线，纪念建筑物随山势一字排开，分布在轴线上。最南端是一座纪念堂，堂北有一座经亨颐[1]撰并书“滦州起义纪略”方碑，碑四面刻字，记述了起义经过。纪念堂和方碑已先后被毁，现已无迹可循。

园门北向有纪念碑，汉白玉制，方首石座，碑高 2.85 米，碑身正面刻“辛亥滦州革命诸先烈纪念碑”，碑阴题为“国民政府优恤滦州殉难诸先烈明令”，下署“冯玉祥恭录”。碑首上镌青天白日徽和云朵纹。碑建于长、宽各5米的石台上，台前后有台阶。

[1] 经亨颐（1877—1938），字子渊，号石禅，晚号颐渊，浙江上虞人。中国近代教育家、书画家。

半山腰处有八棱形石幢 1 座，幢身正面刻“辛亥滦州革命先烈衣冠冢”。和王金铭等 14 人的姓名和追赠军阶[1]，幢座各面均有题字。

幢北有一石屏，空白无字，是清代卧碑磨去字迹立在此地的，据传烈士衣冠葬于其下。衣冠冢以北有一片宽广各约 17 米的自然山石斜面，为冯玉祥所书，节录《礼记·礼运篇》：“大道之行，天下为公”的一段文字。山顶为纪念塔。塔为八角七级密檐式，石砌，通高 12.2 米。塔座阳面刻冯玉祥题“精神不死”，阴面刻“浩气长存”。

## 简介 2　山东泰安辛亥滦州革命烈士纪念碑

辛亥滦州革命烈士纪念碑位于泰山普照寺南。1911 年 12 月 30 日晚，以王金铭、施从云、冯玉祥三人的名义给清廷内阁总理大臣袁世凯、上海和议代表伍廷芳、唐绍义和驻天津的直隶省咨议局齐发通电，申明“全体主张共和”、“人心所向，非兵力之可阻”、“非共和难免人民之涂炭，难免外人之干涉”。并于 1912 年 1 月 2 日在河北滦州成立北方革命军政府。推王金铭为大都督，施从云为总司令，张建功为副都督，冯玉祥为总参谋长。1912 年 1 月 8 日，正式宣布滦州独立，街头醒目处均书“黄帝纪元四千六百零九年十一月十五日，大汉滦州光复”以示废止宣统年号。清廷派军镇压了革命军，王金铭和施从云就义于雷庄。在 1936 年的《国民政府令》中曾以“辛亥光复，发轫于武昌；而滦州一役实促其成”高度评价滦州起义。

辛亥滦州革命烈士纪念碑由冯玉祥立于 1936 年 9 月，通体由泰山石建成，象征革命烈士的死重于泰山。碑台基长 29.5 米，高 26 米，宽 2.5

[1] 1936 年 4 月 3 日国民政府下达表彰令：追赠滦州起义烈士王金铭、施从云、白雅雨三人为陆军上将；孙谏声、张振甲、刘瀛、董锡纯、王踽臣、葛盛臣、熊齐贤（即熊朝霖）、戴锡九、弁惠来、吕一善、黄云水等十一人各为陆军少将，从优议恤。并于 1936 年 11 月镌刻于滦州革命烈士纪念园中所设立的衣冠冢碑。

米，四面立砖柱，柱间用鹅卵石砌成花墙，东、南、西三面有门。碑由底座、碑座、碑体、碑首四部分组成：底座方形，高 1.1 米，边长 11 米，意寓滦州起义发生在 1911 年。四周立石柱，柱间饰有华板，四面留门。碑座方形，分三层，层层抹角。碑体四角用长条石镶嵌，上置冰盘式出檐。碑首呈上窄下宽四棱状，顶部有一冰盘式盖石，上插一铁画戟式避雷针。碑体南面刻有“辛亥滦州革命烈士纪念碑”，落款“民国二十五年九月”。碑体原四面皆文，1967 年磨掉。

1933 年，冯玉祥隐居泰山期间，为纪念辛亥革命滦州起义死难的烈士修建了泰山烈士祠，自己出资、督工、建造并主持落成典礼。冯玉祥就任国民党军事委员会副委员长后，建议南京政府拨款在泰山建立辛亥滦州革命烈士纪念碑。1936 年 9 月，辛亥滦州革命烈士纪念碑在泰山脚下落成，倾注了冯玉祥将军对滦州起义牺牲战友的永久追思。

## 附：1937 年辛亥革命滦州起义先烈国葬典礼资料（1）

# 命令

## 國民政府令

辛亥灤州殉難先烈王金銘、施從雲、白雅雨、孫諫聲、張振甲、劉瀛、董錫純、王踽臣、葛盛臣、熊齊賢、戴錫九、弁惠來、呂一善、黃雲水等十四員，業經明令分別追贈官階，並在北平西山建衣冠塚紀念塔在案。茲查該項紀念塔行將落成，緬懷諸先烈當時慷慨殉義，大節凜然，允宜特加崇報，昭垂久遠，著將該先烈衣冠予以國葬，用示國家篤念忠勳之至意。此令。二十六年一月二十三日

任命陳顯榮爲青海省地政局局長。此令。二十六年一月二十三日

派朱家驊爲故儒章炳麟國葬典禮籌備委員。此令。二十六年一月二十五日

派馮玉祥，張繼，于右任，李烈鈞，丁惟汾，王法勤，商震，鹿鍾麟，秦德純，張之江，石敬亭，韓復榘，宋哲元，爲灤州起義先烈國葬典禮籌備委員。此令。二十六年一月二十七日

冀察政務委員會公報 第一百零四期 命令

**1937 年 1 月 23 日国民政府令：辛亥滦州殉难先烈王金铭、施从云、白雅雨、孙谏声、张振甲、刘瀛、董锡纯、王踽臣、葛盛臣、熊齐贤、戴锡九、弁惠来、吕一善、黄云水等十四员，业经明令分别追赠官阶，并在北平西山建衣冠冢纪念塔在案。兹查该项纪念塔行将落成，缅怀诸先烈当时慷慨殉义，大节凛然，允宜特加崇报，昭垂久远，著将该先烈衣冠予以国葬，以示国家笃念忠勋之至意。此令。**

**1937 年 1 月 27 日国民政府令：派冯玉祥、张继、于右任、李烈钧、于惟汾、王法勤、商震、鹿钟麟、秦德纯、张之江、石敬亭、韩复榘、宋哲元，为滦州起义先烈国葬典礼筹备委员。此令。**

**/ 影印件（全国报刊索引网站）**

## 附：1937 年辛亥革命滦州起义先烈国葬典礼资料 （2）

天津 仁昌百貨綫店 慶祝六週紀念 大減價三十天 國曆五月五日起 三店同時舉行

女學生加冠

談談宮女與太監

五月廿六日北平溫泉舉行灤州革命烈士國葬典禮

State Burial of the Luanchow Martyrs in Peiping.

“辛亥革命滦州起义先烈国葬典礼 1937 年 5 月 26 日在北平温泉举行”的新闻报道和图片 / 1937 年 5 月 29 日《北洋画报》（全国报刊索引网）

with colors on the same occasion.

泰山灤州革命烈士紀念祠於烈士國葬日由馮玉祥副委員長主持落成禮

Simultaneously Luanchow Martyrs Memorial Hall at Taishan were dedicated by Gen. Feng Yu-hsiang on the day of their state burial

泰山滦州革命烈士纪念祠于烈士国葬日由冯玉祥主持落成礼 / 1937 年 5 月 新闻图片（全国报刊索引网站）

1937 年 6 月 6 日《申报》每周增刊封面，刊登北京中山公园内滦州起义烈士王金铭、施从云站立铜像照片

# 附：图片

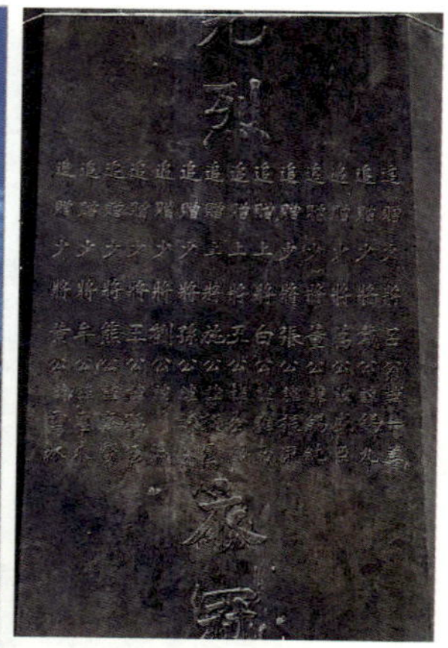

追赠军衔 14 名烈士姓名碑文

北京海淀温泉镇，辛亥滦州起义纪念园

北京辛亥滦州起义纪念园 园门

辛亥滦州革命烈士纪念碑位于泰山脚下

山东泰安，辛亥滦州革命烈士纪念碑

# 参考书目


1. 北洋铁血会始末宣言书　丁开嶂 著,民国印本，1912 年 6 月
2. 辛亥革命北方实录　胡鄂公 著（1912 年 4 月）,中华书局，1948 年 1 月
3. 中国近代史资料丛刊：辛亥革命（六）　中国史学会,上海人民出版社、上海书店出版社，1957 年 11 月
4. 辛亥革命回忆录　全国政协文史资料研究委员会,文史资料出版社，1963 年 2 月
5. 民国人物传（第一、二、三卷）　编委会,中华书局，1981 年 8 月
6. 文史资料选辑（第十二辑）纪念辛亥革命七十周年　编委会,山东人民出版社，1981 年 9 月
7. 辛亥革命北方英烈小传　黄 真、姚维斗、陈致宽 著,北京出版社，1984 年 12 月
8. 王葆真文集　王葆真 著,团结出版社，1989 年 12 月
9. 河北文史资料 1991-3（总 38 期）　编辑部，1991 年 3 月
10. 辛亥人物碑传集　卞孝萱、唐文权 著，团结出版社，1991 年 4 月
11. 辛亥革命辞典　章开沅 著，武汉出版社，1991 年 8 月
12. 同盟会在山东　马庚存 著，山东人民出版社，1991 年 8 月
13. 河北文史集萃（政治卷）　编委会，河北人民出版社，1991 年 8 月
14. 辛亥革命中的河北　方尔庄 著，民革河北省委员会，1991 年 9 月

15. 辛亥革命在山东　编委会，山东人民出版社，1991 年 10 月

16. 滦县文史资料（第七辑）辛亥滦州起义　唐向荣 著，政协滦县委员会，1991 年 10 月

17. 河北历史名人传（政治军事卷 下）　编委会，河北人民出版社，2000 年 8 月

18. 辛亥滦州兵谏与滦州起义　赵润生、马亮宽 著，天津人民出版社，2003 年 9 月

19. 辛亥革命山东史稿　杜耀云 著，2006 年 4 月

20. 1911 震撼中国——辛亥风云重要人物　高士振 著，台海出版社，2009 年 10 月

21. 辛亥：摇晃的中国　张鸣 著，广西师范大学出版社，2011 年 1 月

22. 辛亥滦州起义　唐向荣 著，团结出版社，2011 年 7 月

23. 齐鲁烽火——辛亥革命在山东　李宏生、刘大可、张登德 著，山东人民出版社 2011 年 7 月

24. 帝制的终结——简明辛亥革命史　杨天石 著，岳麓书社出版社，2011 年 8 月

25. 滦州起义　伦洪波、杨立元 著，团结出版社，2011 年 12 月

26. 辛亥革命史　左舜生 著，岳麓书社出版社，2011 年 12 月

27. 东北近代史研究　武育文 著，社会科学文献出版社，2013 年 12 月

# 迟到的祭奠

（编后随笔）

母亲——孙 铭
/ 摄于延安

今年是辛亥革命 110 周年，谨以此书祭奠曾参加辛亥革命滦州起义的，我们的伯外公孙谏声和外公孙树声。明年适逢母亲孙铭的百年诞辰，出此书，也意在缅怀我们深爱的母亲。

母亲曾说过，外公孙树声为了纪念辛亥革命滦州起义和他的兄长，为其兄弟两人的子女分别起名为：孙纪严（孙谏声之长女，严，即为父亲意）、孙纪滦（为孙谏声遗腹子）、孙纪州（孙树声之长子）、孙纪芳（孙树声之长女，参加革命后改名为：孙铭，我的母亲）、孙纪芬（孙树声之次女）、孙纪伯（孙树声之次子），其意在：纪念滦州起义，伯父芬芳。足见前辈对滦州起义和烈士壮举，刻骨铭心，希冀辈辈相传，永世不忘。

孙 铭 / 1948 年，延安

印象中母亲很少讲述她的家世。1936 年 10 月，母亲孙铭 14 岁时在西安上中学时加入了民族解放先锋队，接受先进思想，参加西下救亡宣传活动；之后她逃离了封建家庭，毅然投身革命。1937 年 2 月，母亲孙铭奔赴延安入红军军政大学，同年 9 月入党，成为抗战时期为报效中华、拯救民族危亡，从大后方投奔延安的第一批进步青年中的一员。

她说：自己是上了“红军大学”，有幸沾了老红军边儿的“红小鬼”。这话，至今仿佛仍在耳畔。

一直以来，我认为母亲从小就投身革命加入共产党，家庭身世也极简单。可不曾料想，我们家竟与辛亥革命有关系。

初知此事，还是上世纪 80 年代中期，我妹妹一时兴起自学编剧，写冯玉祥剧本时，无意中发现有个叫孙谏声的人。他早期是冯玉祥的义兄、领路人，曾送给冯两本书：《嘉定屠城记》和《扬州十日记》，以破除冯的忠君思想，启发他反对清王朝帝制，投身革命，参加铁血会、同盟会，促其成为早期的资产阶级旧民主主义革命者。我妹妹因为知道了孙谏声是诸城人，与我妈是同乡，于是不揣好奇地问母亲是否知道孙谏声。母亲居然十分淡然地说：他是我大伯，也就是你们的伯外公。母亲的话让我们这些子女瞠目结舌。那时我们才知道，我家居然也有与资产阶级革命有关的家庭背景和社会关系。若是在“文革”前就知晓有这层关系，该是多么令人恐惧的事情。我不由得想起，1974 年我从牧区被招回北京当老师时，当地知青办的一位干事居然让我们看自己的档案，并说核对后寄到接收我们的单位。那是我平生第一次看自己的档案。刚翻开档案，即看到我母亲出身：大资本家、大地主，大军阀。这三个豁然醒目的“大”字射入我的眼睛，一下子把我吓懵了，赶紧合上档案，再也不敢看第二眼。为此，我后悔了很久，我的档案里到底还有什么东西？再也无法得知。

后来，母亲跟我们讲道，她的父母亲过世早，有些事也是听父辈挚友郭叔（郭叔蕃，辛亥革命老人）等人讲述的。她说道，父辈们早期也是晚清学子，受孙中山爱国言行和三民主义革命纲领的影响，读书趋新，投笔从戎，在救亡图存、振兴中华的历史洪流中砥砺前行，成为终结封建帝制的先驱和勇者。

谈及此，我父亲马文瑞也回忆说，他早年在学校读书时，深感当时社会之腐朽，读了三民主义的书，也参加过国民党，而后又读了大量马列主义的书，接受了更高的社会发展观念，加入了共青团（1926年），之后又在上“绥师”期间（1928年秋）转为共产党员，这在他后来的回忆录里有所记述。我父亲还有一段特别的工作经历是在1936年7月间，中央在陕北省委会议上部署了争取东北军的工作，要求派出精干且有知识的同志到东北军内部去进行工作。受周恩来和叶剑英的指派，我父亲负责到安塞、延安等地的东北军中做工作。他曾与延安城内的国军东北军王以哲部117师684团的一位中校团长沟通。两人秉烛夜谈，互表诚意。这位团长听我父亲讲了共产党主张停止内战、共同抗日的意义；讲中国人只有团结一致，实现全面抗战，才能驱除日寇，收复失地的道理；讲明共产党和红军充分相信东北军是不愿为内战卖命而有爱国之心的。这位团长表示基本理解和接受我父亲的观点，但他还有所疑虑地说，停战、合作抗日我赞成，只是你们毛委员长敬奉些外国人，我想不大通。他说的外国人自然是马克思、恩格斯、列宁。我父亲说，他们是外国人中的好人，他们的主义是真理，对我们国家的民族解放事业能起到好作用。紧接着他又以孙中山的三民主义为例解释说，你大概信奉三民主义，三民主义最初参考的也是外国人的东西。早年的美国总统林肯就提出过：

民有、民治、民享，孙中山的三民主义，就是从林肯的三民思想中受到启发而形成的。

可见，我父亲少年时是读过三民主义书刊的，方能讲清道理，争取国民党军官信服，并在上级党组织的支持下，在东北军中不失时机地秘密发展了一些共产党员，对东北军的争取工作取得了很大进展，在陕北地区形成一个局部的统战区，维持了较长时间的和平友好局面，对以后的西安事变的发生和抗日民族统一战线的形成起了积极促进作用。

马文瑞、孙铭

1936 年初冬，父亲又被派到西北军中做争取工作，也取得了一定成效。父亲做统战工作之娴熟，很大程度上源于他少时在学校曾经接受过三民主义教育，对国民党早期的资产阶级旧民主主义革命有一定程度的了解和认识。早期资产阶级旧民主主义革命与无产阶级新民主主义革命毕竟不无相通之处。孙中山的：联俄，联共，扶助农工，也是与共产党的主张相通的。在我国旧民主主义革命初始阶段，并向新民主主义革命过渡的那个大历史时期，有很多爱国热血青年在民族存亡之际，为民族复兴而奔走呼号，剑走天涯，亦有所作为、有所抱负，彰显出大丈夫以身报国之志。在探寻救国的路上，涌现了无数壮士豪杰、仁人志士，我们的伯外公孙谏声和外公孙树声也当在其列。

从伯外公和外公身上，我感受到早期资产阶级革命也竟是那么艰难悲壮、正义凛然，那么需要勇气和信念！他们可以将身家性命相许革命；可以两次变卖家产捐助革命；可以为信仰和主义赴汤蹈火、在所不辞；可以奋不顾身血战沙场，拼命杀敌，九死而不悔！此等早期反对封建统治，为振兴民国而战的革命精神也同样令人肃然起敬。

但是相当一段时间里，教育单一、文化单一，造成许多人历史知识的局限、浅薄和无知，可以说，这是极左时代留给我们的集体缺憾。也在相当时期和一定程度上造成我们不能全面、客观和从整体上认清历史面貌，缺乏对历史进程及事件的系统科学分析，也难以形成推动社会全面健康发展的政治智慧。

记得上世纪 80 年代中，母亲从西安给我来电话，要我在统战部帮助落实她大伯家辛亥革命烈士遗孤政策。从母亲那里知道“文革”前，孙谏声遗孤一直享受辛亥革命烈士遗属抚恤金待遇。“文革”中将他们全家扫地出门，从诸城城关镇轰至乡下，流离失所。我通过统战部信访办和落实政策办向诸城县委统战部发了文，转去他们的申诉，但不知何故，始终不知下文。

孙树声夫人辛氏与长女孙纪芳（孙铭）、长子孙纪州（右）/ 约 1925 年摄于西安

一个时期的历史偏见会造成诸多无法弥补的历史过失。相信我们和后人，特别是青年学子们如能更广泛地学习历史知识，用更成熟、客观和发展的眼光看待历史，方能深谙中华民族“中”“和”之智，格物国泰民安之道。

追昔抚今，沧桑百年；慎终追远，明德归厚。在编写此书过程中，也引发我们对近代中华民族历史新的思考：何以承前启后，以史为鉴，开拓无前？！两岸和平统一，民族复兴，民富国强，齐心协力，继往开来，匹夫有责！

马晓力

2021 年 10 月 10 日

# 编著者简介

马晓力，1948年6月出生。1968年至1974年在内蒙锡盟东乌旗插队；1974年1月至1978年底，在北京189中学任教。1979年1月到中央统战部工作，1980年任中央统战系统机关团委书记、中直机关团委委员，常委。1981年10月任机关党委专职副书记，1987年8月至1989年8月任中央统战部四局副局长；1992年至1993年任中国轻工协会副秘书长；1993年至2003年，任中国华轻实业公司副总经理；1995年至2005年，任国力资产管理有限责任公司董事长。退休后，任中华慈善总会爱心工程委员会常委，中国延安精神研究会理事，中国社会治理研究会副会长。现任北京生前预嘱推广协会常务理事。1999年7月创办北京草原恋合唱团，任团长至今。

马小玫，生于1952年10月。中国世界民族文化交流促进会会长、中国和平统一促进会理事、曾出任上海张江集团文化艺术总监，参与主办国内大型文化交流项目有：1991年首届海峡两岸文艺界知名人士座谈会，1992年首届海峡两岸影视界交流座谈会，1993年海峡两岸首届电影展，1993年出任首届中国艺术博览会总监，1996年全国“新歌新人新风”首届歌舞厅卡拉OK大赛，2001年北京“迎奥运”世界三大男高音紫禁城广场音乐会，2004年国际“华人之声”声乐大赛，2007年“我的太阳”全球首场缅怀世界首席歌唱家帕瓦罗蒂音乐会，2010年出任上海世博会国家主题馆《未来正在现实》展区总策划，2010全国街舞精英展演暨欢庆世博《首届全国街舞文化产业论坛》，2010年中华艺术•国家大师珍品系列荟展等。